DIREITO DO TRABALHO PARA
ADMINISTRADORES

ROBERTO MACHADO MOREIRA

ROBERTO MACHADO MOREIRA

DIREITO DO TRABALHO PARA ADMINISTRADORES

Manole

Copyright © 2013 Editora Manole Ltda., por meio de contrato de coedição com o autor.

Minha Editora é um selo editorial Manole.

Editor gestor: Walter Luiz Coutinho
Editora: Karin Gutz Inglez
Produção Editorial: Marcos V. Toledo de Oliveira, Cristiana Gonzaga S. Corrêa e Juliana Morais
Capa: Daniel Justi e André E. Stefanini
Projeto gráfico: Daniel Justi
Diagramação: Departamento Editorial da Editora Manole

Dados Internacionais de Catalogação na Publicação (CIP)
(Câmara Brasileira do Livro, SP, Brasil)

Moreira, Roberto Machado - Direito do trabalho para administradores / Roberto Machado Moreira. - Barueri, SP : Minha Editora, 2013.

Bibliografia.
ISBN 978-85-7868-066-4

1. Administração de empresas 2. Direito do trabalho 3. Direito do trabalho - Estudo e ensino I. Título.

12-12402   CDU-34:331

Índices para catálogo sistemático:
1. Direito do trabalho para administradores
34:331

Todos os direitos reservados.
Nenhuma parte deste livro poderá ser reproduzida,
por qualquer processo, sem a permissão expressa dos editores.
É proibida a reprodução por xerox.
A Editora Manole é filiada à ABDR - Associação Brasileira de Direitos Reprográficos.

1ª edição – 2013

Direitos adquiridos pela:
Editora Manole Ltda.
Avenida Ceci, 672 – Tamboré
06460-120 – Barueri – SP – Brasil
Tel.: (11) 4196-6000 – Fax: (11) 4196-6021
www.manole.com.br | info@manole.com.br
Impresso no Brasil | *Printed in Brazil*

Este livro contempla as regras do Acordo Ortográfico da Língua Portuguesa de 1990, que entrou em vigor no Brasil em 2009.

São de responsabilidade do autor as informações contidas nesta obra.

À Glorinha, minha muito querida e dedicada esposa e companheira por mais de 68 anos, e na sua muito sentida ausência, dedico, com todo o meu amor, este livro, para cuja elaboração foi sempre o meu maior estímulo.

SOBRE O AUTOR

PROFESSOR ROBERTO MACHADO MOREIRA
Bacharel em Direito pela Faculdade de Direito da Universidade de São Paulo. Especialista em Administração pela Escola de Administração de Empresas da Fundação Getulio Vargas. Assistente Social pela Pontifícia Universidade Católica. Educador Social pelo Instituto de Direito Social de São Paulo. Ex-professor Titular de Direito do Trabalho da Faculdade de Administração da Universidade Presbiteriana Mackenzie. Fiscal Federal do Trabalho Aposentado.

SUMÁRIO

PREFÁCIO . . . . **XV**

INTRODUÇÃO . . . . **XIX**

UNIDADE I – INTRODUÇÃO AO DIREITO DO TRABALHO 1
Evolução histórica do Direito do Trabalho 3
Evolução do Direito do Trabalho no Brasil 14
Conceito e divisões do Direito do Trabalho 18
Divisões do Direito do Trabalho 23
Fontes do Direito do Trabalho 27
Principais fontes 29
Relacionamento do Direito do Trabalho com outros ramos do Direito 38
Interpretação das leis 44
Hierarquia das leis 52

UNIDADE II – INTRODUÇÃO À CONSOLIDAÇÃO DAS LEIS DO TRABALHO 57

Algumas noções introdutórias 59
Conceito de empresa e estabelecimento 67
Conceito de empregador 68
Conceito de empregado 70
Outras espécies de trabalhadores:
o autônomo, o avulso, o eventual 73
Trabalhador no domicílio, temporário e doméstico 78
O estagiário, o rural e o empreiteiro 97

UNIDADE III – IDENTIFICAÇÃO PROFISSIONAL 107

Antecedentes históricos 109
Carteira de trabalho e previdência social (CTPS) 110
Obrigatoriedade e importância da CTPS 111
Da emissão das CTPS 113
Das anotações e de sua atualização 113
Do valor das anotações 116
Das reclamações por falta,
recusa ou erro nas anotações 116
Do livro de registro de empregados,
das fichas de registro ou do registro
por processo eletrônico 118

UNIDADE IV – DURAÇÃO DO TRABALHO 121

Importância 123
Duração legal da jornada de
trabalho e a jornada contratada 126
As alterações na jornada contratada de trabalho 128

Empregados excluídos das normas do
capítulo sobre duração do trabalho 134
Períodos de descanso
(intervalos para repouso e alimentação). 136
Trabalho noturno 142
Do controle quanto ao cumprimento das
normas legais sobre a duração do trabalho. 145

UNIDADE V – FÉRIAS **149**
Antecedentes históricos. 151
Importância das férias 153
Conceito de férias 153
Dos períodos aquisitivo e de gozo 155
Da duração das férias. 155
Da concessão e da época das férias. 161
Das férias concedidas fora do prazo
ou da negativa em concedê-las 162
Das férias coletivas. 163
Da remuneração de férias 164
Dos abonos 165
Dos efeitos da cessação do contrato de trabalho. 167
Férias dos trabalhadores
temporários, domésticos e avulsos. 168
Da prescrição. 169

UNIDADE VI – DO CONTRATO INDIVIDUAL DE TRABALHO **171**
Disposições preliminares 173
Da forma dos contratos 174
Do prazo de duração 175

Outras disposições relativas aos
contratos individuais de trabalho 178
Salário e remuneração 181
Parcelas agregadas 184
Medidas de proteção ao salário 192
Da isonomia salarial 195
Alterações no contrato individual de trabalho 201
Da suspensão e da interrupção do
contrato individual de trabalho 205
Rescisão do contrato individual de trabalho 209
Análise das principais formas de rescisão
do contrato individual de trabalho 214
Rescisão por morte do empregador
quando em empresa individual 227
Rescisão por morte do empregado 227
Rescisão por mútuo acordo entre as partes 228
Rescisão por culpa recíproca 229
Rescisão por motivo de força maior 230
Rescisão por aposentadoria do trabalhador 231
Rescisão por aposentadoria por
idade requerida pela empresa 231
Da rescisão ou despedida indireta 232
Do Instituto de Homologação 236
Aviso-prévio 242
Das normas que regem o aviso-prévio 245
Da estabilidade 249
Da força maior 251

UNIDADE VII – PROTEÇÃO AO TRABALHO DA MULHER 255
Observações preliminares 257
Importância específica da proteção ao trabalho
da mulher 259
Normas gerais de proteção ao trabalho
da mulher empregada 260
Dos métodos e locais de trabalho
da mulher trabalhadora 264
Da proteção à maternidade 267
Dos direitos da mãe adotiva 270

UNIDADE VIII – PROTEÇÃO AO TRABALHO DO MENOR 273
Observações preliminares 275
Importância da proteção ao trabalho do menor 277
Conceito de trabalhador menor 278
Disposições gerais de proteção
ao trabalho do menor 279
O contrato de trabalho do menor 280
Duração do trabalho do menor 280
Trabalhos proibidos aos menores 281
O menor e a aprendizagem 283

UNIDADE IX – JUSTIÇA DO TRABALHO 289
Origem histórica no Brasil 291
Do Poder Judiciário 292
Dos Tribunais e Juízes do Trabalho 293
Da competência da Justiça do Trabalho 294
Da incompetência da Justiça do Trabalho 295
Dos serviços auxiliares da Justiça do Trabalho . . . 295
Ministério Público do Trabalho 296

UNIDADE X – FUNDO DE GARANTIA DO TEMPO DE SERVIÇO (FGTS) 299
Da estabilidade e da rescisão
contratual antes da Lei do FGTS 301
Da legislação específica do FGTS 303
Do conceito e da administração do FGTS 305
Da aplicação dos recursos do FGTS 306
Dos contribuintes e dos beneficiários do FGTS 307
Dos juros e das comunicações dos depósitos 307
Da movimentação das contas vinculadas 307

UNIDADE XI – TERCEIRIZAÇÃO 313
Introdução. 315
Objetivos da terceirização 317
Atividades que podem ser terceirizadas 318
Adoção e prática da terceirização 319
A Súmula 331 319
Conclusão. 321

UNIDADE XII – DA SEGURANÇA E DA MEDICINA DO TRABALHO . . 323
Comentários gerais 325
Do texto consolidado 326
Da Portaria 3.214/78 326
Da NR-5. 327

BIBLIOGRAFIA 331

ÍNDICE REMISSIVO 335

PREFÁCIO

Vindo do Ceará, encontrei Roberto Machado Moreira – que deixara o Rio Grande do Sul – no território livre do Largo de São Francisco, onde ambos cursamos a Faculdade de Direito, de 1945 a 1949.

Com o término da Segunda Guerra Mundial, a ascensão democrática e o prenúncio da queda de Getúlio Vargas, o ambiente era de agitação política. Nossas posições eram conflitantes, inclusive nas disputas acadêmicas: Roberto engajara-se no Partido Libertador e eu, no Renovador. Em relação à política nacional, situava-se no centro-direita e eu, na extrema-esquerda.

Contudo, a disparidade na militância, quer no âmbito da faculdade, quer no espectro da política nacional, jamais influiu em nossas relações. Associamo-nos, inclusive, para editar apostilas mimeografadas que posteriormente seriam vendidas aos colegas de curso.

Nas eleições para o Centro Acadêmico XI de Agosto, realizadas anualmente, as disposições continuavam conflitantes. Mas a amizade e o respeito mútuo permaneciam iguais!

O que caracteriza Roberto Machado Moreira é o sentido da camaradagem e a firmeza de suas convicções sem qualquer interferência no relacionamento com os colegas e amigos.

Nas comemorações que todo ano reúnem os bacharéis de Rui – assim chamados os integrantes da turma de 1949 –, Roberto Machado Moreira foi sempre o principal organizador.

Foi com alegria que recebi o convite para prefaciar o seu *Direito do Trabalho para Administradores*, que acaba de ultimar.

Trouxe para o compêndio o seu conhecimento da história das relações de trabalho e a sua experiência como Professor da Faculdade de Administração da Universidade Presbiteriana Mackenzie.

A obra compreende doze unidades, que se iniciam com a introdução ao Direito do Trabalho e findam com capítulos sobre a segurança e a medicina do trabalho.

Na primeira Unidade, passa em retrospecto a evolução histórica do Direito do Trabalho, desde a Antiguidade até o surgimento vigoroso das normas trabalhistas, no começo do século XX, em especial após o término da Primeira Guerra.

Na introdução à Consolidação das Leis do Trabalho (CLT), estuda os conceitos de empresa, estabelecimento e empregador, bem como a conceituação de empregado, cuidando do trabalhador autônomo, avulso e eventual, sem olvidar o temporário, o doméstico, o estagiário e o rural.

Regendo Cadeira, em que se dirige, precipuamente, a futuros administradores de empresas, na Unidade III, sob o título "Identificação profissional", analisa, com riqueza de detalhes, a legislação sobre a matéria.

Ao comentar os primórdios da Legislação Trabalhista no Brasil, dá devido destaque à Lei Paulista, conhecida como "Elói Chaves", que teve a maior importância no sistema previdenciário brasileiro.

Ao cuidar da Unidade VI, sobre rescisão por aposentadoria do trabalhador, filia-se, lamentavelmente, à corrente que considera a jubilação causa extintiva do contrato de trabalho, quando é certo que recente manifestação do Supremo Tribunal Federal posicionou-se no sentido diametralmente oposto. Isso deve ser debitado à dinâmica da jurisprudência trabalhista, que atropela conceitos consagrados por uma orientação extremamente conservadora.

Na última unidade, trata da terceirização. E diz, a respeito da matéria:

> Objetivos da Terceirização
>
> Em última análise, pode-se dizer que a terceirização visa, antes de mais nada, a trazer mais eficácia, maior agilidade e flexibilidade à empresa, sem prejuízo da qualidade dos serviços que constituem o seu real objetivo. Ao mesmo tempo, acarretaria uma redução de custos eis que transferiria para a empresa terceirizante encargos trabalhistas referentes àqueles trabalhadores responsáveis pelas atividades que não constituam o objetivo principal da empresa. Todavia, frise-se, a terceirização não pode, nem deve, visar unicamente a redução de custos, a qual ocorre, naturalmente, como consequência do próprio processo de terceirização.

Oxalá os futuros administradores e ex-alunos de Roberto Machado Moreira tenham em conta o alerta proclamado!

Da leitura das diversas Unidades e do exame dos capítulos, deparamo-nos com a preocupação do professor em transmitir aos seus discípulos os seus conhecimentos, aferindo, ato contínuo, se foram devidamente assimilados.

Ao final de cada capítulo, encontra-se uma verificação de aprendizagem, em que são lançadas perguntas a respeito da matéria explanada, forçando os interessados a revê-la, constatando, então, o efetivo aprendizado.

Esse sistema atesta que Roberto Machado Moreira aprendeu muito bem a lição que nos foi transmitida por Cesarino Júnior, professor de Direito do Trabalho nos idos de 1940: não basta o conhecimento teórico; é necessária a verificação prática.

Agenor Barreto Parente
Fundador da Associação dos Advogados
Trabalhistas de São Paulo.

INTRODUÇÃO

O presente livro corresponde à matéria lecionada no 2º semestre do 1º ano do curso de Administração de Empresas do Centro de Ciências Sociais Aplicadas da Universidade Presbiteriana Mackenzie. Como esse curso se destina a formar administradores de empresas e não advogados, a matéria é apresentada segundo seus lineamentos gerais, sem maiores aprofundamentos. Ou seja, ao examinarmos cada um dos institutos que se contém na matéria Direito II, designação com que é tratada na sequência de matérias do curso de administração de empresas, mas que aqui tratamos como Direito do Trabalho, limitamo-nos a uma análise de ordem geral, sem qualquer aprofundamento nos diversos temas abordados. Assim, por exemplo, quando examinamos a posição do Direito do Trabalho no conjunto das disciplinas jurídicas, não nos preocupamos em aprofundar a sua verdadeira colocação como direito público ou privado, simplesmente admitindo que ele será público quando disser respeito às coisas do Estado e privado quando for voltado para o interesse individual do trabalhador.

Na primeira Unidade, que intitulamos de Introdução ao Direito do Trabalho, a preocupação maior é a de preparar o aluno, ou leitor, para o estudo que adiante se fará do Direito do Trabalho. Assim, preliminarmente, lembrando o que dizia o saudoso professor da Faculdade de Direito da Universidade de São Paulo Waldemar Ferreira, ou seja, que "nenhum jurista pode dispensar o contingente do passado, a fim de bem compreender as instituições jurídicas dos seus dias", fazemos uma análise de como, quando e por que surgiu a necessidade de um Direito do Trabalho. Remontamos, assim, à Revolução Industrial, que, por suas consequências sociais, econômicas e até mesmo políticas, fez surgir a necessidade de normas que pusessem termo aos abusos cometidos pelos empresários de então com relação aos trabalhadores que lhes prestavam serviços, frente à necessidade de baixar o preço de custo do que produziam, para poder enfrentar a concorrência consequente do excesso de produtos que as máquinas permitiam gerar.

A seguir, analisamos um conceito, entre os muitos que existem, do Direito do Trabalho, bem como suas divisões. Ainda nessa parte introdutória, examinamos as fontes que permitiram o surgimento de uma disciplina jurídica que seria chamada de Direito do Trabalho, Direito Social ou, ainda, Direito Industrial, entre outros nomes.

Na sequência, examinamos o seu relacionamento com outros ramos do Direito. Para finalizar essa primeira Unidade, abordamos a interpretação das leis e as dificuldades que se põem nesse particular, bem como a hierarquia em que elas se dispõem.

Já a segunda Unidade, que chamamos "Introdução à Consolidação das Leis do Trabalho", visa a dar ao leitor conceitos necessários ao entendimento do que se segue. Assim, examinamos os conceitos de empregador e empregado, o do trabalhador no domicílio e de outras atividades excluídas da proteção da Consolidação das Leis do Trabalho (CLT).

A partir da terceira Unidade, entramos diretamente no estudo dos principais institutos que devem ser analisados nesta matéria. Assim, abordamos a identificação profissional e sua importância para o trabalhador, sem a qual ele estaria excluído da proteção da própria Consolidação. A seguir, tratamos da duração do trabalho, ou seja, da necessidade de limitar a duração da jornada de trabalho, visando a garantir a manutenção de um vigor físico que permita ao trabalhador uma vida longa de trabalho, além de oportunidades de descanso e lazer.

Na sequência, entramos no exame do ponto mais longo e talvez o mais importante de toda a CLT, ou seja, o contrato individual de trabalho. Este capítulo contém uma análise do que é esse contrato, os diversos tipos que existem, o valor de suas normas, a possibilidade de sua alteração, de interrupção ou suspensão desse contrato e a rescisão do contrato de trabalho em suas diversas possibilidades. Capítulos especiais são dedicados à rescisão por justa causa e à rescisão indireta. Também o aviso prévio é analisado, bem como a estabilidade no emprego em sua conceituação atual.

Seguem-se dois capítulos específicos sobre a proteção ao trabalho da mulher e ao trabalho do menor; neste último, especialmente em relação à figura do aprendiz. No capítulo de proteção à mulher trabalhadora, abordamos não só as principais normas que garantem um desempenho saudável à mulher na atividade laboral, como também aquelas disposições capazes de garantir uma segurança possível, inclusive no que diz respeito à sua remuneração e estabilidade no emprego durante a gestação, um parto seguro e uma assistência eficiente ao nascituro nos primeiros meses de vida. Também examinamos a justiça que, afinal, se fez à mulher que adota uma criança.

Na sequência, alguns capítulos são dedicados ao Fundo de Garantia do Tempo de Serviço (FGTS), à Justiça do Trabalho e à terceirização, forma esta de trabalho que ganha cada vez mais importância. Como último capítulo, analisamos normas consolidadas e gerais de proteção voltadas para a medicina e higiene do trabalho no que concerne especificamente à mulher.

Com relação ao FGTS, examinamos as razões que levaram à sua instituição e à abolição simultânea da estabilidade decenal. Abordamos, também, a administração do FGTS e dos recursos que gera, bem como a possibilidade de o trabalhador ter, em determinadas situações, acesso aos recursos depositados em sua conta vinculada.

Com relação à Justiça do Trabalho, analisamos seu surgimento, no governo de Getúlio Vargas, sua estrutura e funcionamento e as alterações que sofreu com o passar do tempo. Também realçamos o seu papel equalizador entre empregadores e empregados.

No capítulo destinado à terceirização, examinamos essa nova forma de prestação de serviços por pessoa física a empregador, bem como as vantagens e os direitos que daí decorrem e os seus inconvenientes.

Finalmente, concluímos com um capítulo referente à importância da obediência às normas regulamentadoras relativas à segurança e à medicina do trabalho, de observância obrigatória pelas empresas privadas e públicas e pelos órgãos públicos de administração direta e indireta, bem como pelos órgãos dos poderes legislativo e judiciário que possuam empregados regidos pela CLT.

Isso posto, acredito que esta obra possa dar alguma contribuição não apenas aos que se iniciam no estudo do Direito do Trabalho, mas, também, àqueles que iniciam sua militância nesse campo, e, por via direta, a todos que mantêm trabalhadores como empregados.

Ao final de cada capítulo e em algumas oportunidades, incluímos uma verificação de aprendizagem, que certamente ajudará muito o aluno a avaliar o quanto assimilou da matéria.

UNIDADE I
INTRODUÇÃO AO DIREITO DO TRABALHO

INTRODUÇÃO AO DIREITO DO TRABALHO

EVOLUÇÃO HISTÓRICA DO DIREITO DO TRABALHO

Como disciplina jurídica, o direito do trabalho é hoje um conjunto importante e complexo de instituições, princípios e normas jurídicas que atingem parte importante da sociedade.

Todavia, nem sempre o direito trabalhista existiu como disciplina jurídica autônoma. Por isso mesmo, ao iniciar o estudo dessa disciplina, há a necessidade de lembrar sua gênese e seu desenvolvimento no decorrer do tempo. O professor Waldemar Ferreira, que foi professor da Faculdade de Direito da Universidade de São Paulo (USP), em sua obra *História do direito brasileiro*, afirmou que "nenhum jurista pode dispensar o contingente do passado, a fim de bem compreender as instituições jurídicas dos seus dias". Daí a razão de, nesta introdução, constar um pequeno escorço histórico de como, quando e por que surgiu a necessidade de criação do direito do trabalho.

Se voltarmos no tempo alguns milênios, veremos que o ser humano sempre trabalhou. Mesmo nas mais remotas épocas, sempre houve provas de que ele nunca deixou de exercer alguma atividade. Assim, por exemplo, trabalhava na busca de alimentos para sua sobrevivência e para se proteger das intempéries ou dos animais. Pode-se dizer, sem exagerar, que se tratava de uma luta constante pela sobrevivência. E esse trabalho se desenvolveu sob as formas mais diversas.

A escravidão

A escravidão teria surgido como consequência das lutas em que os primeiros grupamentos humanos se envolviam nas épocas mais antigas da história do homem. Assim, lutavam pelos mais diversos motivos: por uma terra mais fértil, por uma aguada, por uma região mais pródiga em caça, por mulheres; muitas vezes, não precisavam sequer de motivos para lutar. Nessas lutas, claro, havia vencedores e vencidos. Os vencidos que não morriam eram aprisionados e, às vezes, devorados. A prática da antropofagia, quando o vencedor devorava o inimigo vencido, deu lugar à escravização daqueles que haviam sido derrotados. Pode-se dizer, então, que a escravidão como regime de trabalho corrente na Antiguidade foi peça fundamental na opulência da civilização greco-romana. Na Grécia, os escravos exerciam as mais diversas atividades, de ofícios braçais a intelectuais, artísticas e até científicas. Aristóteles e Platão não só consideravam a escravidão uma necessidade justa e fundamental, como chegavam, inclusive, a defendê-la, pois acreditavam que, para o homem adquirir cultura, devia desprezar o trabalho. Houve época em que 1/3 da população de Atenas era constituída por escravos. Todavia, ao lado do braço escravo, existiam os trabalhadores livres e assalariados, muitos deles escravos libertos, fosse por gratidão de seu dono ou em comemoração a datas festivas. Assim, os camponeses, os artesãos ou simples operários eram escravos que haviam sido libertados. Na velha Roma, a escravidão teve papel proeminente. Mozart Victor Russomano, no seu *Curso de direito do trabalho*, assim se manifesta sobre a escravidão no Império Romano:

> Muito maior seria, no Ocidente, a influência de Roma, em proporção direta com seu fastígio militar e seu prestígio político. Mas, para os romanos, a organização do trabalho ofereceu três aspectos distintos: o trabalho escravo em que o homem se transforma em "res", sujeito à vontade despótica do seu proprietário; o trabalho organizado em corporações (*collegia*); finalmente, o trabalho livre. Na medida em que a comparação seja possível, poderíamos, quiçá, dizer que esses três sistemas (nem sempre superpostos, necessariamente, no tempo e no espaço) fazem uma síntese de todo o desenvolvimento da organização do trabalho na História Universal: o trabalho escravo representa a Antigüidade; a organização corporativa era um prenúncio, ainda vago, do sistema de produção medieval, em sua fase avançada; o trabalho livre era, em si mesmo, o alvo final de todo esse processo evolutivo, que culminou nos nossos dias.

No Egito, acredita-se que cerca de 300 mil escravos teriam trabalhado na construção das pirâmides. Na velha Roma, o escravo chegou a ser considerado uma coisa – *res*, dizia-se, e a ele não se reconhecia sequer a condição de ser humano.

No Brasil, os portugueses adotaram a escravização dos indígenas. Posteriormente, ante a oposição da Igreja, passaram à escravização dos negros trazidos da África, que somente acabou com a promulgação da Lei Áurea, em 13 de maio de 1888.

Embora, com o decorrer do tempo, a escravidão fosse lentamente desaparecendo ou tomando formas mais amenas, a verdade é que ela chegou, de forma clara e definida, até o século XX – e, possivelmente, de forma disfarçada, até os dias de hoje.

A servidão

A fragmentação do Império Romano do Ocidente, a partir do ano 476 d.C., ocasionou alterações significativas nas relações de trabalho. Nesse período, emergiram, como instituições de grande poder, a Igreja, o feudalismo e, mais tarde, as corporações de artes e ofícios.

Assim, em um segundo momento, que coincidiu com a escravidão, a humanidade chegou a uma outra forma de trabalho em que o homem não tinha condições de vida muito melhores que a do escravo: a servidão.

A queda de Roma, capital do Império Romano do Ocidente, tomada pelos povos bárbaros, desbaratou a Europa Ocidental. Desapareceu a segurança que existia nas estradas, fruto principalmente da organização do Império Romano. O comércio a distância feneceu. Atravessando o Reno, as hordas bárbaras espalharam-se pela Europa Ocidental, chegando ao Mediterrâneo e ao Oceano Atlântico. Francos, anglos, saxões, lusitanos e visigodos ocuparam toda a parte ocidental da Europa. A dominação bárbara gerou insegurança: as estradas tornaram-se perigosas e as cidades estagnaram. Surgiram os feudos, grandes propriedades privadas nascidas da negociação entre os reis dos povos bárbaros invasores e a nobreza romana, dando origem à vassalagem. Esse novo regime assentava-se sobre a posse da terra, com todos os direitos dela emanados e atribuídos aos senhores feudais, também chamados senhores da gleba. A vida passou a ser feita no campo, principalmente em torno dos grandes castelos medievais ocupados por essa nobreza faustosa. Os camponeses aproximavam-se dos imensos feudos, todos nas mãos da nascente nobreza feudal formada por duques, condes e barões, muitos deles chegando a ter mais poder do que o próprio rei. Na França, o Duque da Normandia era senhor de um exército mais poderoso do que o do rei. O feudalismo tornou-se o regime social, político e econômico característico desse período, que os historiadores batizaram de Idade Média. Os homens do campo passaram a viver em torno dos castelos, onde recebiam proteção e justiça. Em troca, trabalhavam a terra, cujos produtos, na sua esmagadora maioria, iam para a mesa dos senhores feudais. Quem trabalhava a terra era o servo da gleba que, ao contrário do escravo, era reconhecido como um ser humano. Embora miseráveis e submetidos a toda sorte de restrições, tinham assegurados alguns poucos e inexpressivos direitos: uso do pasto e herança de objetos pessoais e animais, geralmente absorvidos pelos impostos abusivos que pagavam aos seus senhores. O servo da gleba, submetido a um regime de total dependência do senhor feudal, era, como nos conta Mozart Victor Russomano, "seu servo na paz e seu soldado na guerra". Assim, sua condição de vida não era muito melhor que a do escravo.

O servo vivia preso à terra que o senhor feudal lhe cedia para trabalhar. Todavia, quase tudo que produzia era encaminhado ao senhor feudal, ficando para si apenas o suficiente para não morrer de fome. Como os instrumentos de trabalho, a terra e as sementes eram cedidas pelos senhores, os servos estavam sempre devendo. Não podiam sequer abandonar a terra, pois, se o fizessem, eram caçados como se fossem animais.

A partir do século X, entretanto, a Europa Ocidental passou a ser palco de uma série de ocorrências que alteraram sua própria imagem. As Cruzadas levaram para o Oriente numerosos senhores feudais, muitos dos quais não voltaram, deixando seus feudos abandonados. A peste negra, por volta do ano 1315, dizimou 1/3 da população da Europa Ocidental, incluindo grande número de membros da nobreza. Outros morreram em guerras ou nos torneios, uma das grandes diversões da época. Muitos feudos ficaram abandonados e disso se aproveitaram os servos, que fugiram para as cidades. Estas, por sua vez, renasceram. Enquanto isso, os reis, que tinham perdido grande parte do seu poder no regime feudal, passaram a se apossar dos feudos abandonados, retomando sua força e retornando a uma centralização monárquica, o que levaria, mais tarde, à monarquia absoluta.

As corporações de artes e ofícios

Nas cidades, os servos tornavam-se artesãos, desenvolvendo as mais diversas atividades, ou seja, viravam alfaiates, cordoeiros, sapateiros, etc. À medida que o feudalismo entrava em decadência, renasciam as cidades, gerando uma nova forma de organização do trabalho: as corporações de artes e ofícios.

Na verdade, essas organizações remontam à própria Roma, onde já havia existido certa preocupação em agrupar profissionais e profissões. Em sua origem, as corporações remontavam aos *collegia* de Roma e às *guildas* germânicas, sendo uma forma de organização corporativa dos trabalhadores voltada para a proteção das profissões, sem que houvesse qualquer preocupação com o trabalhador ou com as condições de trabalho. Quem não pertencesse à corporação de uma determinada atividade, não poderia trabalhar nela. As corporações criavam condições e estabeleciam preços. Rigidamente estruturadas no plano hierárquico, continham três figuras distintas: o mestre, que figurava no topo, correspondendo ao empregador de hoje; o companheiro, na escala intermediária, seria o empregado; e, finalmente, o aprendiz, na base. O mestre era o dono da oficina, tendo chegado a essa condição após ter executado uma obra-prima. Os companheiros eram os operários, verdadeiros trabalhadores, que um dia poderiam aspirar chegar à mestrança. Os aprendizes, aqueles que ainda estavam aprendendo o ofício, geralmente moravam na própria casa do mestre e esperavam, um dia, chegar a companheiros.

O sistema das corporações de artes e ofícios, embora constituísse um avanço na forma de trabalho quando comparado à escravidão e à servidão, além de inaugurar uma experiência associativa da classe obreira, foi, até certo ponto, um sistema autocrático e opressivo, tal o rigor do sistema corporativo praticado. As corporações estabeleciam suas próprias leis e regulamentações, que visavam, basicamente, à proteção da profissão e dos produtos fabricados. Muitas corporações tornaram-se célebres pela excelência dos produtos que fabricavam, chegando a receber favores dos reis para que aperfeiçoassem o que produziam. É o caso daquelas que fabricavam as famosas porcelanas de Sèvres. Contudo, foi no seio das corporações de ofício que se registraram as primeiras manifestações de confronto de classes, em movimentos ascendentes. Sem dúvida alguma, o trabalhador continuava desprotegido.

Inegavelmente, as corporações de artes e ofícios alcançaram grande poder, mas acabaram por sucumbir, em sua maioria, vítimas de lutas internas que as enfraqueceram. Com o passar dos anos, as corporações foram desaparecendo, embora algumas tenham chegado até os séculos XVII e XVIII.

A Revolução Industrial

Na esteira da Revolução Industrial, do início do século XVIII, e da Revolução Francesa, seguiram-se profundas transformações na vida econômica da Europa. Em geral, atribui-se à sucessão de fatos que desencadearam a Revolução Industrial o surgimento de um direito que viria a proteger o trabalhador.

A Revolução Industrial teve início com a invenção, em 1712, por Thomas Newcomen, da máquina a vapor, logo empregada na atividade industrial e aperfeiçoada, na segunda metade daquele mesmo século, por James Watt. A partir de então, ocorreu uma mudança radical no modo de produção, ensejando rápido crescimento industrial e acarretando profundas alterações na economia e nas relações sociais, especialmente naquelas entre capital e trabalho. Pouco a pouco, foram surgindo os primeiros centros industriais e, paralelo a eles, as primeiras grandes concentrações de trabalhadores, oferecendo terreno propício à expansão de um capitalismo emergente.

Segundo menciona Mozart Victor Russomano, em sua obra supracitada, a Revolução Francesa foi o primeiro grande movimento de cunho nitidamente popular e de massa na articulação de reivindicações no campo do trabalho, tendo sido responsável pelo surgimento do trabalho livre. Em uma síntese oportuna, pode-se dizer que essa revolução trouxe, para a Europa, consequências econômicas, sociais e políticas, todas elas, sem exceção, com profundos reflexos nas condições de vida dos trabalhadores.

Como consequências econômicas, podem-se apontar a superprodução e o desemprego. A máquina logo passou a produzir muito mais do que o trabalho artesanal. A Europa foi inundada por grande quantidade dos mais diversos produtos, enquanto o desemprego ocorria como consequência lógica dessa mesma máquina, capaz de substituir um número incontável de trabalhadores.

Ao mesmo tempo, a superprodução obrigou os empresários a baixarem os preços de comercialização dos seus produtos para poderem vender ante a concorrência numerosa. No entanto, para baixar os preços de venda era necessário baixar também o seu preço de custo. Ora, pode-se dizer, a grosso modo, que o preço de custo de um produto resulta da somatória do preço da matéria-prima com o preço da mão de obra. Como a matéria-prima tinha o preço imposto pelo produtor, ou seja, quem pagava o preço tinha o produto e quem não pagava, não tinha, restou aos empresários de então, ante o valor menos significativo das despesas administrativas, reduzir o preço da mão de obra, aproveitando-se do desemprego consequente à invenção da máquina.

Iniciou-se, então, uma exploração desenfreada da mão de obra, principalmente das chamadas "meias-forças", ou seja, mulheres e menores. Trabalhavam-se 12, 14 ou mais horas, mediante salários irrisórios. Orlando Gomes e Elson Gottschalk, em seu *Curso de direito do trabalho*, afirmam, com muita propriedade, que "a história do movimento operário é uma lição de sociologia que nos fornece a precisa ideia de um grupo social oprimido". O envilecimento da taxa salarial, o prolongamento da jornada de trabalho, o livre jogo da oferta e da procura, o trabalho dos menores de seis, oito e dez anos de idade em longas jornadas, e o da mulher em idênticas condições, criaram aquele estado de *détresse sociale* de que fala Durand, no qual "as condições de vida social se uniformizaram no mais ínfimo nível".

A grande massa trabalhadora, explorada e espoliada, crescendo em torno dos grandes centros industriais que surgiam, buscando um denominador comum, ganhava uma consciência que se formava lentamente, consolidando-se no decorrer do século XIX, derrubando o liberalismo decorrente das ideias da Revolução Francesa, vencendo a resistência do capitalismo e obrigando o Estado, até então inerte, a se voltar para as questões sociais. Vale, então, a afirmação de Gaston Richard quando diz que "a lei de formação da solidariedade é a luta entre cada grupo e todos os outros". Ocorreu, então, a concretização daquilo que Orlando Gomes e Elson Gottschalk chamam, em seu livro supracitado, o surgimento de uma "consciência de classe", que foi se concretizando no seio das classes trabalhadoras em vários países da Europa.

Por sua vez, a Revolução Francesa, que lançara ao mundo o tríplice lema da igualdade, liberdade e fraternidade, adotou o princípio do respeito absoluto à autonomia da vontade (liberdade de contratar), cuja consequência mais imediata foi a não intervenção do Estado nas relações contratuais.

Como consequência social da Revolução Industrial, surgiu, então, uma nova classe social: o proletariado. O crescimento das concentrações operárias não tardaria a dar ao nascente proletariado a consciência de sua própria força, capaz de fazer reverter essa situação de penúria e extrema miserabilidade do trabalhador. Gomes e Gottschalk, na obra citada, afirmam que "a ação direta do proletariado, no quadro das condições adversas que lhe criou a primeira Revolução Industrial, foi, pois, o fator principal para a formação histórica do Direito do Trabalho".

Surgiu, então, uma terceira consequência da Revolução Industrial: a consequência política. O Estado, vindo da Revolução Francesa, adotava o liberalismo econômico. Era o Estado *gendarme*, o Estado do *laissez faire, laissez aller*, preocupado somente em manter a ordem interna e defender as fronteiras externas, garantindo a soberania do país. Era o Estado liberal, não intervencionista, inclusive no relacionamento entre empregadores e empregados.

Não tardou para que, aos reclamos do proletariado, se juntasse a ação de homens progressistas como Villermé, Robert Owen, Von Brentano e muitos outros, que passaram a exigir que o Estado voltasse as vistas para a classe trabalhadora desprotegida. Homens públicos, filósofos, escritores e a própria Igreja colocaram-se ao lado do proletariado.

O *Manifesto comunista*, de Marx e Engels, pregando a união dos trabalhadores de todo o mundo, seguido de outra obra de Karl Marx (*Contribuição à crítica da economia política*, de 1850) e a Revolução de 1848, na França, começaram a tornar premente uma mudança na atitude não intervencionista do Estado.

Surgiram novas doutrinas sociais e econômicas, como o comunismo, o socialismo e o corporativismo, todas dentro de uma mesma linha de ação em favor do proletariado e exigindo uma mudança na atitude do Estado, que, pouco a pouco, começou a assumir uma atitude neoliberal, passando a intervir no relacionamento empregador-empregado. Aliás, já nos primeiros anos do século XIX, tinham sido promulgadas as primeiras leis. Assim, em 1802, na Inglaterra, foi aprovada uma lei que proibia as crianças de trabalharem mais de 12 horas por dia, bem como as mulheres e os menores de trabalharem no período noturno. Lei semelhante foi logo aprovada na França e, em 1826, uma lei inglesa permitiu à classe operária britânica conquistar o direito de associação.

Em 1891, a Igreja, por meio da encíclica *Rerum novarum* ("das coisas novas"), do Papa Leão XIII, tomou decidida posição em favor da melhoria das condições dos trabalhadores.

A Constituição do México, em 1916, e a de Weimar, em 1917, incluíram em seus textos normas protetoras do trabalhador, erigindo-as em normas de interesse da própria sociedade.

Em 1919, o Tratado de Versalhes, que colocou termo à Primeira Guerra, incorporou ao seu texto nove princípios protetores do trabalhador. Ao mesmo tempo, foi criada a Organização Internacional do Trabalho (OIT), com sede em Genebra, cuja responsabilidade era favorecer a melhoria das relações entre empregados e empregadores no âmbito internacional, por meio de suas convenções e recomendações.

Assim, ao lado dos demais ramos do Direito, o direito do trabalho surgia como disciplina jurídica independente.

Alguns autores dividem a evolução histórica do direito do trabalho, no âmbito internacional, em quatro períodos, a saber:

- Primeiro: dos fins do século XVIII até o *Manifesto comunista* de Marx e Engels, de 1848; seria o período de formação.
- Segundo: inicia-se com a publicação do *Manifesto* de Marx e Engels e vai até a encíclica *Rerum novarum*; seria o período de intensificação.
- Terceiro: da publicação dessa encíclica até o final da Primeira Grande Guerra, com o Tratado de Versalhes; seria o período da consolidação.
- Quarto: do Tratado de Versalhes, de 1919, até os nossos dias; seria o período da autonomia.

EVOLUÇÃO DO DIREITO DO TRABALHO NO BRASIL

No Brasil, a história do direito do trabalho não apresenta as mesmas características de outras partes do mundo, dada a diversidade de condições. Por se tratar de um país relativamente novo, vindo de um regime colonial, com uma infraestrutura industrial e profissional precária (apesar da explosão de seus maiores centros populacionais) e predominantemente agrário até meados do século XX, o direito do trabalho não teve condições de se desenvolver de forma semelhante ao que ocorreu nos países europeus.

Costuma-se apontar a existência de alguns fatores externos e internos que teriam influenciado a evolução do direito do trabalho no Brasil. Como fator externo, poderia ser apontada a repercussão dos fatos econômicos, políticos e sociais que ocorriam na Europa, sendo que muitos deles eram trazidos por estudantes brasileiros que cursavam universidades europeias. Também como fator externo pode ser mencionada a vinda de grande número de imigrantes procedentes da Europa e do Oriente, muitos deles de tendências anarquistas e que aqui chegaram a fomentar numerosas greves. Ainda como fator externo, houve a criação da OIT, cujo objetivo inicial seria a formação de um direito do trabalho internacional, ideia logo abandonada diante da diversidade das condições políticas, sociais e econômicas das várias regiões do mundo.

Como fatores internos, pode-se apontar, primeiramente, o surgimento de uma incipiente atividade industrial consequente da eclosão da Primeira Grande Guerra, em 1914. O impedimento da importação de muitos produtos da Europa obrigou o surgimento, no Brasil, de indústrias de substituição de tais produtos. Como um segundo fator interno, pode ser mencionada a política trabalhista do senhor Getúlio Vargas, que assumiu o poder na crista da revolução de 1930 e se manteve até 1945, inclusive em regime ditatorial de 1937 em diante.

Costuma-se dividir a história jurídica do direito do trabalho no Brasil em três fases:

- a primeira é a do liberalismo, durante o regime monárquico, que se inicia com a independência e vai até a abolição da escravatura, em 1888;
- a segunda vai da abolição até a Revolução de 1930;
- a terceira, finalmente, estende-se da Revolução de 1930 aos nossos dias.

A primeira fase corresponde ao período escravocrata. Nesse período, surgiram umas poucas leis, como a que regulamentou os contratos de locação de mão de obra na agricultura, de brasileiros e estrangeiros, bem como o Código Comercial de 1850, que já trazia normas protetoras do trabalho dos comerciários e que hoje estão consagradas pelo atual direito do trabalho.

A segunda fase, de pouca expressão legislativa, é assinalada pela liberdade de associação, pelo Código Civil de 1916, por uma lei de acidentes do trabalho e pelo início de uma industrialização, acompanhada de um grande número de greves, principalmente no ano de 1919. As transformações que ocorriam na Europa repercutiam no Brasil, assim como a atuação da OIT, com as primeiras recomendações e convenções resultantes de suas reuniões anuais.

A terceira fase, que teria começado com a Revolução de 1930 e a subida ao poder do senhor Getúlio Vargas, vindo até os nossos dias, caracterizou-se pela intensificação febril da legislação ordinária voltada para a proteção dos trabalhadores. São pontos culminantes desse período a criação do Ministério do Trabalho, da Justiça do Trabalho, o surgimento dos Institutos de Pensões e Aposentadorias, bem como as Constituições Federais de 1934, 1937, 1946, 1967 e, finalmente, de 1988, todas concedendo amplo espaço à regulamentação do trabalho e proteção do trabalhador.

Já em 1943, a Consolidação das Leis do Trabalho (CLT) foi promulgada pelo ditador Getúlio Vargas, com o objetivo de reunir, em um só texto, toda a extensa legislação trabalhista existente. Não foi, na verdade, uma consolidação, pois não se limitou a reunir normas legais existentes; mais do que isso, eliminou algumas, modificou outras que já existiam e criou disposições até então inexistentes.

No entanto, não cessou aí a elaboração legislativa em favor de um melhor relacionamento entre empregadores e empregados. Novas leis foram se sucedendo, como a lei do repouso semanal remunerado, uma nova lei de acidentes do trabalho, a lei do fundo de garantia do tempo de serviço (FGTS), a lei de greve, a lei do seguro-desemprego, a lei do vale-transporte, a lei da participação no lucro das empresas e uma imensa gama de novas normas legais que, em grande parte, desfiguraram a CLT ainda vigente. Em 1988, foi promulgada a atual Constituição Federal, na qual os direitos dos trabalhadores são largamente considerados, especialmente nos arts. 7º a 11. Muitas daquelas normas constantes da CLT, imposta em 1943, criaram *status* de normas constitucionais voltadas não apenas para o interesse dos trabalhadores e empregadores, mas, também, para o interesse da própria sociedade. É o caso, por exemplo, da licença-maternidade, que, embora do interesse imediato da mulher gestante e do seu empregador, é, também, de interesse da própria sociedade, preocupada em garantir que as mulheres trabalhadoras tenham condições de gerar filhos sadios.

Atualmente, aguarda-se uma reforma da nossa legislação trabalhista de maneira a colocá-la em acordo com as novas condições políticas, sociais e econômicas vigentes no século XXI, no Brasil e no mundo, possivelmente com características menos paternalistas.

VERIFICAÇÃO DE APRENDIZAGEM
1. Quais direitos tinham os servos no regime feudal?
2. Qual a principal consequência social da Revolução Industrial?
3. Qual era o principal objetivo das corporações de artes e ofícios?
4. Qual o principal mote do *Manifesto comunista* de Marx e Engels?
5. Quais os primeiros países que colocaram normas protetoras dos trabalhadores nos seus textos constitucionais?
6. Quais fatores internos favoreceram o surgimento de um direito do trabalho no Brasil?
7. Como se pode dividir a história do direito do trabalho no Brasil?
8. Qual a importância da CLT e quais as principais críticas que podem ser feitas a essa consolidação?

CONCEITO E DIVISÕES DO DIREITO DO TRABALHO

O professor Waldemar Ferreira, catedrático de Direito Comercial da Faculdade de Direito da USP, nos idos de 1940 e seguintes, afirmava que não se pode conhecer bem uma instituição sem conhecer a sua história. Já Elson Gottschalk, professor adjunto de Direito do Trabalho da Faculdade de Direito da Universidade Federal da Bahia (UFBA), afirma, no seu livro *Participação do empregado na gestão da empresa*, que "o estudo de toda instituição social demanda uma análise profunda das causas determinantes do seu surgimento e desenvolvimento ulterior". Não foi por outra razão que, no capítulo anterior, foi analisada a origem histórica e o desenvolvimento do direito do trabalho, disciplina relativamente nova no Brasil, ainda ocupando, como consideraram Brun e Galland (*droit du travail*), o "vedetismo" da atualidade jurídica, e que, por isso mesmo, ainda não tem perfeitamente definidos os seus quadros, o seu objeto e a sua natureza jurídica, o que, de certa forma, explica a diversidade de pontos de vista entre aqueles que procuram conceituar essa nova disciplina no mundo das ciências jurídicas.

O Direito do Trabalho é uma disciplina jurídica relativamente nova, cuja própria denominação ainda não é uniformemente aceita pelos tratadistas. Assim, há os que a denominam direito operário, direito industrial, direito social, legislação social, direito trabalhista, direito corporativo, etc. Todavia, sem dúvida, a denominação direito do trabalho, adotada aqui, é a que reúne a maior preferência dos estudiosos dessa disciplina, tratando-se, inclusive, da denominação consagrada pelo mais alto organismo internacional voltado para ela, a OIT.

Da mesma maneira, a sua conceituação tem sido feita com vários enfoques, ou seja, uns, como conta Mauricio Godinho Delgado no seu *Curso de direito do trabalho*, dando maior realce aos sujeitos componentes das relações trabalhistas, as chamadas definições subjetivistas, enquanto outros focalizam mais o conteúdo objetivo das relações jurídicas regidas por esse ramo do Direito, as chamadas definições objetivistas.

Amauri Mascaro Nascimento adota uma definição mista ao dizer que o direito do trabalho "é o ramo da ciência do direito que tem por objeto as normas jurídicas que disciplinam as relações de trabalho subordinado, determinam os seus sujeitos e as organizações destinadas à proteção desse trabalho, em sua estrutura e atividade".

Eduardo Gabriel Saad, em sua obra *Curso de direito do trabalho*, define o direito do trabalho como "parte do ordenamento jurídico que rege as relações de trabalho subordinado prestado por uma pessoa a um terceiro, sob a dependência deste, em troca de uma remuneração contratualmente ajustada".

Sob a perspectiva usada nesta obra, essas duas definições pecam por omitir a presença do Estado como intermediário obrigatório das relações trabalhistas. Essa presença, diga-se de passagem, assume características paternalistas hoje muito contraditadas principalmente pelos organismos sindicais, os quais, por isso mesmo, vêm defendendo uma flexibilização das normas trabalhistas, visando a adequá-las a uma nova realidade social e econômica de um mundo globalizado.

Para Perez Botija, direito do trabalho "é o conjunto de princípios e normas que regulam as relações entre empresários e trabalhadores e de ambos com o Estado, para os efeitos de proteção e tutela do trabalho".

Dentre todas, parece-nos mais abrangente e completa a definição adotada pelos professores Orlando Gomes e Elson Gottschalk, da UFBA, no seu esplêndido *Curso de direito do trabalho*:

> Direito do trabalho é o conjunto de princípios e regras jurídicas aplicáveis às relações individuais e coletivas que nascem entre os empregadores privados – e os equiparados, e os que trabalham sob sua direção e de ambos com o Estado, por ocasião do trabalho, ou, eventualmente, fora dele.

Essa definição, que, segundo nos parece, se ajusta à sistemática do nosso direito positivo, merece ser analisada em todos os seus termos. Assim:

- "*...é o conjunto de princípios...*", ou seja, um conjunto de normas superiores, situadas acima de todos os ramos do Direito, e que, por isso mesmo, podem ser aplicadas a qualquer um deles e seus respectivos sistemas jurídicos, de modo a facilitar a sua interpretação e sua aplicação, no caso da omissão deles. Exemplificando, representariam princípios ou expressões como "a ninguém é lícito alegar ignorância da lei" e "na dúvida, a favor do mais fraco";

- *"...e regras jurídicas..."*, ou seja, o conjunto de normas e leis que constituem o nosso direito positivo do trabalho. Aliás, o direito do trabalho é um Direito altamente intervencionista, no qual se fazem presentes, em alto grau, as autoridades judiciais e administrativas do trabalho, na própria regulamentação das condições de trabalho, assim como se fazem presentes, também, as regras que se aplicam a empregados e empregadores (individualmente ou por meio de entidades coletivas), as regras que regulam a organização e o processo administrativo do trabalho, etc.;
- *"...aplicáveis às relações individuais e coletivas..."*, anunciando, assim, a dicotomia do direito do trabalho, que tanto se volta para o trabalhador individualmente como para as manifestações dos órgãos coletivos que representam tanto empregados como empregadores;
- *"...que nascem entre..."*, ou seja, aqueles a quem se destina essa disciplina jurídica;
- *"...empregadores privados ou equiparados..."*, ou seja, embora o direito do trabalho, como nós entendemos, aplique-se especificamente aos empregadores privados, há ocasiões em que organizações públicas podem contratar empregados pela legislação trabalhista, os chamados celetistas, que, não sendo funcionários públicos, são, todavia, protegidos pelo direito do trabalho. Esses celetistas podem surgir em situações de emergência, quando se torna necessária a contratação imediata de trabalhadores sem que passem pelo crivo constitucional da admissão do servidor público, que é o concurso, sempre sujeito a uma sequência de

normas, demandando um tempo geralmente longo. Ao contratar tais trabalhadores, pela legislação trabalhista o Estado equipara-se a um empregador privado;

- "*...e os que trabalham sob sua direção...*", ou seja, os trabalhadores a eles subordinados;
- "*...e de ambos com o Estado...*". Embora encarada com restrições por muitos, não seria possível ignorar a presença do Estado, demasiadamente intervencionista na nossa legislação trabalhista, capaz de entrar na própria intimidade do trabalhador por suas normas imperativas, além da importância que assumem as autoridades judiciárias e administrativas na efetividade da regulamentação das condições de trabalho;
- "*...por ocasião do trabalho ou, eventualmente, fora dele*". A atuação do Estado não pode se resumir a uma posição exclusivamente fiscalizadora das relações entre empregadores e empregados, quando no desenrolar da efetividade do trabalho. Ela vai muito além, tutelando e protegendo o trabalhador até mesmo quando ele não está trabalhando. É o caso, como muito bem relatam Orlando Gomes e Elson Gottschalk, na obra supracitada, da proteção que o Estado concede àqueles que, após muitos anos de trabalho, se aposentam ou, também, àqueles que, por problemas de ordem física, não podem mais trabalhar. Da mesma maneira, é inegável a presença do Estado na administração dos seguros sociais por meio do direito previdenciário, bem como nos processos que envolvam trabalhadores por intermédio do direito administrativo e na valorização da Jurisprudência e dos Enunciados emitidos pelos tribunais do trabalho.

DIVISÕES DO DIREITO DO TRABALHO

O tema pede algumas considerações. A primeira delas diz respeito a uma característica ampla e geral que pode ser atribuída ao direito do trabalho: é um direito público ou é um direito privado? No velho Direito Romano, a distinção entre um e outro era baseada em um critério de utilidade. Assim, o direito do trabalho seria público quando dissesse respeito às coisas do Estado, e seria privado quando voltado para o interesse individual do ser humano. Miguel Reale, nas suas *Lições preliminares de Direito*, abordando essa possível dicotomia do direito do trabalho, assim se manifesta: "A nosso ver, a distinção ainda se impõe, embora com uma alteração fundamental na teoria romana, que levava em conta apenas o elemento do interesse da coletividade ou dos particulares".

E, mais adiante, esclarece a sua posição:

> Quanto ao conteúdo ou objeto da relação jurídica: a-1) Quando é visado imediata e prevalecentemente o interesse geral, o Direito é público; a-2). Quando imediato e prevalecentemente o interesse particular, o Direito é privado.

De qualquer forma, é inegável que essa dicotomia tem sido objeto de críticas por tratadistas que não a consideram absoluta e coerente. José Martins Catharino, no seu *Compêndio universitário de direito do trabalho*, e Octávio Bueno Magano, no seu *Manual de direito do trabalho – parte geral*, fazem críticas a essa colocação, entendendo que a pretendida dicotomia atribuída ao direito do trabalho – direito público ou privado – está hoje superada ante a impossibilidade de destacar, de uma forma absoluta, a separação entre esses dois ramos do direito face ao direito do trabalho.

No que diz respeito propriamente à divisão do direito do trabalho, é quase unanimidade entre os tratadistas a existência de dois grandes ramos que podem ser albergados dentro desse direito especializado, ou seja, o direito individual do trabalho e o direito coletivo do trabalho. Ao lado desses dois ramos, uma corrente, talvez minoritária, coloca um terceiro ramo: o direito processual do trabalho. A essa corrente se opõe aquela que entende ser o direito processual do trabalho, parte não do direito do trabalho, mas de um outro grande ramo do Direito, o próprio direito processual, por sua vez, dividido em processual civil, processual penal e processual do trabalho. De nossa parte, preferimos a divisão tripartita, na medida em que entendemos que o direito processual pode ser agregado, com mais pertinácia, dada sua característica eminentemente social, como um terceiro ramo do direito do trabalho.

Há outros autores, ainda, que adotam colocações diferentes. Assim, alguns entendem que existe uma introdução ao direito do trabalho, outros, um direito sindical, um direito internacional do trabalho, um direito administrativo do trabalho, um direito penal do trabalho e assim por diante. São, todavia, posições minoritárias que não foram endossadas aqui.

Esta obra adota, portanto, uma divisão tripartita, ou seja, divide-se o direito do trabalho em três grandes ramos: o direito individual do trabalho, o direito coletivo do trabalho e o direito processual do trabalho.

A seguir, o conceito e conteúdo de cada um desses três grandes ramos do direito do trabalho.

Amauri Mascaro Nascimento, na obra supracitada, afirma:

> Direito Individual do Trabalho é o setor do direito do trabalho que compreende as relações individuais, tendo como sujeitos o emprega-

do e o empregador e, como objeto a prestação de trabalho subordinado, continuado e assalariado.

Em outras palavras, o direito individual do trabalho fornece ao trabalhador, diretamente, uma proteção econômico-social sob a tutela do Estado.

Fazem parte desse grande ramo do direito do trabalho as normas de abrangência individual originárias de qualquer um dos poderes do Estado. Assim, do Poder Legislativo, fazem parte as leis voltadas principalmente para o relacionamento empregado-empregador; do Poder Executivo, as normas que objetivam, basicamente, explicar, facilitar e fiscalizar o cumprimento daquelas originárias do Poder Legislativo; e, finalmente, do Poder Judiciário, aquelas que visam a possibilitar a fiscalização dos outros dois poderes nesse campo específico. Fazem parte, ainda, do direito individual do trabalho, as normas individuais resultantes das convenções ou acordos coletivos de trabalho. As convenções coletivas de trabalho são acordos que abrangem uma categoria profissional e sua correspondente categoria econômica, estabelecendo condições de trabalho aplicáveis, no âmbito das respectivas representações, às relações individuais de trabalho. Já os acordos coletivos de trabalho surgem entre sindicatos representativos de categorias profissionais com uma ou mais empresas da correspondente categoria econômica, estabelecendo condições de trabalho aplicáveis no âmbito da empresa ou das empresas acordantes. E, finalmente, também fazem parte do direito individual as próprias normas dos contratos individuais de trabalho, estabelecidas entre empregador e empregado.

Já o direito coletivo do trabalho protege o trabalhador de forma indireta, porque o faz por meio de suas organizações coletivas (as organizações sindicais, representativas de categorias econômicas e profissionais), de suas convenções coletivas de trabalho e de acordos coletivos de trabalho, pelo estabelecimento de normas aplicáveis às respectivas categorias. Ainda no direito coletivo do trabalho, existem as normas que determinam a organização e o funcionamento dos sindicatos econômicos ou profissionais. Fazem parte, também, desse grande ramo do direito do trabalho os crimes contra a organização do trabalho, como a greve e o *lock-out*. Finalmente, pertencem a esse ramo a organização e o funcionamento das comissões de fábrica, ou seja, aqueles organismos de representação dos trabalhadores, geralmente eleitos por eles mesmos, capazes de dialogar com os empresários e frustrar movimentos coletivos, cujas consequências são sempre prejudiciais às empresas.

O direito processual do trabalho, por sua vez, para Sergio Pinto Martins, na sua obra *Direito processual do trabalho*, "é o conjunto de princípios, regras e instituições destinadas a regular a atividade dos órgãos jurisdicionais na solução dos dissídios, individuais ou coletivos, entre trabalhadores e empregadores". A esse grande ramo do direito do trabalho está integrada a Justiça do Trabalho, principal instituição voltada para exercer a jurisdição em questões concernentes ao direito do trabalho, criada em 1932, que tinha, originariamente, como unidades básicas, as Juntas de Conciliação e Julgamento. Na organização atual, as Juntas de Conciliação e Julgamento deixaram de existir, tendo sido substituídas pelas Varas do Trabalho; permaneceram, porém, como organismos superiores, os Tribunais Regionais do Trabalho e o Tribunal Superior do Trabalho.

Como dito anteriormente, muitos juristas e tratadistas entendem que o direito processual do trabalho não é parte do direito do trabalho como um todo, mas pertence ao ramo do direito processual, o qual abrangeria, então, os seguintes ramos do Direito: processual civil, processual penal, processual do trabalho, processual militar, processual eleitoral, etc.

VERIFICAÇÃO DE APRENDIZAGEM
1. Qual seria um conceito de direito do trabalho suficientemente abrangente?
2. De que forma os princípios gerais de Direito participam de um conceito de direito do trabalho?
3. As empresas públicas podem contratar empregados pela CLT? Em que ocasiões?
4. Qual é o conceito de direito individual do trabalho? Qual é o seu conteúdo?
5. Qual é o conceito de direito coletivo do trabalho?
6. Qual é a importâncias das convenções coletivas de trabalho e dos acordos coletivos de trabalho?
7. O que é o direito processual do trabalho?

FONTES DO DIREITO DO TRABALHO
Fonte, do latim *fons*, significa, no sentido comum, o lugar onde brota água, a nascente, o manancial. Pode-se entender, também, como sendo a origem, o início de onde provém alguma coisa.

Sergio Pinto Martins, citando Claude du Pasquier, afirma que fonte, em se tratando de uma regra jurídica, "é o ponto pelo qual ela sai das profundezas da vida social para aparecer à superfície do Direito". Pedro Romano Martinez, professor da Faculdade de Direito de Lisboa, define fonte como uma das formas de revelação do Direito.

No direito do trabalho, o estudo das fontes parece essencial porque ele traz não apenas a origem, mas também, sobretudo, o significado de cada um dos principais elementos formadores desse ramo do Direito.

Existem vários critérios utilizados para classificar as fontes. No consenso mais geral dos autores, as fontes podem ser:

- formais, ou seja, os meios pelos quais se estabelece a norma jurídica ou a própria origem das normas jurídicas positivas;
- materiais, que seriam aquelas decorrentes de fatores sociais que contribuem para a formação da norma jurídica, como, por exemplo, a pressão exercida por movimentos coletivos de sentido reivindicatório.

Quanto à sua origem, as fontes podem ser:

- estatais, ou seja, aquelas que provêm de um dos poderes do Estado, como a lei ou o regulamento;
- profissionais, quando se originam da atuação de grupos de trabalhadores e empregadores por meio de um entendimento comum, como aquelas normas que constam de convenções e de acordos coletivos de trabalho;
- sociais, quando decorrem de atos da própria sociedade, como o costume.

Poderíamos representar o conjunto de fontes usando uma forma piramidal em cujo vértice, como a mais importante fonte, estaria a Constituição, aquela que paira acima de todas as outras, não podendo ser contraditada por nenhuma outra. Já na base, estariam as normas de menor importância, por exemplo, ordens de serviço, avisos, etc., ou seja, o conjunto de dispositivos legais, convencionais ou costumeiros que são encontrados no dia a dia da relação trabalhista.

PRINCIPAIS FONTES
Constituição Federal

A Constituição é a mais importante fonte de origem estatal. Segundo Mauricio Godinho Delgado, em sua obra *Curso de direito do trabalho*, a Constituição representa "fonte normativa dotada de prevalência na ordem jurídica". E acrescenta: "Ela é que confere validade – fundamento e eficácia – a todas as demais regras jurídicas existentes em determinado contexto jurídico nacional". Para Pedro Paulo Teixeira Manus, em seu livro *Direito do trabalho*, a Constituição Federal é a "fonte de maior importância para o direito do trabalho, porque dela emanam todas as normas, independentemente de sua origem e formação".

No Brasil, desde 1934, todas as constituições, sem exceção, trouxeram normas aplicáveis ao direito do trabalho. A Constituição de 1988, que incluiu os direitos sociais entre os direitos e garantias fundamentais, contém, no seu art. 7º, uma relação de 34 incisos relativos às relações de trabalho, além de muitas outras normas dispersas nos seus numerosos artigos. Aliás, o fato de uma determinada norma trabalhista constar da Constituição Federal dá a ela um caráter diferencial, uma vez que se torna norma de interesse da própria sociedade. É o que acontece, por exemplo, quando a Constituição, no art. 7º, XVIII, estabelece a obrigatoriedade da licença de 120 dias à gestante, sem prejuízo do emprego e do salário. Essa norma, além de interessar à empregada e ao seu empregador, interessa muito mais à própria sociedade, uma vez que concorre para uma gestação tranquila, ao mesmo tempo em que favorece a formação futura de gerações sadias.

Leis

A lei é a fonte de origem estatal por excelência. É toda regra de direito tornada obrigatória pela vontade da autoridade competente e expressa em uma fórmula escrita. Ou, ainda, a lei pode ser definida como norma jurídica feita e aprovada pelo Poder Legislativo, posteriormente sancionada e promulgada pelo chefe do Poder Executivo. Costuma-se dizer que o direito tem como fonte básica a lei, sendo ela instrumento vital para a própria manutenção da ordem social.

Atualmente, a principal lei, no âmbito da proteção ao trabalho e ao trabalhador, ainda é a CLT, imposta pelo governo ditatorial de Getúlio Vargas, em 1943, e que, na verdade, não é uma consolidação no sentido exato da palavra, uma vez que não apenas agrupou em um só conjunto leis já existentes, como criou outras que ainda não existiam, deixando de fora, por sua vez, umas tantas outras já existentes. Fruto do trabalho de uma comissão de notáveis, criada por Vargas, aprovada e imposta pelo Decreto-lei n. 5.452, de 1º de maio de 1943, é, até hoje, a mais importante lei no campo do Direito do Trabalho, tendo sido, aqui e ali, modificada por leis esparsas.

Além dessa lei, existem numerosas outras que seriam as leis ordinárias, aprovadas pelo Poder Legislativo, constituindo a "legislação não consolidada" de que tratam Orlando Gomes e Elson Gottschalk em sua obra *Curso de direito do trabalho*, ou seja, aquelas promulgadas após a CLT e fruto da atividade laboral do Congresso Nacional. Entre elas, podemos citar a lei da previdência social, de acidentes do trabalho, de greve, do vale-transporte, do seguro-desemprego, etc.

Existem, ainda, as leis delegadas, elaboradas pelo Poder Executivo, por delegação do Legislativo, em situações especiais admitidas pela Constituição Federal de 1988 no seu art. 68. Além delas, existem as leis complementares e as medidas provisórias. As leis complementares, como o próprio nome diz, destinam-se a complementar algum artigo da Constituição Federal. Assim, por exemplo, o art. 7º, XXI, que define o aviso prévio, deixou em aberto a possibilidade de vir a ser completado, futuramente, por uma lei complementar que admitiria, por exemplo, um prazo maior de aviso prévio aos trabalhadores com mais de 45 anos de idade. Finalmente, as medidas provisórias, criadas, nos termos do art. 62 da Constituição Federal, para atender situações de relevância e urgência e com prazo de duração limitado para serem aprovadas pelo Congresso, sem o que perderiam sua força de lei, tornaram-se, atualmente, verdadeiros instrumentos de atuação ditatorial por parte do chefe do Poder Executivo, que as emite com exagerada frequência, sem atender aos ditames constitucionais. Atualmente, as medida provisórias são válidas por até 60 dias, podendo ser prorrogadas uma única vez por igual período, após o qual perdem o seu valor legal caso não tenham sido votadas e aprovadas pelo Congresso.

Princípios gerais de Direito

No sistema legal brasileiro, os princípios gerais de Direito aparecem como fonte supletiva da lei, tanto no art. 4º da Lei de Introdução ao Código Civil, como no art. 8º da CLT.

Assim, diz o art. 4º da lei de introdução ao código civil:

> Art. 4º. Quando a lei for omissa, o juiz decidirá o caso de acordo com a analogia, os costumes e os princípios gerais de direito.

Já o art. 8º da CLT assim se expressa:

> Art. 8º. As autoridades administrativas e a Justiça do Trabalho, na falta de disposições legais ou contratuais, decidirão, conforme o caso,

pela jurisprudência, por analogia, por equidade e outros princípios gerais de direito, principalmente do Direito do Trabalho, e, ainda de acordo com os usos e costumes, o direito comparado, mas sempre de maneira que nenhum interesse de classe ou particular prevaleça sobre o interesse público.

Existem princípios que fazem parte do Direito como um todo e que se estendem a todos os seus ramos, indistintamente, como a boa-fé, a dignidade da pessoa humana, o direito de defesa, etc.

Já os princípios gerais aplicáveis ao Direito do Trabalho constituem, no dizer de Américo Plá Rodriguez, em sua obra *Princípios de direito do trabalho*, "o fundamento do ordenamento jurídico do trabalho", capazes de informarem o próprio direito positivo.

Embora o direito do trabalho não possa ignorar esses "princípios gerais de direito", alguns lhe são próprios. Assim, *in dubio pro operario*, ou seja, a projeção no âmbito trabalhista do princípio do direito penal: *in dubio pro reo* ou, ainda, "a ninguém é lícito alegar ignorância da lei". Aplicáveis mais especificamente ao Direito do Trabalho, há alguns princípios superiores, como o "princípio da norma mais favorável", ou seja, havendo várias normas jurídicas aplicáveis a uma mesma situação, prefere-se aquela mais favorável ao trabalhador, ou, ainda, "a ninguém é lícito locupletar-se à custa alheia".

Convenções e acordos coletivos de trabalho

As convenções coletivas de trabalho são o resultado do entendimento entre um sindicato representativo de uma determinada categoria econômica (sindicato patronal) e o sindicato representativo da mesma categoria profissional (sindicato dos trabalhadores).

As normas aprovadas são válidas para todos os que pertencem àquela categoria na área de atuação dos respectivos sindicatos.

Já os acordos coletivos de trabalho são o resultado do entendimento entre o sindicato representativo de uma determinada categoria profissional e a direção de uma ou mais empresas da categoria econômica correspondente. As normas aprovadas valem apenas para os empregados das referidas empresas. Assim, convenções e acordos são fontes à medida que expressam anseios e aspirações das respectivas categorias, sendo por elas aceitos. Há países em que as convenções e acordos são mais numerosos do que as próprias leis, uma vez que têm a participação direta daqueles que vivenciam as situações que originam a necessidade de sua criação e, por isso mesmo, talvez estejam em melhores condições de encontrar soluções.

Sentenças normativas

São, sem dúvida, fontes peculiares do direito do trabalho. Chamam-se sentenças normativas aquelas proferidas por tribunais regionais do trabalho ou pelo Tribunal Superior do Trabalho, no julgamento de dissídios coletivos que surjam entre empregadores e empregados, sem que tenham encontrado, por eles mesmos, uma solução conciliatória. A Constituição Federal, no *caput* do art. 114 e seu § 2º, dá competência à Justiça do Trabalho para estabelecer normas e condições de trabalho, bem como conciliar e julgar dissídios coletivos do trabalho proferindo sentenças. Assim, por meio de sentenças normativas, proferidas por esses órgãos superiores da Justiça do Trabalho, poderão ser criadas, modificadas ou extintas normas e condições aplicáveis ao trabalho, gerando direitos e obrigações para empregadores e empregados.

Usos e costumes

Os usos e costumes são uma fonte importante do direito do trabalho. O costume, segundo A. Brun e Galland, citados por Amauri Mascaro Nascimento em sua obra *Curso de direito do trabalho*, "é mais importante em Direito do Trabalho do que no Direito Civil". Assim, os sindicatos, as convenções coletivas, as férias e outros institutos do direito do trabalho são figuras que, muitas vezes, nasceram e se fixaram, em grande parte, pela livre e direta elaboração dos próprios interessados. Exemplo clássico da força dos usos e costumes, capaz de justificar sua colocação entre as fontes do direito do trabalho, pode ser encontrado no hábito existente em épocas mais remotas, quando empresários costumavam, no fim de um ano, geralmente por ocasião do Natal, dar uma gratificação aos seus empregados, não apenas pelo Natal em si e sua tradição, mas como forma de reconhecer o trabalho produzido naquele ano. Esse costume gerou, sem dúvida, a lei que tornou obrigatório o pagamento, em dezembro, do 13º salário.

Regulamentos de empresas

Não é pacífica a colocação dos regulamentos de empresa como fontes do direito do trabalho. Paul Pic caracterizou-os como a "lei interna da fábrica". Aqueles que admitem que sejam uma fonte baseiam seu convencimento no fato de que eles fixam condições de trabalho e disciplinam as relações entre trabalhadores e empregadores, ainda que tenham sido estabelecidos unilateralmente pelo empregador, como consequência do poder diretivo que possui. Não obstante, hoje é bastante comum que resultem de comissões paritárias constituídas por representantes dos empregadores e dos trabalhadores. Inegavelmente, visto que estabelecem condições e normas para o trabalho, entendemos que devam ser considerados uma fonte do direito do trabalho.

Jurisprudência

Trata-se do conjunto de decisões de tribunais, orientadas em um mesmo sentido, sobre determinado tema, ou, em outras palavras, é a reiterada e uniforme interpretação, dada por tribunais, no julgamento de casos concretos idênticos. Para muitos, a jurisprudência é muito mais um recurso de interpretação da lei do que uma fonte, uma vez que não tem aplicação obrigatória. Não se pode ignorar, entretanto, que as decisões da jurisprudência frequentemente orientam o posicionamento do Poder Judiciário, as autoridades administrativas e, até mesmo, o público em geral. Também não se pode esquecer que, no direito do trabalho, a própria legislação já situou a jurisprudência como fonte normativa, ainda que em caráter supletivo, conforme já visto no art. 8º da CLT, anteriormente transcrito.

Convenções e recomendações internacionais

São, normalmente, resultantes da atuação da OIT. Originariamente, a OIT teria sido criada com a finalidade, certamente utópica, de vir a lançar as bases de um direito internacional do trabalho, o que se verificou ser praticamente impossível, dadas as diversidades sociais, culturais e econômicas entre as várias regiões do mundo. Aliás, ultimamente, dentro da OIT, tem surgido uma tendência de regionalização das suas atividades, com reuniões e conferências sendo realizadas em diferentes áreas do globo, como já ocorreu nos países latinos da América e nos asiáticos.

A OIT é formada por representantes da maioria dos países do mundo, os quais, reunidos em convenções anuais, buscam e discutem formas de melhorar o relacionamento entre empregadores e empregados. A OIT encaminha o resultado dessas convenções aos países-membros sob a forma de recomendações, com o objetivo de que sejam submetidas aos seus organismos internos competentes para que sejam apreciadas, ratificadas e, até mesmo, se assim entenderem, transformadas em lei. Talvez, em virtude dessa circunstância, tais documentos internacionais nem sempre são considerados como fontes do Direito, já que, para terem eficácia, dependem da aprovação dos respectivos organismos internos. No Brasil, a atual legislação que rege e regulamenta a fiscalização do trabalho, por exemplo, foi calcada em uma recomendação aprovada pela OIT e encaminhada ao governo brasileiro, que, por sua vez, a enviou ao Congresso para que fosse, então, transformada em lei.

Normas do próprio contrato individual de trabalho

Como instrumento que celebra a negociação e o acordo individual entre empregadores e empregados, fixando direitos e obrigações de ambas as partes, o contrato individual de trabalho pode ser considerado, também, uma fonte do direito do trabalho. Aliás, o art. 8º da CLT faz menção expressa às disposições contratuais como fonte do direito do trabalho. E o art. 444, por sua vez, determina que as relações contratuais de trabalho podem ser objeto de livre estipulação das partes interessadas em tudo que não contravenha às disposições de proteção ao trabalho, às convenções e acordos coletivos e às decisões das autoridades competentes.

Atos do Poder Executivo

Embora seja discutível se podem ou não ser considerados fontes do direito do trabalho, os atos do Poder Executivo não deixam de participar da sua formação por meio de um certo número de procedimentos, atos ou medidas que visam, principalmente, a facilitar e a garantir a correta execução das leis ou a direcionar a própria atividade do Ministério do Trabalho. Assim são os decretos, regulamentos, portarias ministeriais, ordens de serviço, avisos, etc.

Os decretos são atos administrativos emanados exclusivamente do chefe do Poder Executivo, visando, diretamente, esclarecer ou baixar instruções capazes de facilitar o cumprimento de uma lei. É comum que leis provindas do Poder Legislativo contenham, em um dos seus últimos artigos, a determinação de que serão regulamentadas por decreto do Poder Executivo, dentro de determinado prazo.

Amauri Mascaro Nascimento no seu *Curso de direito do trabalho*, citando Cretella Júnior no seu *Dicionário de direito administrativo*, define portarias e regulamentos. Assim, "portaria é a determinação ou ordem, baixada por agente administrativo categorizado, objetivando providências oportunas e convenientes para o bom andamento do serviço público". E exemplifica com a Portaria n. 3.214/78, até hoje vigente, que aprova normas relativas à segurança e medicina do trabalho. Já o regulamento seria "norma jurídica de caráter geral, editada pela autoridade administrativa em matéria de sua competência, conferida pela lei formal, com o objetivo de facilitar-lhe a aplicação". Evidentemente, um regulamento nunca poderia modificar o texto legal que está regulamentando.

Em escala inferior de importância e, por isso mesmo, de responsabilidade de autoridades menores da administração pública – no caso, do Ministério do Trabalho –, estão as ordens de serviço, os avisos e, até mesmo, as instruções, todos visando à correta aplicação da lei e à garantia do melhor atendimento às normas legais.

VERIFICAÇÃO DE APRENDIZAGEM

1. Qual a importância do conhecimento das fontes do direito do trabalho?
2. Qual a diferença entre as fontes estatais e profissionais?
3. Como se justifica ser a equidade uma fonte do direito do trabalho?
4. A jurisprudência pode ser considerada uma fonte do direito do trabalho?
5. O regulamento da empresa pode ser uma fonte do direito do trabalho? Por quê?
6. O que vem a ser a sentença normativa e por que ela é considerada uma fonte do direito do trabalho?
7. Como se justificam os usos e costumes serem considerados uma fonte do direito do trabalho?

RELACIONAMENTO DO DIREITO DO TRABALHO COM OUTROS RAMOS DO DIREITO

O direito do trabalho é hoje considerado uma disciplina jurídica autônoma por tratadistas expressivos como Mozart Victor Russomano, Segadas Viana, Evaristo de Moraes Filho e outros. Mas o assunto merece considerações.

O jurista Alfredo Rocco já observava que a autonomia de uma ciência não deve ser confundida com sua independência, mas também entendia que essa independência era consequência de três características fundamentais: seu conteúdo deveria ser suficientemente vasto, formando um conjunto exclusivamente seu; deveria ser constituído por doutrinas homogêneas e distintas daquelas que informam outras disciplinas; e, finalmente, deveria possuir um método específico com objetivos próprios.

Plácido Silva, no seu esplêndido *Vocabulário jurídico*, entende que o vocábulo "autonomia" tem significado absolutamente idêntico àquele que expressa independência.

Sergio Pinto Martins, no seu *Direito do trabalho*, conclui que há plena autonomia do direito do trabalho dentro da ciência do Direito "se seus princípios e regras tiverem identidade e diferença em relação aos demais ramos do Direito".

Atualmente, a autonomia do direito do trabalho é majoritariamente aceita e justificada na medida em que:

- tem seu campo próprio de atuação voltado para o relacionamento entre empregadores e empregados;
- tem objetivos próprios a fim de pacificar esse relacionamento;
- tem um conjunto próprio de conhecimentos formado por uma legislação específica;
- tem métodos próprios de atuação visando ao alcance de seus objetivos.

No entanto, essa autonomia não impede que, frequentemente, o direito do trabalho vá buscar apoio e soluções em outros ramos do Direito.

Com o direito civil

Sem dúvida, o Direito do Trabalho pode ter encontrado sua origem no direito civil, especialmente no campo das obrigações, de onde surgiu o contrato de locação de mão de obra. Por outro lado, existem institutos, regras e princípios do direito civil que embasam soluções no campo do direito do trabalho. Seria o caso do conceito de "menoridade" para o trabalhador, que, embora modificado por lei recente, ainda encontra apoio no conceito adotado pelo Código Civil. Da mesma maneira, os conceitos de coação e simulação, frequentemente utilizados por juristas e autoridades administrativas como situações presentes em relações de trabalho, encontram sua conceituação no direito civil. O mesmo se pode dizer daqueles atos que o direito do trabalho considera nulos ou anuláveis e que vão encontrar respaldo na velha matriz desse ramo do Direito.

Com o direito constitucional
Não basta que o Estado se preocupe em garantir a ordem interna e defender as fronteiras externas. Cabe ao Estado, também, criar e defender um mínimo de condições sociais e políticas capazes de garantir ao indivíduo trabalhador a sua posição na sociedade. A aceitação desses princípios fez-se presente, pela primeira vez, nas Constituições do México, em 1916, e da Alemanha, em 1917, ao incorporarem, nos seus textos constitucionais, normas protetoras dos trabalhadores. No Brasil, a partir da Constituição Federal de 1934, todas as constituições, sem exceção, incluíram nos seus textos normas aplicáveis no campo do direito do trabalho, dando, assim, uma valoração maior a essas normas, uma vez que, a partir dessa inclusão, tornaram-se normas de ordem pública, de interesse da própria sociedade e não apenas dos dois elementos fundamentais da relação de emprego, que são o empregador e o empregado. É o caso, por exemplo, do direito do trabalhador ao gozo de um período de férias remuneradas, incluso na Constituição Federal. Esse direito é irrenunciável pelo empregado, embora seja de interesse imediato do empregado e do empregador e, antes de tudo, da própria sociedade que seus membros trabalhadores tenham uma longa vida útil e proveitosa – o que, sem dúvida e fisiologica-

mente comprovado, tem relação direta com o gozo de férias pelo trabalhador, pois o descanso é capaz de assegurar a plena manutenção de sua capacidade de trabalho.

Com o direito comercial

A relação com o direito comercial é nítida, pois é na empresa, seja ela industrial ou comercial, de prestação de serviços ou de qualquer outra atividade, que se desenvolvem as relações de trabalho. Aliás, o Código Comercial de 1850 já trazia algumas normas de direito do trabalho, admitindo, por exemplo, a concessão de férias para os trabalhadores do comércio. Atualmente, há normas trabalhistas que regem as atividades dos representantes comerciais, quando empregados; normas com relação aos direitos dos trabalhadores no caso de falência da empresa; e normas voltadas para os problemas trabalhistas que podem surgir nos casos de sucessão trabalhista ou mudança na estrutura jurídica e na propriedade da empresa. Não se pode esquecer, também, que, nos termos do art. 8º da CLT, o direito comum, no qual está incluído o direito comercial, é fonte subsidiária em relação ao direito do trabalho.

Com o direito internacional

Para justificar a íntima relação entre este ramo do Direito e o direito do trabalho, basta recordar a atuação da OIT, do Mercado Comum Europeu (MCE) e do Mercado Comum do Sul (Mercosul) em suas relações econômicas, muitas vezes envolvendo questões trabalhistas emergentes. Aliás, a própria existência de um direito internacional público do trabalho estabelece relações com as normas de ordem pública de âmbito internacional. Nesse campo, pode-se, ainda, referir a Declaração Universal dos Direitos do Homem, de 1948.

Com o direito penal

A evolução do direito do trabalho acabou agasalhando novas formas delituosas que estão nas páginas do Código Penal. Muitas vezes, o direito do trabalho vai buscar no direito penal conceitos doutrinários como legítima defesa, circunstâncias agravantes e atenuantes, culpa e dolo. O íntimo relacionamento do direito do trabalho com o direito penal é também comprovado pela existência, no nosso Código Penal, de um capítulo intitulado "Crimes contra a organização do trabalho". Assim, a greve ilícita e o *lockout* são crimes punidos pela legislação penal, com repercussão nas relações de trabalho. É o caso, também, dos piquetes nas portas das fábricas, quando da eclosão de uma greve, com o objetivo de impedir o ingresso dos trabalhadores interessados em trabalhar, o que, indiscutivelmente, enfraqueceria o movimento grevista. De igual maneira, quando um trabalhador é julgado e condenado por um delito que resulte em internação em estabelecimento penal, ele fica sujeito à rescisão do contrato por justa causa, conforme determina a legislação trabalhista. Por outro lado, a concessão de *sursis*, dispensa concedida pelo Juiz do cumprimento da pena, tem íntima relação com a situação do trabalhador que tenha cometido delito punível com aprisionamento, uma vez que, concedido aquele benefício, deixa de existir a obrigação do rompimento do contrato de trabalho por justa causa.

Pode ser mencionado, também, que existem autores para os quais o poder de comando do empregador, implicando em poder disciplinar, poderia ser considerado como integrante do direito penal.

Com o direito administrativo

O direito administrativo, cuidando da administração pública, não pode deixar de ter íntima relação com o direito do trabalho. Em razão do intervencionismo estatal, houve época em que o direito do trabalho tinha participação no direito administrativo. Normas de segurança e medicina do trabalho e normas quanto à aplicação de multas e seus recursos comprovam o relacionamento.

Com o direito tributário

O relacionamento é comprovado quando se fala em contribuições previdenciárias e sobre certas verbas trabalhistas, como as do FGTS, do Programa de Integração Social e o Programa de Formação do Patrimônio do Servidor Público (PIS-Pasep) e do próprio imposto de renda.

Com o direito da seguridade social

A seguridade social tem todo um capítulo na Constituição Federal. A previdência social preocupa-se com a trabalhadora gestante, o trabalhador menor, o trabalhador idoso, o trabalhador acidentado, etc.

Com o direito processual civil

A própria CLT declara, em seu texto, que este ramo pode ser, em determinadas situações, subsidiário do direito do trabalho. As normas processuais que constam da CLT referentes ao processo do trabalho, estabelecendo normas para o desenvolvimento das ações trabalhistas, inclusive quanto aos recursos possíveis, são incompletas, o que obriga o juiz a recorrer às normas do direito processual civil.

VERIFICAÇÃO DE APRENDIZAGEM

1. O direito do trabalho é uma disciplina autônoma? Justifique.
2. Justifique a relação do direito do trabalho com o direito civil.
3. Qual é a relação entre o direito do trabalho e o direito constitucional? Justifique.

4. E com o direito administrativo?
5. Justifique a relação entre o direito do trabalho e o direito penal.
6. E com o direito da seguridade social?

INTERPRETAÇÃO DAS LEIS

Interpretar, do latim *interpretare*, significa, segundo o tradicional dicionário Aurélio, "ajuizar a intenção, o sentido de" ou, ainda, "explicar, explanar ou aclarar o sentido de (palavra, texto, lei, etc.)".

Interpretar a lei, segundo Clovis Bevilaqua em sua obra *Teoria geral do Direito*, "é revelar o pensamento que anima suas palavras".

Mauricio Godinho Delgado, no seu *Curso de direito do trabalho*, afirma que "toda cultura humana – todo conhecimento – resulta de um processo de interpretação".

Na verdade, passamos a vida interpretando, de uma ou outra maneira. Interpretamos o que dizem nossos pais, nossos amigos, nossos chefes, nossos subordinados. E quantas vezes não ouvimos as frases: "você não me entendeu", "não era isto o que eu queria dizer"? Ou seja, houve uma interpretação equivocada.

Revelar o pensamento, como nos diz Bevilaqua, vem a ser, em outras palavras, compreender e alcançar o sentido do que se contém em um texto legal. José Augusto Rodrigues Pinto, em seu *Curso de direito individual do trabalho*, referindo-se à interpretação das leis, fala da "necessidade permanente da interpretação da norma jurídica, numa tentativa de resgatar a pureza de sua idéia dos desvios impostos pela pobreza da palavra que a transmitiu".

Já Amauri Mascaro Nascimento, abordando a interpretação das leis, assim se manifesta na sua *Iniciação ao direito do trabalho*:

> O Direito do Trabalho tem marcada função social, o que influi na sua interpretação, de modo que, ao operar a norma, o intérprete deve

considerar os fins sociais a que aquela se destina, traço presente em todo o Direito, mas que se acentua no Direito do Trabalho.

Arnaldo Sussekind, Délio Maranhão, Segadas Viana e Lima Teixeira Filho, nas suas *Instituições de direito do trabalho*, afirmam que

> interpretar a lei é atribuir-lhe um significado, medindo-lhe a exata extensão e a possibilidade de sua aplicação a um caso concreto. Consiste, portanto, em determinar-lhe o sentido, chamado, também, pensamento, espírito ou vontade da lei.

Coviello, na sua *Doctrina general del derecho civil*, procura definir aquilo que se chama espírito ou sentido da lei, afirmando que ele "não é a vontade do legislador, mas a vontade desta, considerada objetivamente, como um ser que existe por si só, dotado de vida própria", e, por isso mesmo, capaz de se adaptar a novas condições sociais.

Washington de Barros, no seu *Curso de direito civil*, citado por Mauricio Godinho Delgado no seu *Curso de direito do trabalho*, entende que interpretar a norma jurídica "é determinar com exatidão seu verdadeiro sentido, descobrindo os vários elementos significativos que entram em sua compreensão e reconhecendo todos os casos a que se estende sua aplicação". Seria, assim, a operação de reproduzir e entender o pensamento contido na norma, adequando-o ao processo sociocultural presente.

Independentemente das várias conceituações existentes, no que diz respeito à interpretação das leis, são frequentes as dúvidas, como:

- aplica-se a lei conforme o que ela expressa objetivamente?
- aplica-se a lei tendo em vista a intenção do legislador ao fazer aquela lei?

Na verdade, o problema da interpretação das leis não está só em interpretar o seu texto, ignorando muitas vezes a sua função social, mas, também, especificamente no direito do trabalho, em considerar os seres humanos sobre os quais ela vai ser aplicada e, frequentemente, posicionar-se ante suas lacunas e omissões.

Dados esses conceitos preliminares, vamos, inicialmente, analisar alguns dos principais sistemas de interpretação da lei à luz de dois princípios de ordem geral que são encontrados no Decreto-lei n. 4.657, de 04.09.1942, Lei de Introdução ao Código Civil Brasileiro, capazes de oferecer uma primeira orientação ao intérprete:

> Art. 4º. Quando a lei for omissa, o juiz decidirá o caso de acordo com a analogia, os costumes e os princípios gerais de direito.

E, logo a seguir, assim se expressa:

> Art. 5º. Na aplicação da lei, o Juiz atenderá aos fins sociais a que ela se dirige e às exigências do bem comum.

Aliás, nunca se deve esquecer que a lei é, muitas vezes, omissa ou lacunosa, o que, certamente, não permite que o intérprete se furte à sua aplicação. Não é outra a disposição constante do art. 126 do Código de Processo Civil:

> Art. 126. O Juiz não se exime de sentenciar ou despachar alegando lacuna ou obscuridade da lei. No julgamento da lide, caber-lhe-á aplicar as normas legais; não as havendo recorrerá à analogia, aos costumes e aos princípios gerais de direito.

Sistemas de interpretação da lei

Voltando, agora, especificamente à interpretação da lei, ou seja, à chamada hermenêutica jurídica, verificou-se a existência de numerosos sistemas voltados para explicar o posicionamento a ser tomado pelo intérprete perante a lei. Dos muitos que existem, destacam-se três que nos parecem sintetizar, de maneira mais clara e eficiente, a forma de interpretar e entender uma lei, o seu real sentido e o verdadeiro objetivo que ela procura alcançar: o sistema gramatical ou tradicional, o sistema histórico-evolutivo e o sistema teleológico.

Sistema gramatical ou tradicional

É aquele que busca aplicar a lei segundo o que seria o pensamento do legislador quando da elaboração daquela norma legal, presumivelmente expresso nas palavras que a compõe. Esse sistema se fundamenta na ideia de que a lei representa a vontade do legislador, e a expressão dessa vontade deflui do significado das palavras que a compõe. Ou seja, faz do intérprete, como nos diz Amauri Mascaro Nascimento, um escravo da lei. Em outras palavras, faz da interpretação um culto ao texto da lei e não um culto ao próprio Direito. Busca-se a intenção do legislador, os objetivos que tinha em mente ao redigir aquele texto.

Atualmente, esse sistema está em desuso, vítima de críticas severas. As convenções e os acordos coletivos, os regulamentos das empresas, os usos e costumes e as normas internacionais provenientes da atuação da OIT não permitem uma análise estática no tempo, refletindo a pura e simples intenção que teria animado o legislador a elaborar aquela norma. A lei seria, segundo esse sistema de interpretação, a própria expressão da vontade do legislador.

Sistema histórico-evolutivo

Este sistema entende que a interpretação da lei deve ser adaptada à dinâmica do momento social em que ela será aplicada, certamente diferente daquele em que ela foi criada. O intérprete atribui uma vida à lei e, assim como a vida evolui, o mesmo acontece com a lei. Esta forma de interpretação, embora pareça adequada, pode conduzir, como referem alguns tratadistas, ao perigo de o intérprete ocupar o lugar do legislador, criando uma nova norma. Podemos exemplificar esse sistema quando se trata de interpretar, hoje em dia, uma norma referente ao trabalho da mulher. Assim, não se pode ignorar que em 1943, quando foi imposta a CLT, contendo todo um capítulo voltado para a proteção ao trabalho da mulher, a condição desta na sociedade era bem diferente daquela que ocupa hoje, com condições de disputar com o homem, de igual para igual, um lugar no mercado de trabalho. Isso explica, inclusive, o grande número de artigos do capítulo da CLT referente à proteção ao trabalho da mulher que foram e vêm sendo revogados.

Sistema teleológico

O sistema teleológico visa a ligar a interpretação da lei muito menos à investigação do pensamento de seu legislador e mais às novas condições do momento em que ela será aplicada, bem como aos fins sociais a que ela se dirige e às exigências do bem comum, como refere o art. 5º da Lei de Introdução ao Código Civil, já transcrito anteriormente. Assim, por exemplo, quando, em uma audiência de reclamação trabalhista, o Juiz homologa um acordo que põe fim à demanda, isentando o empregador de determinadas exigências legais, ele está adotando uma interpretação teleológica, voltada muito mais para o interesse das partes naquela oportunidade e para os fins sociais da lei do que, propriamente, para o atendimento às normas legais adequadas.

Em síntese, os sistemas interpretativos oscilam entre dois extremos: ou se interpreta a lei segundo a vontade do legislador ou segundo as necessidades sociais do momento, sendo inequívoca, nos dias de hoje, a preferência por essa segunda posição.

Dos recursos de interpretação

Ao lado dos sistemas de interpretação, frequentemente o intérprete precisa recorrer a alguns recursos que o auxiliarão na interpretação de textos legais. Aliás, a CLT, no seu art. 8º, ao abordar situações decorrentes da omissão da lei, indica uma série de recursos que poderão ser utilizados pelo intérprete, seja ele um Juiz, uma autoridade administrativa ou um advogado.

Assim, diz o mencionado artigo do texto consolidado:

> Art. 8º. As autoridades administrativas e a Justiça do Trabalho, na falta de disposições legais ou contratuais, decidirão, conforme o caso, pela jurisprudência, por analogia, por equidade e outros princípios e normas gerais de direito, principalmente do Direito do Trabalho e, ainda, de acordo com os usos e costumes, o direito comparado, mas sempre de maneira que nenhum interesse de classe ou particular prevaleça sobre o interesse público.

Assim, podemos mencionar e analisar alguns desses recursos.

A jurisprudência, ou seja, um conjunto de decisões de tribunais do trabalho sobre um mesmo tema e orientadas em um mesmo sentido, é, talvez, um dos principais recursos. A jurisprudência visa a alcançar uma uniformização das decisões trabalhistas exatamente por meio daqueles órgãos competentes para realizá-la. Não obstante, podem ser encontradas jurisprudências divergentes sobre um mesmo tema. Assim, por exemplo, com relação à faxineira diarista que trabalha apenas alguns dias da semana em uma determinada casa de família e, nos outros dias, em outra casa, há decisões no sentido de que se ela repetir esse trabalho, sempre nos mesmos dias, nas casas em que trabalhar, ela estará atendendo à condição fundamental para a existência de uma relação de emprego, que é a habitualidade. Poderá, então, ser considerada empregada nas duas casas, obrigando o devido registro em cada uma delas. Todavia, há juristas e autores que entendem que poderia ser considerado habitual o trabalho realizado todos os dias da semana, na mesma casa. Assim, aquela que trabalhasse alguns dias em uma casa e outros em casa diversa, como acima formulado, seria uma trabalhadora autônoma e, portanto, sem direito a registro em carteira de trabalho.

Um outro recurso seria a analogia, que, segundo Aluyzio Sampaio "é a operação lógica, pela qual, na omissão da lei, se aplica à relação jurídica uma norma semelhante", ou seja, elaborada para atender situação análoga.

A equidade, que muitos definem como sendo a "justiça do Juiz", pode ser considerada um outro recurso. Seria um ato de inteligência do Juiz, ajustando a lide a um caso concreto, dando prevalência, segundo seu entender, à boa-fé e à intenção do sujeito sobre o aspecto formal do ato jurídico. Há também quem acredite que seria uma forma mais abrandada de interpretação da lei, utilizada em situações não reguladas por norma alguma.

Os princípios gerais de Direito, constituídos por "idéias fundamentais e informadoras da organização jurídica trabalhista", conforme nos ensina o jurista espanhol Frederico de Castro, seriam, também, um recurso de interpretação. O professor e desembargador do trabalho Sergio Pinto Martins, nos seus *Comentários à CLT*, faz

> distinção entre os princípios gerais de direito, que são genéricos e se aplicam ao Direito como um todo, e os princípios gerais de Direito do Trabalho. Estes são específicos e servem apenas para o direito do trabalho, justificando, inclusive, a sua autonomia.

Os usos e costumes, ou seja, as condutas observadas em certas localidades ou regiões assumem força de normas não escritas e, quase sempre, são muito mais bem aceitas do que aquelas constantes na própria legislação escrita – a qual, às vezes, é desconhecida na região. No Brasil, certas práticas costumeiras chegaram a originar uma lei, como aconteceu com o costume que vinha sendo adotado por muitas empresas de, no fim do ano, dar uma gratificação aos seus empregados. Esse costume, com o tempo, gerou a lei do 13º salário. Evidentemente, no entanto, o costume não deverá contrariar a lei.

O direito comparado trata-se da procura, em legislação de outro país, de uma norma legal que, não podendo ser diretamente aplicada, por ser estrangeira, poderia fornecer, todavia, argumentos capazes de apoiar uma determinada posição.

O direito comum, nos termos do que estabelece o art. 8º da CLT, no seu parágrafo único, poderá ser, também, de forma subsidiária, um recurso de interpretação, desde que não seja incompatível com os princípios fundamentais do Direito do Trabalho.

E, finalmente, dominando todos os recursos referidos, existe um princípio geral determinando que, em caso de dúvida sobre o alcance de determinada norma trabalhista, se deve adotar a interpretação mais favorável ao trabalhador, sob o fundamento do velho preceito romano do *in dubio pro misero*.

VERIFICAÇÃO DE APRENDIZAGEM

1. O que se entende por interpretação das leis?
2. Por que o sistema gramatical ou tradicional está em desuso?
3. Qual o risco que o sistema de interpretação histórico-evolutivo oferece?
4. O sistema teleológico tem apoio legal?
5. A jurisprudência seria mesmo um recurso de interpretação ou uma fonte do direito?
6. Qual o amparo legal da equidade como recurso de interpretação?
7. É justificável a prevalência que é dada ao princípio da "norma mais favorável ao trabalhador"?

HIERARQUIA DAS LEIS

A complexidade do ordenamento jurídico trabalhista traz consigo uma série de normas originárias dos poderes normativos do Estado, como também de grupos profissionais, quer sejam os sindicatos ou, até mesmo, aqueles resultantes diretamente da própria atividade laboral. Evidentemente, o ordenamento jurídico dessas normas exige que seja estabelecida uma correlação entre elas, visando a garantir uma coerência do próprio sistema jurídico trabalhista. Essa correlação corresponde a uma distribuição de poder e competência, configurando o que se chama de hierarquia.

A palavra hierarquia significa, portanto, ordem, gradação de poder, disposição em sequência segundo um certo critério. Exemplo clássico de hierarquia é encontrado no sistema militar, no qual os diversos postos estão dispostos em função do seu poder de mando. Assim, enquanto o soldado raso encontra-se em uma posição subalterna, estando subordinado aos que estão acima dele, o general de exército ocupa a mais alta gradação e, consequentemente, tem autoridade sobre todos os que ocupam posição inferior, estabelecendo-se, assim, uma sequência de postos intermediários e escalonados conforme seu poder de mando.

O professor, jurista e desembargador do Tribunal Regional do Trabalho da 2ª Região, Sergio Pinto Martins, no seu *Direito do trabalho*, assim se manifesta sobre o tema:

> O art. 59 da Constituição Federal dispõe quais são as normas existentes no sistema jurídico brasileiro. Não menciona que haja hierarquia entre umas e outras. A hierarquia entre as normas somente viria a ocorrer quando a validade de determinada norma dependesse de outra, em que esta regularia inteiramente a forma de criação da primeira norma.

E, mais adiante, conclui: "Há hierarquia entre normas quando a norma inferior tem seu fundamento de validade em regra superior".

Embora sejam opiniões contraditórias, não há dúvida, a nosso ver, que existe uma hierarquia entre as fontes do direito do trabalho, ou seja, que as fontes estão dispostas em uma ordem escalonada ou de subordinação, em que cada uma tem determinada posição ou grau de autoridade, possivelmente conforme provenha ou seja utilizada por poderes em ordem crescente ou decrescente. Não houvesse esse ordenamento entre as diferentes fontes de onde provêm o direito do trabalho, ficaria difícil até mesmo a solução de casos concretos, para os quais é fundamental a escolha correta da norma mais adequada. Em outras palavras, deve haver uma ordem de escolha segundo a qual uma determinada norma seja preterida em favor de outra que, por sua origem e condição, lhe seja superior.

Kelsen, citado por Amauri Mascaro Nascimento em sua obra *Iniciação ao direito do trabalho*, deu uma conotação mais viva ao problema, ao admitir que as normas jurídicas são dispostas segundo uma pirâmide que teria, no seu vértice, uma norma fundamental e superior a todas as demais. No caso do Brasil, essa norma superior seria a Constituição Federal, da qual resultaria o fundamento e a validade das normas inferiores, de modo sucessivo e escalonado.

Indiscutivelmente, a fonte mais importante do nosso Direito em geral e do direito do trabalho em particular é a Constituição Federal, colocada no ápice da pirâmide a que se refere Kelsen. Nela, encontram-se, como lembra o jurista Pedro Paulo Teixeira Manus no seu *Direito do trabalho*, "do art. 7º ao 11, do art. 111 ao 116, no art. 233 das Disposições Constitucionais Gerais e no art. 10º das Disposições Constitucionais Transitórias, as linhas mestras do Direito do Trabalho".

A seguir, em uma ordem que podemos admitir seja hierárquica, temos as leis complementares, ou seja, aquelas leis feitas pelo Congresso que visam a complementar alguma norma constitucional que não tenha sido definitivamente resolvida. Assim, por exemplo, a norma constitucional do aviso prévio provavelmente aguardaria uma lei complementar capaz de estender a sua duração, conforme a idade ou o tempo de serviço do trabalhador. Seria o caso de se estabelecer que, para o trabalhador de mais de 45 anos, por exemplo, o aviso prévio teria uma duração maior, considerada a maior dificuldade, pela idade, em obter um novo emprego.

Na mesma linha hierárquica, estariam, a seguir, as leis ordinárias – aprovadas pelo Congresso no exercício de sua função legislativa e encaminhadas ao Poder Executivo –, as leis delegadas – elaboradas pelo Presidente da República, por delegação do Congresso Nacional – e as medidas provisórias – emitidas também pelo chefe do Poder Executivo, em situações de emergência, com força de lei, devendo ser submetidas ao Congresso Nacional dentro de determinado prazo, sob pena de perderem seu efeito.

Logo abaixo da legislação ordinária, poderiam ser colocadas aquelas normas decorrentes de convenções coletivas de trabalho ou de acordos coletivos de trabalho, assim como as sentenças normativas que resultam dos dissídios coletivos de trabalho, todas já examinadas quando tratamos das fontes do direito do trabalho.

A seguir, devem ser mencionados os regulamentos de empresa, de caráter autocrático, já que são redigidos e impostos pelos respectivos empregadores. Atualmente, todavia, já se tem notícia de regulamentos dessa natureza, que são o resultado de entendimentos prévios, com a participação de representantes dos empregados e dos empregadores. Também podem ser mencionados os contratos individuais de trabalho vigentes a partir do ingresso do trabalhador na empresa, que estabelecem condições pactuadas entre empregador e empregado, sempre respeitando as normas estabelecidas em convenções ou contratos coletivos de trabalho, bem como as próprias normas legais. Igualmente, não se pode ignorar a influência e, quem sabe, a participação, às vezes importante, dos usos e costumes de cada região que são aceitos com mais facilidade.

Na sequência, haveria, ainda, os atos emanados do Poder Executivo visando ao entendimento e ao mais fácil cumprimento das leis ordinárias ou quaisquer legislações superiores. Aí estariam incluídos os decretos, da lavra direta dos Ministros de Estado, as portarias, geralmente oriundas de autoridades escalonadamente inferiores e às quais se seguiriam as ordens de serviço, os avisos e quaisquer outras manifestações dos poderes executivos inferiores.

No entanto, não obstante tudo o que já foi dito, não se pode ignorar o princípio da "norma mais favorável", ou seja, em havendo duas normas sobre a mesma matéria, provindas de um dos Poderes do Estado ou não, deverá ser aplicada, no caso concreto, a mais benéfica ao trabalhador. Seria, assim, como alguns autores consideram, um modelo mais dinâmico de hierarquia.

Finalizando, deve ser citado Maurício Godinho Delgado, que, no seu *Curso de direito do trabalho*, afirma que "a noção de hierarquia elege-se, assim, como o critério fundamental a responder pela harmonização das múltiplas partes normativas componentes de qualquer sistema do Direito".

VERIFICAÇÃO DE APRENDIZAGEM

1. O que se entende por hierarquia das leis?
2. Qual sua importância no direito do trabalho?
3. Pode uma norma de Convenção Coletiva de Trabalho situar-se acima de uma norma legal?
4. Qual seria o embasamento do princípio da "norma mais favorável"?

UNIDADE II
INTRODUÇÃO À CONSOLIDAÇÃO DAS LEIS DO TRABALHO

INTRODUÇÃO À CONSOLIDAÇÃO DAS LEIS DO TRABALHO

ALGUMAS NOÇÕES INTRODUTÓRIAS

O capítulo introdutório à Consolidação das Leis do Trabalho (CLT) contém artigos sobre assuntos de ordem geral que merecem considerações, especialmente para o jovem cuja atividade se relacione, de alguma maneira, com o setor administrativo da empresa em que trabalha.

Ademais, entendemos ser importante, também, analisar dois conceitos frequentemente citados em se tratando das relações de trabalho: os conceitos de empresa e estabelecimento, que guardam estreita relação entre si.

Assim, uma das definições mais frequentes de empresa é de que se trata de uma organização técnico-econômica cujo objetivo é a produção e a comercialização de bens e serviços, mediante a contribuição de três elementos básicos: capital, natureza e trabalho, tendo por objetivo final o lucro. Já o estabelecimento vem a ser o local técnico da prestação de serviços, ou seja, o conjunto de bens materiais, imateriais e pessoais organizados para fins técnicos da produção, em determinado lugar e sob a direção de uma pessoa física ou jurídica.

Arion Sayão Romita distingue empresa de estabelecimento afirmando que a empresa é o organismo econômico de produção de bens e serviços, ou seja, é a organização econômica por meio da qual se desenvolve a atividade do empresário na produção de bens e serviços para atender às necessidades humanas. Já o estabelecimento, afirma o autor, é uma universalidade: reunião de elementos físicos e econômicos, materiais e imateriais, por meio dos quais se manifesta a atividade da empresa.

Agora, antes de analisar as figuras do empregador e do empregado, o que será feito mais adiante, voltemos para um fenômeno econômico social do mundo contemporâneo: a existência de grupos econômicos e financeiros controladores de determinados grupos de empresas, cada uma delas juridicamente independente, mas controlada pela empresa-mãe, chamada de *holding*. Assim, embora cada empresa do grupo seja autônoma em relação às demais, o empregador real é o próprio grupo. Veja, a propósito, o § 2º do art. 2º da CLT:

> Art. 2º. Considera-se empregador a empresa, individual ou coletiva, que, assumindo os riscos da atividade econômica, admite, assalaria e dirige a prestação pessoal de serviços.
> § 1º - ...
> § 2º - Sempre que uma ou mais empresas, tendo, embora, cada uma delas, personalidade jurídica própria, estiverem sob a direção, controle ou administração de outra, constituindo grupo industrial,

comercial ou de qualquer outra atividade econômica, serão, para os efeitos da relação de emprego, solidariamente responsáveis à empresa principal e a cada uma das subordinadas.

Vale observar que, nos termos do parágrafo supra citado, a solidariedade das diversas empresas do grupo se aplica exclusivamente às relações de emprego, constituindo uma norma protetora do trabalhador.
Pedro Paulo Teixeira Manus, professor e Juiz do Tribunal Superior do Trabalho, no seu livro *Direito do Trabalho*, assim se manifesta:

> As formas que pode assumir o grupo de empresas são as mais variadas, com inúmeras conseqüências, tanto no Direito do Trabalho quanto em outros ramos do Direito, como bem esclarece Octávio Bueno Magano ("O grupo de empresas no direito do trabalho" – Editora Revista dos Tribunais, 1979). Aqui, interessa sublinhar que, por força de lei, a simples existência do grupo econômico implica a chamada solidariedade pacífica entre elas, isto é, são solidariamente responsáveis pelas obrigações trabalhistas contraídas por uma delas. Não há solidariedade ativa, no sentido de as demais empresas poderem exigir do empregado de uma delas a prestação de serviços às demais, como conclui Valentin Carrion, mas apenas a solidariedade passiva, assim entendida como responsabilidade pelo pagamento dos haveres do empregado.

Em sequência, vejamos outros artigos dessa parte introdutória.
Assim, o art. 4º estabelece um critério para o que é comumente chamado "tempo à disposição do empregador", mesmo que nem sempre trabalhando. O artigo citado define essa expressão:

Art. 4º. Considera-se como de serviço efetivo o período em que o empregado esteja à disposição do empregador, aguardando ou executando ordens, salvo disposição especial expressamente consignada.

Acontece, principalmente em empresas de porte médio para cima, de os empregados chegarem 20 ou 30 minutos antes do horário estipulado e marcarem o seu cartão de ponto, embora só iniciem o serviço efetivamente na hora aprazada, quando, aí sim, estarão à disposição da empresa, iniciando a jornada de trabalho. Muitas vezes, essas pequenas antecipações que ficam registradas, mesmo que o empregado ainda não esteja à disposição do empregador, servem de base para eventuais pleitos como horas extras. Aliás, a própria jurisprudência tem sido acorde no sentido de que essas antecipações, se não superarem 5 minutos, seja antes ou após o encerramento da jornada, não são consideradas tempo à disposição do empregador.

O mesmo artigo, em seu parágrafo único, considera como de serviço efetivo aquele período em que o empregado estiver afastado do trabalho prestando serviço militar ou por motivo de acidente do trabalho. Recentemente, uma nova decisão considera como tempo de serviço aquele que o empregado despende para, ao entrar na empresa, alcançar seu posto de trabalho, conforme a distância a percorrer.

Na sequência, o art. 5º adota o princípio básico da isonomia salarial ao determinar que "a todo trabalho de igual valor corresponderá salário igual, sem distinção de sexo". O tema será novamente tratado nos arts. 460 e 461 da CLT, os quais ampliam a garantia de igual salário a todo trabalho de igual valor, sem distinção de idade, cor, nacionalidade ou estado civil.

O art. 6º enfoca o trabalho no domicílio, ao qual se aplicam, com as devidas alterações, desde que caracterizada a relação de emprego, as mesmas normas previstas para o trabalho realizado no estabelecimento do empregador. O trabalho no domicílio será abordado mais adiante, quando forem examinadas as diversas situações assemelhadas aos empregados protegidos pela CLT.

Já o art. 7º da CLT exclui da aplicação dos preceitos nela contidos:

a) os empregados domésticos, inicialmente protegidos pelas normas da Lei n. 5.859/72 e com direitos ampliados pelo que dispõe o parágrafo único do art. 7º da Constituição Federal de 1988;
b) os trabalhadores rurais, protegidos pela Lei n. 5.889/72 e pelo art. 7º da vigente Constituição Federal, que a eles atribui os mesmos direitos dos trabalhadores urbanos;
c) os funcionários públicos da União, dos estados e dos municípios e os respectivos extranumerários em serviço nas próprias repartições, que estão protegidos por estatutos próprios. Todavia, sempre que a União ou qualquer um dos estados ou municípios contratarem empregados sem a condição de funcionários públicos, ou seja, sem serem concursados, pela legislação trabalhista consolidada, esta será aplicada também a esses empregados;
d) os servidores das autarquias paraestatais, desde que sujeitos a regime próprio de proteção ao trabalho que lhes assegure situação análoga à dos funcionários públicos. Vale dizer que, se não existir esse regime próprio de proteção, a eles serão aplicadas, também, as normas da CLT.

O art. 8º dirige-se àquelas situações em que, na falta de disposições legais ou contratuais, a Justiça do Trabalho e as autoridades administrativas:

> [...] decidirão, conforme o caso, pela jurisprudência, por analogia, por equidade e outros princípios e normas gerais de direito, principalmente do direito do trabalho, e, ainda, de acordo com os usos e costumes, o direito comparado, mas sempre de maneira que nenhum interesse de classe ou particular prevaleça sobre o interesse público.

Como norma final de hermenêutica, o parágrafo único desse mesmo artigo direciona o "direito comum como fonte subsidiária do direito do trabalho, naquilo em que não for incompatível com os princípios fundamentais deste".

Já o art. 9º comina de nulidade, de pleno direito, os atos praticados "com o objetivo de desvirtuar, impedir ou fraudar a aplicação dos preceitos contidos na presente Consolidação". Ou seja, tais atos serão tidos como inexistentes e não produzirão qualquer efeito. Assim, quando um empregador faz um acordo com um empregado que deveria gozar férias, no sentido de que não as goze, trabalhando sem marcar o seu cartão de ponto e recebendo por fora aquela importância a que teria direito quando entrasse em férias, tal procedimento é nulo de pleno direito, não tendo qualquer valor.

O art. 10 estabelece uma proteção para o trabalhador para o caso de ocorrer uma alteração na estrutura jurídica da empresa, o que poderia afetar os direitos adquiridos por seus empregados. Essa mudança ocorre, principalmente, em virtude de alterações do tipo societário da empresa, como, por exemplo, uma empresa de cotas de responsabilidade limitada que se transforma em uma sociedade anônima. O mesmo pode acontecer quando uma empresa é adquirida por outra: a empresa adquirente deverá respeitar os direitos adquiridos pelos empregados da empresa que adquiriu. A norma deste artigo é de ordem pública e, por isso, sobrepõe-se a qualquer disposição contratual ou acordo de vontades.

Finalmente, o art. 11 refere-se à prescrição, ou seja, a perda do direito de reclamar algo devido e não atendido pelo empregador em função do passar do tempo. Assim, se um empregado não tiver recebido o pagamento de horas extras trabalhadas em um determinado mês, por exemplo, o direito de reclamar o pagamento dessas horas prescreverá, isto é, deixará de existir dentro de um prazo chamado prescricional, a partir do qual elas não poderão mais ser reclamadas.

O instituto da prescrição já constava no art. 11 da CLT, imposta ao país por Getúlio Vargas em seu período de governo ditatorial. Entretanto, seu texto dava lugar a dúvidas, uma vez que estabelecia o prazo prescricional de dois anos, sem dizer, no entanto, a partir de quando se iniciava a contagem desse prazo. Além do mais, da maneira como estava redigida, a norma desestimulava o trabalhador a pleitear a reparação de qualquer direito que lhe fosse devido pelo empregador, ante a possibilidade de, ganhando ou perdendo a ação, perder o emprego. O seu texto nada dizia com relação à prescrição para o trabalhador rural.

A Constituição Federal de 1988, no seu art. 7º, XXIX, praticamente revogou o art. 11 da CLT, estabelecendo dois prazos prescricionais e normas diferentes para o trabalhador urbano e o rural. Assim, para os trabalhadores urbanos, o prazo passou a ser de cinco anos, até o limite de dois anos após a extinção do contrato de trabalho; para o trabalhador rural, o prazo continuou sendo de 2 anos após a extinção do contrato de trabalho. Essa distinção entre o trabalhador urbano e o rural não se manteve. Assim, a Emenda Constitucional n. 28/2000 deu nova redação ao art. 11, passando a ser o seguinte:

> Art. 11. O direito de ação quanto aos créditos resultantes das relações de trabalho tem prazo prescricional de 5 (cinco) anos para os trabalhadores urbanos e rurais, até o limite de 2 (dois) anos após a extinção do contrato.

Isso significa que, estando em vigor a relação de emprego, o trabalhador pode reclamar o que lhe for devido nos últimos cinco anos, a contar da propositura da ação. Extinto o contrato de trabalho, o empregado terá o prazo de até 2 anos, após sua extinção, para reclamar o direito que não lhe tiver sido atendido nos últimos 5 anos, contados, também, da data em que for proposta a reclamação.

Assim, negado o pagamento de horas extras que o empregado tenha trabalhado em maio de 2002, por exemplo, continuando na empresa ele poderá reclamá-las até maio de 2007. Se, todavia, deixar a empresa em agosto de 2003, terá prazo até agosto de 2005 para reclamar as horas extras não pagas nos últimos 5 anos. Havendo coincidência, prevalecerá o prazo que vencer antes.

VERIFICAÇÃO DE APRENDIZAGEM

1. Em que condições empresas de um mesmo grupo serão solidariamente responsáveis com a empresa principal?
2. O que vem a ser o princípio da isonomia salarial?
3. Em que casos o direito comum pode ser considerado como fonte subsidiária do Direito do Trabalho?

4. Que razões levaram o legislador constituinte a criar dois prazos prescricionais?

CONCEITO DE EMPRESA E ESTABELECIMENTO

Preliminarmente, convém definir essas duas entidades com conceitos próprios, mas que guardam, entre si, estreita relação, tendo ambas uma participação fundamental no direito do trabalho.

Assim, entre os conceitos mais frequentemente citados, pode-se mencionar que empresa vem a ser a organização técnico-econômica, cujo objetivo é a produção e comercialização de bens e serviços, mediante a contribuição de três elementos básicos: capital, natureza e trabalho, tendo por objetivo o lucro. Já o estabelecimento vem a ser o local técnico da prestação dos serviços, ou seja, o conjunto de bens materiais, imateriais e pessoais, organizados para fins técnicos da produção, em certo lugar e sob a direção de uma pessoa física ou jurídica.

Arion Sayão Romita distingue a empresa do estabelecimento, afirmando que a empresa é o organismo econômico de produção de bens e serviços, ou seja, é a organização econômica por meio da qual se desenvolve a atividade do empresário na produção de bens e serviços para atender às necessidades humanas. Já o estabelecimento, diz o mesmo autor, é uma universalidade: reunião de elementos físicos e econômicos, materiais e imateriais, por meio dos quais se manifesta a atividade da empresa.

Por sua vez, o tratadista Pedro Paulo Teixeira Manus, no seu *Direito do trabalho,* dá à empresa um sentido bastante amplo, ao afirmar que ela "há de ser entendida como o conjunto de todos os meios necessários à consecução dos objetivos a que se propõe".

CONCEITO DE EMPREGADOR

O art. 2º da CLT define empregador como sendo "a empresa, individual ou coletiva, que, assumindo os riscos da atividade econômica, admite, assalaria e dirige a prestação pessoal de serviço".

Essa definição sofre numerosas críticas. Percebe-se, desde logo, que iguala empregador e empresa, conceitos que são efetivamente diferentes. Na realidade, nem todo empregador é empresa, assim como nem toda empresa é, obrigatoriamente, empregador. A empresa é uma unidade econômica cujo conceito é fornecido pela Economia. Ademais, nem sempre o empregador desenvolve atividade econômica, como acontece com empresas como a Associação de Assistência à Criança Defeituosa (AACD), por exemplo. Assim, entendemos que se equivocou o legislador ao afirmar que a empresa, seja ela individual ou coletiva, é quem admite, assalaria e dirige a prestação pessoal de serviços. Efetivamente, quem assim procede é o empregador. Empregador que nem sempre é empresa, empregador que nem sempre assume os riscos da atividade econômica.

Assim, apesar de os profissionais liberais nem sempre operarem sob a forma de empresas, são eles que, muitas vezes, admitem empregados. Por sua vez, entidades beneficentes, que não assumem os riscos da atividade econômica, não visam ao lucro e sobrevivem, principalmente, de subvenções públicas ou particulares, podem admitir empregados, tornando-se, assim, empregadoras. Da mesma forma, os condomínios não têm fins lucrativos e não correm riscos na sua atividade econômica, mas admitem empregados, tornando-se, assim, empregadores. O mesmo se diria de quaisquer outras entidades que, ainda sem correr riscos na sua atividade econômica, admitam trabalhadores como seus empregados. Seriam, como um outro exemplo, os clubes recreativos que vivem das mensalidades pagas por seus associados; eles não visam ao lucro, mas admitem trabalhadores como empregados. E foi por isso mesmo que o § 1º do mesmo art. 2º da CLT equiparou, ao empregador,

> para os efeitos exclusivos da relação de emprego, os profissionais liberais, as instituições de beneficência, as associações recreativas ou outras instituições sem fins lucrativos, que admitirem trabalhadores como empregados.

Na verdade, não se trata de uma equiparação, mas, sim, da menção a outros possíveis empregadores, além daquelas empresas que assumem os riscos de sua atividade econômica.

De tudo o que foi dito até agora, pode-se entender que o direito do trabalho se dirige exclusivamente às empresas privadas, o que não é verdade. Assim, também pessoas jurídicas de direito público podem assumir a condição de empregadores e, como tal, estarem subordinadas às normas da legislação trabalhista. É o caso, por exemplo, do pessoal de obras de muitas prefeituras ou dos chamados professores admitidos por carga temporária, da Secretaria de Educação, admitidos em determinadas emergências, fazendo com que, nessa oportunidade, o estado ou a prefeitura se equiparem a empregadores privados. Também as autarquias, desde que não estejam submetidas a regimes próprios, as sociedades de economia mista (como a Petrobrás, o Banco do Brasil e a Companhia Vale do Rio Doce) e pessoas jurídicas de direito privado com participação majoritária do Estado são empregadoras por admitirem empregados e estarão, portanto, submetidas às disposições da CLT.

Na análise que está sendo feita a respeito da figura do empregador, é conveniente uma menção ao que dispõe o § 2º do mesmo art. 2º da

CLT, ao se referir à possibilidade da formação de um grupo econômico resultante da vinculação que pode surgir da existência de laços de direção ou coordenação entre duas ou mais empresas, em face de atividades industriais, financeiras, comerciais ou de qualquer outra natureza econômica. Acredita-se que o objetivo essencial do legislador, ao construir a figura do grupo econômico, foi, como menciona Mauricio Godinho Delgado no seu *Curso de direito do trabalho*, o de "ampliar as possibilidades de garantia do crédito trabalhista, impondo responsabilidade plena por tais créditos às distintas empresas componentes do mesmo grupo econômico". A responsabilidade que deriva daí será, então, solidária. Essa situação completa o ilustre juslaboralista,

> confere ao credor-empregado o poder de exigir de todos os componentes do grupo, ou de qualquer um deles, o pagamento, por inteiro, de sua dívida, ainda que tenha laborado (e sido contratado) por apenas uma das empresas jurídicas integrante do grupo.

CONCEITO DE EMPREGADO

Nos termos do que dispõe o art. 3º da CLT: "Considera-se empregado toda pessoa física que prestar serviços de natureza não eventual a empregador, sob a dependência deste e mediante salário".

Nesse conceito, encontram-se as características básicas que permitem distinguir a prestação laboral sob a forma de emprego de outras frequentemente muito próximas da relação de emprego, como seria o caso dos trabalhadores autônomos ou eventuais.

Assim, na conceituação supra podem ser destacadas cinco características fundamentais da figura do empregado, todas tão importantes que, se uma delas faltar, deixará de existir o empregado e a consequente relação de emprego. Essas características determinam que o empregado deve ser pessoa física, desenvolver serviços de natureza não eventual, condicionados a uma subordinação, mediante uma remuneração e comprovada a pessoalidade na prestação dos serviços.

O primeiro quesito é ser pessoa física ou natural, ou seja, o empregado não poderá ser uma pessoa jurídica. A pessoa jurídica poderá ajustar com outra, seja física ou jurídica, uma prestação de serviços mediante um contrato específico. Nunca haverá, porém, uma relação de emprego.

O segundo requisito mencionado vem a ser a prestação de serviços de natureza não eventual, ou seja, deve ter continuidade, intenção de repetição. Este talvez seja o requisito que causou as maiores dificuldades, uma vez que nem sempre é fácil distinguir entre o trabalho eventual daquele que é contínuo ou permanente. Délio Maranhão, no seu livro *Direito do trabalho*, afirma que "os serviços contratados devem ser prestados de maneira não eventual, isto é, que a utilização da força de trabalho, como fator de produção, deve corresponder às necessidades normais da atividade econômica em que é empregada".

Por sua vez, Mozart Victor Russomano salienta que "em princípio, o trabalhador eventual é aquele que não se insere na ordem normal das atividades econômicas do empresário", o que, a *contrario sensu*, confere uma característica de normalidade ao trabalhador empregado.

Existem atividades, econômicas ou não, que devem ser executadas em tempo parcial ou com frequência não obrigatoriamente diária. Aí se incluem, por exemplo, as faxineiras diaristas. Contudo, se estas tiverem habitualidade e continuidade na prestação dos serviços, trabalhando uma, duas ou mais vezes por semana em dias fixados com o empregador, com constância de um mesmo horário, ficará caracterizada a continuidade da relação de emprego e, portanto, a condição de empregada, nos termos definidos em lei. Por outro lado, se a faxineira diarista não tiver dia certo ou se ela mesma determinar o dia ou os dias da prestação dos seus serviços, podendo mudá-los conforme seus interesses, então ela será, possivelmente, uma prestadora autônoma de serviços, ficando descaracterizada a relação de emprego. Todavia, existem opiniões divergentes e, até mesmo, jurisprudências contrárias a essa colocação.

O terceiro requisito é a subordinação, talvez o mais característico traço da relação de emprego. Subordinação é a obrigação que o empregado tem de cumprir as ordens do empregador como consequência da existência de um contrato de trabalho, seja ele tácito ou expresso. Américo Plá Rodrigues assim a define: subordinação não é o mesmo que sujeição ou submissão, palavras que podem sugerir noção de inferioridade. Pela própria origem etimológica, a expressão subordinação significa estar sob as ordens, ou seja, o trabalho subordinado quer dizer, simplesmente, trabalho de acordo com as ordens recebidas, objeto de um determinado controle pelo empregador.

O quarto requisito diz respeito à remuneração, ou seja, a relação de emprego é obrigatoriamente onerosa, não se dando a título gratuito. Em troca do trabalho executado, o empregado recebe uma prestação pecuniária chamada salário. Délio Maranhão, comentando o trabalho assistencial, benemerente ou fundado em convicção religiosa, afirma que "não é a falta de estipulação do *quantum* do salário, ou o seu pagamento sob forma indireta, que desfiguram a condição de empregado, mas, sim, a intenção de prestar o serviço desinteressadamente, por mera benevolência".

Finalmente, a prestação do serviço deve ser feita com pessoalidade, ou seja, o empregado não pode se fazer substituir, a não ser em condições especialíssimas e em completo acordo prévio com o empregador. A condição de pessoalidade vem expressa no conceito de empregador quando, no art. 2º da CLT, o texto afirma que o empregador admite, assalaria e dirige a prestação pessoal de serviços. Assim, se o empregado pode se fazer substituir por outro, ainda que seu parente, deixa de existir a condição de pessoalidade. Nessa ocorrência, é de se admitir que surja uma relação individual nova e distinta entre quem recebe a prestação do serviço e quem o presta.

Observe-se que, para a existência de uma relação de emprego, não é fundamental que o trabalhador seja registrado. A simples existência daquelas cinco condições gera a existência de uma relação de emprego, dando ao trabalhador todas as garantias dela resultantes. Por outro lado, se faltar uma só que seja daquelas condições, inexistirá uma relação de emprego.

OUTRAS ESPÉCIES DE TRABALHADORES: O AUTÔNOMO, O AVULSO, O EVENTUAL
Trabalhador autônomo

Trabalhador autônomo é aquele que exerce, habitualmente e por conta própria, atividade profissional remunerada. Essa conceituação está expressa na legislação previdenciária, que não só define como também estende sua proteção ao trabalhador autônomo. Todavia, essa mesma legislação previdenciária, no art. 12 da Lei n. 8.212, de 24.07.1991, admite três tipos de trabalhadores autônomos: aquele que podemos chamar de autônomo propriamente dito, definido na letra "a" do inciso IV do já mencionado art. 12; o trabalhador avulso, anteriormente definido na mesma Lei 8.212, inciso VI, e agora conceituado pelo Regulamento da Previdência Social, baixado pelo Decreto n. 3.048/99; e o trabalhador eventual, definido no art. 12, V, g, da Lei n. 8.212/91.

Trabalhador autônomo propriamente dito

Trabalhador autônomo propriamente dito, nos termos da mencionada legislação previdenciária, é a pessoa física que exerce, habitualmente e por conta própria, atividade econômica de natureza urbana, com fins lucrativos ou não.

Assim, o trabalhador autônomo é, necessariamente, pessoa física. Ademais, a independência, a habitualidade e a onerosidade são condições fundamentais para a caracterização do trabalhador autônomo.

O trabalhador autônomo é independente, ou seja, é o seu próprio patrão. Por não ser subordinado, não está sujeito ao poder de direção de um empregador, o que lhe permite exercer livremente sua atividade, quando desejar e de acordo com a sua conveniência. Aí está a grande diferença em relação ao empregado submetido às normas da Consolidação das Leis do Trabalho, obrigatoriamente subordinado.

A habitualidade também é requisito fundamental à condição de trabalhador autônomo. Sergio Pinto Martins afirma, com muita propriedade, no seu *Direito do trabalho*, que o "trabalhador autônomo é aquele que trabalha com continuidade, com habitualidade e não, uma vez ou outra, para o mesmo tomador de serviços".

Finalmente, pode-se dizer que o trabalhador autônomo tem onerosidade, isto é, representa um custo para quem utiliza seus serviços. Diz-se, também, que o trabalhador autônomo assume os riscos de sua atividade, uma vez que é responsável pelo que faz.

Dúvidas existem com relação à afirmação constante da legislação previdenciária, segundo a qual o trabalhador autônomo exerce somente atividade urbana; o trabalho do engenheiro agrônomo ou do veterinário, por exemplo, podem ser exercidos de forma autônoma e no meio rural.

Do que ficou dito, percebe-se que a diferença fundamental entre o empregado, tal como definido no art. 3º da CLT, e o trabalhador autônomo é, exatamente, a subordinação. Assim, o primeiro é subordinado, recebe ordens e está sujeito a determinados controles, enquanto o segundo é independente, orientando sua atividade de acordo com sua própria conveniência.

Ademais, nada impede que o autônomo seja empregador ou empregado. Assim, o médico ou o dentista que têm seus consultórios, autônomos por natureza, podem admitir atendentes como empregados. Nessa oportunidade, serão, além de autônomos, também empregadores. Por outro lado, o médico ou dentista, ainda que tenham seus consultórios, se prestarem serviços com habitualidade em um sindicato, por exemplo, onde atuem em determinados períodos preestabelecidos, subordinados aos horários e condições que lhes forem impostos e recebendo uma remuneração, a estes estarão subordinados na condição de empregados.

Trabalhador avulso

Sergio Pinto Martins, no seu livro *Direito do trabalho*, afirma que "num sentido geral, avulso é o que pertence a uma coleção incompleta, que está desirmanado, solto, isolado".

A legislação previdenciária (Lei n. 8.212/91) define o trabalhador avulso como aquele que "presta, a diversas empresas, sem vínculo empregatício, serviços de natureza urbana ou rural definidos no regulamento". E o regulamento (Decreto n. 3.048/99) acrescenta que o trabalhador avulso é aquele que, sindicalizado ou não, tem a intermediação obrigatória do sindicato da categoria ou de órgão gestor de mão de obra (na conformidade do que dispõe a Lei n. 8.630, de 25.02.1993).

O trabalhador avulso não é subordinado à pessoa, à entidade para a qual presta serviços e nem ao sindicato, este atuando apenas como intermediário, arregimentando trabalhadores que receberão seus pagamentos e seus direitos trabalhistas por meio do próprio sindicato ou do órgão gestor de mão de obra, sendo que estes, por sua vez, recebem da empresa para a qual foi prestado o serviço. Assim, o sindicato ou o órgão gestor de mão de obra receberiam da empresa ou das empresas os valores devidos pelos serviços executados, acrescidos dos percentuais relativos ao 13º salário, férias, FGTS e encargos fiscais e previdenciários, efetuando, de imediato, o pagamento aos trabalhadores avulsos que trabalharam e, depositando, em contas específicas, as parcelas correspondentes àquelas verbas que seriam devidas nas ocasiões próprias, como 13º salário e férias.

Resumindo, pode-se dizer que são características dos trabalhadores avulsos: a liberdade na prestação dos serviços, pois não têm qualquer vínculo (incluindo empregatício) com o sindicato, com o órgão gestor de mão de obra ou com a empresa tomadora dos serviços; possibilidade de prestação de serviços a uma ou mais empresas, sendo que o sindicato ou o órgão gestor de mão de obra simplesmente intermedeiam os serviços prestados pelos trabalhadores avulsos; e, finalmente, curto período de prestação de serviços.

A atual Constituição Federal, no seu art. 7º, inciso XXXIV, estabeleceu igualdade de direitos entre o trabalhador com vínculo empregatício e o trabalhador avulso.

Trabalhador eventual

A legislação previdenciária define o trabalhador eventual como sendo "aquele que presta serviços de natureza urbana ou rural, em caráter eventual, a uma ou mais empresas, sem relação de emprego".

Assim, são trabalhadores eventuais o encanador chamado para consertar um vazamento, o eletricista contratado para trocar uma instalação elétrica, o jardineiro para cortar a grama e limpar o jardim.

Costuma-se apresentar como características do trabalho eventual a curta duração dos serviços prestados e o fato de esses serviços não coincidirem com a atividade principal da empresa para a qual os serviços sejam prestados. Assim, por exemplo, em uma tipografia, ocorrendo um defeito em uma máquina tipográfica, não se chamaria um tipógrafo, ainda que autônomo, uma vez que este poderia, futuramente, reclamar uma relação de emprego. Melhor seria chamar, para o conserto, um eletricista ou um técnico nesse tipo de máquina.

Há quem entenda que o "chapa" e o "boia-fria" sejam trabalhadores eventuais. Na verdade, o "boia-fria" é, geralmente, um empregado sem registro, contratado para uma obra determinada, por exemplo, cortar a cana em uma fazenda. Nesse caso, o seu verdadeiro empregador é o dono da fazenda de onde a cana será colhida, e não o "gato", aquele que, a pedido do dono da fazenda, arrebanha trabalhadores na cidade mais próxima, colocando-os em um caminhão e despejando-os na fazenda. Terminado o serviço, o "gato" leva-os de volta à cidade, pagando-lhes um tanto pelos serviços prestados, geralmente muito menos do que seria o justo e devido, e não lhes sendo estendidos quaisquer direitos.

Já os "chapas" são, geralmente, trabalhadores sem qualquer qualificação que, muitas vezes, ficam pelos supermercados, estradas ou vias por onde passam caminhões à espera de alguém que se interesse pelos seus serviços, para, logo depois, uma vez terminado o trabalho, dispensá-los sem quaisquer direitos e mediante o pagamento de importância irrisória.

A lei trabalhista ignora por completo o trabalhador eventual. Por isso mesmo, são contratados por empreitada ou por meio de mera locação de serviços, sem qualquer repercussão na sua vida de trabalhador eventual. Desempenhando ocasionalmente uma atividade alternada ou, ainda, com certa continuidade, em favor de diversos destinatários, ao eventual resta, apenas, a alternativa de registrar-se como contribuinte facultativo na Previdência Social, na expectativa da obtenção de determinados benefícios e uma futura aposentadoria.

VERIFICAÇÃO DE APRENDIZAGEM

1. Como se pode definir o empregador?
2. Que críticas podem ser feitas ao conceito de empregador, constante do art. 2º da Consolidação das Leis do Trabalho?
3. Qual o conceito legal de empregado?
4. Quais características são fundamentais para que alguém seja considerado empregado?
5. O que diferencia o trabalhador autônomo do trabalhador avulso?
6. O chamado "boia-fria" pode ser considerado um trabalhador eventual? Justifique sua resposta.

TRABALHADOR NO DOMICÍLIO, TEMPORÁRIO E DOMÉSTICO
Trabalhador no domicílio

O trabalho em domicílio pode ser considerado originário do trabalho artesanal da pequena indústria caseira. O artesão geralmente trabalhava em casa, podendo participar da atividade outros membros da família ou, até, pessoas estranhas a ela. A evolução dos sistemas de trabalho admitiu essa forma, seja por falta de espaço na própria empresa ou pela maior tranquilidade que a casa do trabalhador possa vir a oferecer. A Convenção 177 da Organização Internacional do Trabalho (OIT) já admitia essa forma de trabalho. O trabalho em domicílio seria, portanto, aquele realizado no próprio domicílio do trabalhador, seja por conveniência dele mesmo ou por interesse da empresa. Seria o caso, por exemplo, de uma indústria de confecção de roupas que, em virtude do aumento de encomendas, precisa contratar mais costureiras. Todavia, se o seu espaço físico não tiver condições, o empregador pode contratar costureiras que farão o serviço nas suas próprias casas, vindo à empresa apenas para receber e entregar o serviço por elas confeccionado.

O art. 6º da CLT não distingue entre o trabalho realizado na empresa e aquele realizado no domicílio do empregado, desde que esteja caracterizada a relação de emprego, nos termos do que estabelece o art. 3º da CLT. Por sua vez, o art. 83 do mesmo diploma legal refere-se expressamente ao trabalho em domicílio, ao qual garante, pelo menos, o salário mínimo, ainda que o valor das peças produzidas ou tarefas feitas não alcance a importância desse salário.

A caracterização da relação de emprego, no caso do trabalho em domicílio, faz-se por meio do reconhecimento da existência de quatro daquelas cinco condições fundamentais previstas no art. 3º da CLT, a saber: pessoa física, serviço de natureza não eventual, ou seja, com intenção de continuidade, de forma subordinada e mediante remuneração. Como é fácil perceber, nesse tipo de trabalho não se pode exigir a pessoalidade no exercício da atividade laboral, que é uma das características imprescindíveis à relação de emprego, já que, sendo feito o trabalho em domicílio, nada impede que ele seja também executado por outra pessoa, seja ou não da família do empregado. Há, entretanto, posições divergentes. O professor Sergio Pinto Martins, já anteriormente citado, entende que a pessoalidade será sempre necessária para que exista um contrato de trabalho, "pois se o trabalhador é substituído por familiar na prestação de serviços, não há pacto laboral". Com o devido respeito, divergimos do ilustre mestre dada à impossibilidade de comprovar quem efetivamente realizou o trabalho.

Embora o trabalho em domicílio esteja subordinado às normas da CLT, há evidentes diferenças no que diz respeito à própria realização do trabalho, especialmente quanto ao tempo despendido, aos dias de execução e ao período em que é realizado, ou seja, diurno ou noturno, sejam dias úteis, festivos ou não, e à própria remuneração. Assim, não há que se falar em número determinado de horas na jornada diária, horas extras, adicional noturno ou em intervalos dentro ou fora da jornada de trabalho, uma vez que, feito na intimidade do lar, não há possibilidade de verificação de horário nem das condições em que o trabalho é realizado.

Também, nada impede que o trabalhador no domicílio preste serviços para mais de um empregador, respeitados os respectivos horários, salvo se a exclusividade for condição essencial do contrato de trabalho estabelecido entre as partes.

A remuneração geralmente é feita por peça, tarefa ou, ainda, por cota de produção, não podendo, como já ficou expresso, ser inferior ao salário mínimo legal. Havendo norma coletiva que assegure um piso salarial, este deverá ser assegurado ao trabalhador no domicílio.

Não se deve confundir o trabalho em domicílio com o trabalho autônomo. É verdade que este pode até ser realizado no domicílio do trabalhador, mas a diferença está no fato de que o autônomo não tem relação de emprego, diferentemente do trabalhador no domicílio, que está subordinado às normas da CLT no que diz respeito ao empregado, tal como conceituado no art. 3º da CLT, exceção feita, como já frisado, quanto à pessoalidade na execução do trabalho. Assim, este tem direito à anotação do respectivo contrato de trabalho na sua Carteira de Trabalho e Previdência Social (CTPS), proteção previdenciária, irredutibilidade salarial, licença-maternidade, licença à mulher trabalhadora no domicílio que adotar uma criança nas condições estipuladas em lei, férias após 1 ano de relação contratual (acrescidas do terço constitucional), Fundo de Garantia do Tempo de Serviço (FGTS) (acrescido de 40% quando a rescisão for imotivada), aviso-prévio e rescisão homologada quando esta ocorrer após 1 ano de contrato.

O aviso-prévio é necessário no trabalho em domicílio tanto para o empregado que desejar romper o contrato quanto para o empregador que quiser rescindir o contrato com o seu trabalhador.

Com relação às férias, não é possível aplicar, ao trabalho em domicílio, a tabela do art. 130, que estabelece uma relação entre as faltas ao serviço do trabalhador e os dias de férias que lhe serão concedidos após completado o período aquisitivo. Evidentemente, não existindo controle dos dias efetivamente trabalhados, não se pode falar em faltas ao serviço. Completado 1 ano de efetivo trabalho em domicílio, o trabalhador terá direito a um período integral de férias, ou seja, 30 dias, calculada a remuneração pela média daquela recebida pelo trabalhador durante o período em que adquiriu direito às férias, aplicando-se o valor da remuneração da tarefa ou peça na data da concessão das férias.

Havendo norma coletiva que assegure um piso salarial para a atividade executada pelo trabalhador, esta deverá, também, ser atendida no que concerne ao trabalhador no domicílio.

VERIFICAÇÃO DE APRENDIZAGEM
1. Como se explica a origem do trabalho em domicílio?
2. Como a Consolidação das Leis do Trabalho considera o trabalho em domicílio?
3. Como se faz a caracterização da relação de emprego no trabalho em domicílio?
4. Que diferenças podem ser apontadas entre o trabalho feito no estabelecimento do empregador e o realizado no domicílio do empregado?
5. Como é calculada a remuneração de férias do trabalhador no domicílio?

Trabalhador temporário
O trabalho temporário, criado pela Lei n. 6.019, de 03.01.1974 e regulamentado pelo Decreto n. 73.841, constitui uma atividade inteiramente diversa da clássica relação de emprego, em que predominam as figuras do empregador e do empregado. Não obstante, há quem pretenda ver no trabalho temporário uma forma disfarçada de um contrato de emprego, semelhante ao contrato de trabalho a termo, porém submetido às regras especiais contidas na Lei n. 6.019. De qualquer forma, é inegável que atualmente ele seja largamente utilizado entre nós, apesar de não se tratar de uma invenção brasileira. Ademais, as estatísticas mostram que o trabalho temporário se constitui, na maioria dos países desenvolvidos, em uma atividade em constante expansão social e econômica. Encontra-se no direito comparado, especialmente na França, que teria sido a primeira nação a utilizá-lo e que hoje tem uma regulamentação invejável para esse tipo de trabalho. Também está presente na maioria dos países da Europa Ocidental, nos Estados Unidos, Canadá, Austrália

e Japão. Não obstante, alguns países, talvez em razão de sua cultura sócio-jurídica, como a Suécia, o proíbem e outros, como Portugal, o ignoram completamente.

Pode-se dizer que ele visa diretamente a uma faixa de pessoas que, por razões diversas, não deseja se fixar em um emprego disciplinado pelas leis trabalhistas ou, ainda, apenas querem ter a oportunidade de desenvolver uma atividade profissional sem o rigorismo, as exigências e os compromissos que cercam um contrato regular de trabalho. Atende também ao jovem que, ao aproximar-se da idade em que deverá prestar o serviço militar, encontra mais dificuldade em obter uma colocação no mercado formal de trabalho. Finalmente, pode-se dizer que o trabalho temporário tem como objetivo a continuidade dos serviços de uma empresa, sempre que ocorrerem imprevistos em seu quadro permanente – representados por ausências em virtude de doenças, acidentes de trabalho, férias, licença-maternidade, etc. – ou pela necessidade imprevista de atender compromissos inesperados, para os quais não estivesse preparada.

Márcio Túlio Viana, em artigo coletado por Bento Herculano Duarte como coordenador da obra publicada com o título *Manual de direito do trabalho* (um conjunto de estudos em homenagem ao Professor Cássio Mesquita Barros), assim se manifesta:

> Com o passar dos anos, esse contrato *sui generis*, que surgiu como exceção à regra geral, vai abrindo espaços, ganhando adeptos, quebrando barreira e se impondo como um novo modelo para a economia em crise. E assim, em novo paradoxo, o excepcional se torna normal, o curioso já não surpreende, e o que há tempos parecia absurdo começa a soar, aos ouvidos de muitos, como a descoberta da pólvora.

O trabalho temporário criado pela Lei n. 6.019/74 não se confunde com outras duas formas de trabalho também temporário: aquela estabelecida na CLT em seu art. 443 e seguintes e aquela criada pela Lei n. 9.061/98 e regulamentada pelo Decreto n. 2.490, de 04.02.1998. Assim, enquanto o trabalho temporário previsto pela Lei n. 6.019/74 destina-se a atender, exclusivamente, uma necessidade transitória de substituição de pessoal regular e permanente ou de acréscimo extraordinário de serviço, o contrato por prazo determinado, regulado pelo art. 443 da CLT, somente pode ser utilizado em casos específicos, por exemplo, um serviço cuja natureza e transitoriedade justifique a predeterminação de um termo final, uma atividade empresarial de caráter transitório ou, ainda, um contrato de experiência, cujo objetivo imediato é verificar a adequação de um trabalhador admitido para determinada função.

Por outro lado, a Lei n. 9.061/98, consequente de pertinente campanha sindical contra o desemprego crescente e, por isso mesmo, atenta às dificuldades empregatícias do mundo moderno – especialmente no Brasil, onde os elevados encargos sociais dificultam a contratação de empregados –, admite a contratação de empregados por prazo determinado, sem as exigências impostas pelo § 2º do art. 443 da CLT, mas impondo que as admissões feitas ao abrigo daquela lei devam representar um acréscimo no número de empregados.

Dúvidas existem com relação à natureza contratual ou não do trabalho temporário: trata-se de uma relação de emprego ou apenas de uma relação de trabalho? Em outras palavras, o trabalhador temporário tem direito ao registro em carteira e, em consequência, à proteção da CLT? Sergio Pinto Martins, no seu *Direito do trabalho*, entende que o trabalhador temporário "não deixa de ser, por conseguinte, empregado, porém um empregado especial, com direitos limitados à legislação especial". Entendemos que o ilustre tratadista "saiu pela tangente", ou seja, criou uma categoria diferenciada – o empregado especial –, inexistente na legislação trabalhista e com "direitos limitados à legislação especial". Concluímos, então, que essa legislação especial seria a expressa na Lei n. 6.019, que em momento algum determina que o trabalhador temporário deva ser registrado, de modo a albergar-se às normas protecionistas da CLT. A nosso ver, nada obriga a esse registro, mesmo porque a proteção dispensada ao temporário está contida na própria Lei n. 6.019 e muito se aproxima daquela dispensada pela CLT àqueles que ela considera como empregados. Isso posto, entendemos que cabe ao temporário apenas uma anotação, nas páginas finais da sua CTPS, relativa ao tempo em que foi temporário, tempo esse que será contado para a sua futura aposentadoria.

O trabalho temporário na Lei n. 6.019/74

O art. 2º dessa lei define o que se entende por trabalho temporário:

> [...] trabalho temporário é aquele prestado por pessoa física a uma empresa, para atender a necessidade transitória de substituição de seu pessoal regular e permanente ou a acréscimo extraordinário de serviço.

Assim, restam definidas as duas únicas situações em que é permitido o trabalho temporário previsto na Lei n. 6.019:

- necessidade transitória de substituição de pessoal regular e permanente;
- acréscimo extraordinário de serviço.

Três entidades distintas interagem nesse trabalho temporário:

1. A empresa de trabalho temporário, ou seja, a pessoa física ou jurídica urbana, cuja atividade consiste em colocar à disposição de outras empresas, temporariamente, trabalhadores devidamente qualificados, por ela remunerados e assistidos.
2. O trabalhador temporário, que é aquele contratado por empresa de trabalho temporário para prestação de serviço destinado a atender necessidade transitória de substituição de pessoal regular e permanente ou acréscimo extraordinário de serviço de outra empresa.
3. A empresa tomadora de serviço ou empresa-cliente, que é a pessoa física ou jurídica que, em virtude de necessidade transitória de substituição de seu pessoal regular e permanente ou de acréscimo extraordinário de tarefas, necessita contratar locação de mão de obra com empresa de trabalho temporário.

O relacionamento entre essas três entidades é estabelecido, necessariamente, mediante a celebração de contrato escrito, com condições e obrigações devidamente especificadas.

Assim, o contrato entre a empresa de trabalho temporário e a empresa-cliente deverá:

- ser obrigatoriamente escrito;
- conter o motivo justificador da demanda de trabalho temporário, o qual não deverá ser diferente de um daqueles previstos na própria lei;
- especificar a modalidade da remuneração da prestação de serviço, discriminando claramente as parcelas relativas ao salário,

encargos sociais e, inclusive, aquela destinada a remunerar a empresa de trabalho temporário;
- prazo de duração do contrato não deve ser superior a três meses, salvo autorização conferida por órgão competente do Ministério do Trabalho.

Por sua vez, o contrato de trabalho entre a empresa de trabalho temporário e o trabalhador temporário deverá:

- ser obrigatoriamente escrito;
- trazer expressamente os direitos conferidos ao trabalhador temporário, quais sejam:
    - remuneração equivalente à percebida pelos empregados da mesma categoria da empresa tomadora ou cliente, garantida, em qualquer hipótese, a percepção do salário mínimo;
    - jornada de até oito horas, remuneradas as horas extraordinárias não excedentes de duas, com acréscimo mínimo de 50%;
    - férias proporcionais, nos termos da lei;
    - repouso semanal remunerado;
    - adicional por trabalho noturno;
    - FGTS a ser levantado ao final do contrato;
    - seguro contra acidente de trabalho;
    - proteção previdenciária nos termos da lei.

Será registrada na CTPS do trabalhador temporário, em uma das páginas em branco na parte final da carteira, a sua condição de temporário, a função exercida e o tempo de permanência nessa condição, que não poderá ser superior a três meses, salvo com autorização do Ministério do Trabalho.

Não é sem razão que se costuma dizer que o trabalhador temporário é o único trabalhador que tem dois patrões, uma vez que tem, de certa forma, subordinação à empresa de trabalho temporário, que o seleciona, encaminha para a empresa-cliente ou tomadora dos serviços, paga a sua remuneração e recolhe a sua contribuição previdenciária. Além disso, tem também uma subordinação administrativa à empresa-cliente ou tomadora dos serviços, a cujas normas administrativas deverá atender.

Esse relacionamento entre as três entidades que participam do trabalho temporário pode ser apresentado sob uma forma quase triangular que, de certa forma, admite a intimidade entre elas, bem como a inexistência de prevalência de uma sobre as outras.

```
              Trabalhador temporário
              /                    \
             /                      \
            /                        \
           /                          \
          /                            \
         / - - - - - - - - - - - - - -  \
  Empresa de trabalho          Empresa tomadora dos
     temporário              serviços ou empresa-cliente
```

Da rescisão do contrato de trabalho temporário

O contrato de trabalho temporário poderá ser rescindido por justa causa antes do seu término, seja entre o trabalhador temporário e a empresa de trabalho temporário ou entre aquele e a empresa-cliente para a qual estiver prestando serviço, na ocorrência de uma ou mais das situações previstas nos arts. 482 e 483 da CLT e conforme referido nos arts. 23, 24 e 25 do Decreto n. 73.841/74, que regulamenta a lei do trabalho temporário.

Das contribuições previdenciárias

O recolhimento das contribuições previdenciárias, especialmente as do trabalhador temporário, bem como as taxas de contribuição para o seguro de acidentes do trabalho cabe à empresa de trabalho temporário.

No caso de falência da empresa de trabalho temporário, a empresa tomadora dos serviços ou cliente é solidariamente responsável pelo recolhimento das contribuições previdenciárias referentes ao tempo em que o trabalhador esteve prestando serviços.

Da competência da Justiça do Trabalho

A Justiça do Trabalho é competente para dirimir os litígios entre as empresas de trabalho temporário e os próprios trabalhadores temporários, conforme dispõe o art. 19 da Lei n. 6.019/74.

VERIFICAÇÃO DE APRENDIZAGEM

1. O trabalhador temporário é considerado empregado?
2. Em que situações pode existir o trabalho temporário?
3. Que cláusula é fundamental no contrato de trabalho temporário entre a empresa de trabalho temporário e a empresa-cliente?
4. Quando pode ocorrer a rescisão do contrato de trabalho temporário por iniciativa de qualquer uma das partes?
5. A quem cabe o recolhimento das contribuições previdenciárias do trabalhador temporário, bem como a taxa de contribuição para o seguro de acidentes de trabalho?

Trabalhador doméstico

Pela origem, a palavra doméstico provém da expressão latina *domesticus*, que significa da casa, da família, do *domus*, do lar.

A primeira norma específica dirigida para os serviços domésticos foi o Decreto n. 16.107, de 30.07.1923, que regulamentava esses serviços prestados. Cerca de 20 anos depois, o art. 1º do Decreto-lei n. 3.078/41 definia os empregados domésticos da seguinte forma:

> empregados domésticos serão todos aqueles que, de qualquer profissão ou mister, mediante remuneração, prestem serviços em residências particulares ou a benefício destas.

Por essa legislação, o empregado doméstico tinha direito a aviso prévio de 8 dias desde que já tivesse trabalhado para o mesmo empregador por, no mínimo, 6 meses. O mesmo diploma legal admitia que o empregado doméstico rescindisse o contrato de trabalho em caso de mora salarial, atentado à sua dignidade física ou moral ou condições precárias de trabalho, admitindo até uma indenização equivalente a 8 dias de salário.

O art. 7º, *a*, da CLT, de 01.05.1943, ao mesmo tempo em que excluiu o trabalhador doméstico das suas normas, chegou a defini-lo ao dizer que serão domésticos "de um modo geral, os que prestarem serviços de natureza não econômica à pessoa ou à família, no âmbito residencial destas". Na verdade, até então não tinha o trabalhador doméstico direitos específicos e definidos.

O primeiro texto legal que buscou definir a situação do doméstico e garantir-lhe direitos básicos foi a Lei n. 5.859, de 11.12.1972, regulamentada pelo Decreto n. 71.885, de 09.03.1973, até hoje vigentes.

Essa lei, repetindo o texto da CLT, apenas substituiu a expressão "serviços de natureza não econômica" por "serviços de natureza contínua e de finalidade não lucrativa". Ou seja, como uma primeira característica do trabalho doméstico temos, exatamente, o fato de que ele não pode produzir lucro para o seu empregador. O jurista Mozart Victor Russomano, discordando da expressão final do texto da CLT, afirma que "todo trabalho aplicado na consecução de bens destinados à satisfação das necessidades humanas, como é o trabalho doméstico, tem um fundo econômico". E logo completa, dizendo "que o empregado doméstico não desenvolve trabalho aproveitado pelo patrão com o fim de lucro".

Uma segunda característica, que se depreende do texto consolidado, é que o trabalho doméstico deve ser prestado no âmbito residencial do empregador. A expressão "âmbito residencial" deve ser entendida com uma certa largueza. Assim, o motorista que leva a sua patroa ao supermercado, portanto, fora do âmbito residencial, nem por isso deixa de ser doméstico, uma vez que o seu posto de trabalho continua a ser a residência da patroa. Já o cozinheiro que, embora no âmbito residencial, faça comida para fora, estará explorando uma atividade econômica e, portanto, já não será doméstico.

Uma terceira e importante característica do empregado doméstico é a continuidade na prestação de seus serviços, o que vem a ser o grande diferencial entre a empregada doméstica, definida e protegida pela Lei n. 5.859/72, e a faxineira diarista (ou, simplesmente, diarista), com características dúbias a diferençar uma da outra.

Na verdade, ainda divergem os juristas com relação ao conceito de continuidade, que muitos identificam com habitualidade. Segundo Sergio Pinto Martins:

> [...] inexiste eventualidade na prestação de serviços de uma faxineira que vai toda semana, por longos anos, à residência da família, sempre nos mesmos dias da semana. Ao reverso, há continuidade na prestação de serviços, que são realizados no interesse do empregador, pois as atividades de limpeza e lavagem de roupas são necessidades normais e permanentes do empregador doméstico.

E o mesmo autor continua:

> A faxineira será, porém, considerada trabalhadora autônoma se por acaso escolher os dias da semana em que pretende trabalhar, mudando-os constantemente, de modo a casar o horário de outras residências onde trabalha, mas sempre sob sua orientação e determinação própria. Nesse caso, ela trabalha por conta própria, explora economicamente, em proveito próprio, sua força de trabalho.

A Lei n. 5.859/72 estendeu aos domésticos, com pequenas diferenças, alguns direitos que já eram dos trabalhadores em geral e expressos no texto consolidado. Assim, os domésticos passaram a ter direito a 20 dias úteis de férias remuneradas após 1 ano de trabalho com o mesmo empregador, e não 30 dias corridos, como acontece com os trabalhadores protegidos pela CLT.

Finalmente, a Constituição Federal de 1988, no seu art. 7º, parágrafo único, estendeu aos domésticos uns tantos direitos por ela concedidos aos trabalhadores urbanos e rurais. Assim, vejamos:

> Art. 7º. São direitos dos trabalhadores urbanos e rurais, além de outros que visem à melhoria de sua condição social:
> [...]

Parágrafo único. São assegurados à categoria dos trabalhadores domésticos os direitos previstos nos incisos IV, VI, VIII, XV, XVII, XVIII, XIX, XXI e XXIV, bem como a sua integração à previdência social.

Especificando:

IV – salário mínimo, fixado em lei, nacionalmente unificado, capaz de atender a suas necessidades vitais básicas e às de sua família, com moradia, alimentação, educação, saúde, lazer, vestuário, higiene, transporte e previdência social, com reajustes periódicos que lhe preservem o poder aquisitivo, sendo vedada sua vinculação para qualquer fim.

Existem dúvidas sobre a possibilidade de o empregador doméstico poder descontar valores a título de salário-utilidade, como alimentação e habitação. O tratadista Sergio Pinto Martins, no seu livro *Manual do trabalho doméstico*, entende que sim, pois, uma vez que o empregado doméstico passou a ter direito ao salário mínimo com a Constituição de 1988, o art. 82 da CLT lhe seria aplicável. Ora, o parágrafo único desse artigo dispõe que "o salário mínimo pago em dinheiro não será inferior a 30% do salário mínimo". Isso quer dizer que, se o empregador fornecer utilidades ao empregado, como alimentação e habitação, poderá descontá-las do salário até o valor máximo de 70% do salário mínimo, pagando 30% em dinheiro. Todavia, tais descontos deveriam ser acertados quando do início do contrato, nao sendo possível fazê-los a qualquer momento. Já existe, porém, legislação autorizando que seja feito tal desconto.

VI – irredutibilidade do salário.

Ainda segundo Sergio Pinto Martins:

> [...] os salários do doméstico não poderão ser reduzidos, nem mesmo por acordo ou convenção coletiva, pois essas regras não se aplicam aos domésticos, justamente porque o parágrafo único do art. 7º da Constituição Federal não reconhece, como direito do referido trabalhador, o contido no inciso XXVI do citado art. 7º, da Lei Maior, isto é, decisões em acordos ou convenções coletivas de trabalho.

> VIII – décimo terceiro salário com base na remuneração integral ou no valor da aposentadoria.

Cada período de trabalho do doméstico, igual ou superior a quinze dias, é considerado como um mês, dando ao trabalhador direito a mais 1/12 a título de 13º salário.

> XV – repouso semanal remunerado, preferencialmente aos domingos.

A Lei n. 605/49 é expressa ao excluir o trabalhador doméstico do direito ao repouso semanal remunerado. Todavia, a Constituição de 1988 garantiu ao doméstico esse direito. No entanto, recebendo o doméstico por mês ou quinzena, já tem o repouso semanal incorporado à sua remuneração.

> XVII – gozo de férias anuais remuneradas com, pelo menos, um terço a mais do que o salário normal.

O texto Constitucional garantiu ao trabalhador doméstico o direito a férias anuais remuneradas, com acréscimo de, no mínimo, 1/3 do salário normal. Nada especificou quanto ao número de dias de duração das férias que, atualmente, é aquele previsto na Lei n. 11.324, de 19.07.2006, ou seja, férias de trinta dias corridos.

> XVIII – licença à gestante, sem prejuízo do emprego e do salário, com a duração de cento e vinte dias.

Sendo indiscutível o direito à licença, todavia não se aplica à empregada doméstica aquela estabilidade de 5 meses após o parto, ao que se refere o art. 10, II, *b*, das Disposições Transitórias da Constituição Federal, pois o parágrafo único do art. 7º não lhe confere esse direito. Atualmente, há uma tendência para que haja aumento dessa duração prevista na Constituição.

> XIX – licença-paternidade, nos termos fixados em lei.

O inciso referido limita-se a conceder ao empregado doméstico direito à "licença-paternidade, nos termos fixados em lei", dependendo, naturalmente, de regulamentação. Todavia, o § 1º do já mencionado art. 10 das Disposições Transitórias da Constituição Federal estabelece que o prazo dessa licença será de 5 dias, até que lei específica venha discipliná-lo. Como nada especifica, entende-se que serão 5 dias corridos. Da mesma maneira, nada diz quanto a serem pagos ou não esses dias, pelo que se entende que não há obrigação de pagamento, uma vez que, se tivessem de ser pagos, a própria Constituição assim teria determinado, como fez quanto à licença-maternidade de 120 dias, ao deixar claro que tal licença seria sem prejuízo de remuneração.

    XXI – aviso-prévio proporcional ao tempo de serviço, sendo no mínimo de trinta dias, nos termos da lei.

Face aos próprios termos do inciso, entende-se que o aviso-prévio é direito apenas do empregado, ou seja, torna-se obrigação do empregador avisar o empregado com a antecedência determinada. Em consequência, a recíproca não é verdadeira. Alguns autores, entre eles o jurista e tratadista Sergio Pinto Martins, entendem que também o empregado doméstico deve avisar ao empregador, no mesmo prazo, quando pretender retirar-se do serviço. Esta é uma posição que não encontra qualquer amparo na lei, dentro do princípio de que, quando a lei não distingue, não cabe ao intérprete distinguir. O texto consolidado no art. 487, que determina que também o empregado deve dar aviso-prévio ao empregador quando pretender retirar-se do serviço, não se aplica ao trabalhador doméstico, ante a exclusão feita pelo art. 7º da mesma consolidação.

    XXIV – aposentadoria.

Desde que a Lei n. 5.859/72 estendeu aos trabalhadores domésticos o direito a registro em carteira de trabalho e aos benefícios da previdência social, na condição de segurados obrigatórios, inexiste qualquer dúvida quanto a esse direito que a Constituição Federal fez questão de garantir aos trabalhadores domésticos.

    Para finalizar o tema, cabe uma última consideração. Assim, não obstante os direitos concedidos, o trabalhador doméstico continua excluído de muitos daqueles concedidos aos trabalhadores protegidos pela CLT. Há quem pretenda justificar tal exclusão face às características próprias desse tipo de trabalho, em que o doméstico, em função de uma maior proximidade com o seu empregador, gozaria de condições outras que não as do trabalhador comum vinculado a uma empresa com finalidade lucrativa. A posição é, no mínimo, discutível.

VERIFICAÇÃO DE APRENDIZAGEM

1. Qual o conceito legal de trabalhador doméstico e onde pode ser encontrado?
2. Por que razões a CLT excluiu de sua proteção o trabalhador doméstico?
3. Quando a faxineira diarista pode ser considerada uma trabalhadora autônoma?
4. E quando ela deverá ser registrada na sua CTPS?
5. Se o empregador da doméstica perder o emprego, ele pode diminuir o salário de sua empregada?
6. A empregada doméstica que, após terminar a sua licença-maternidade de 120 dias, continuar sem trabalhar por mais alguns meses pode ser despedida?
7. A empregada doméstica pode dividir o gozo de suas férias em mais de um período?

O ESTAGIÁRIO, O RURAL E O EMPREITEIRO
Estagiário

Durante muito tempo, não existiu qualquer legislação referente a estágios. Uma portaria de 1967 estabeleceu algumas normas a respeito da condição do estagiário. A Lei n. 5.692/71 estabeleceu normas para o estágio de estudantes de 1º e 2º graus. Em 07.12.1977, o estágio passou a ser regulado pela Lei n. 6.494, mas foi em 25.09.2008 que a Lei n. 11.788, em seu art. 1º, trouxe um novo regramento ao estágio de estudantes de cursos de "educação superior, de educação profissional, de ensino médio, da educação especial e dos anos finais do ensino fundamental na modalidade profissional de jovens e adultos".

Conforme a Lei, o estágio "visa ao aprendizado de competências próprias da atividade profissional e à contextualização curricular, objetivando o desenvolvimento do educando para a vida cidadã e para o trabalho" (art. 1º, § 2º). Trata-se, portanto, de uma situação didático-pedagógica com fim definido, mesmo que seja o de oferecer ao jovem estudante uma oportunidade de ingresso no mercado de trabalho, enquanto ainda estudante, mediante o atendimento a diversas normas visando assegurar a consecução dos objetivos previstos.

Não há que se confundir o estagiário com o aprendiz, uma vez que este sempre terá o que não acontece com o estagiário: uma relação de emprego, embora com características específicas.

Inegavelmente, o estágio oferece ao jovem a possibilidade de uma experiência prática naquele campo para o qual se prepara na instituição de ensino em que está matriculado e frequentando.

A lei prevê que o estágio poderá ou não ser obrigatório, concedido tanto por instituições privadas como por órgãos da administração pública direta, autárquica e fundacional de qualquer um dos Poderes da União, dos estados, do Distrito Federal e dos municípios. Admite (art. 5º e parágrafos) a existência de

> agentes de integração públicos e privados, mediante condições acordadas em instrumento jurídico apropriado, devendo ser observada, no caso de contratação com recursos públicos, a legislação que estabelece as normas gerais de licitação.

Nos termos do art. 3º, o estágio não cria vínculo empregatício de qualquer natureza, desde que observados os seguintes requisitos:

- celebração de termo de compromisso entre o estagiário, a parte concedente do estágio e a instituição de ensino;
- matrícula e frequência regular do estagiário em estabelecimentos de ensino, nos termos do que dispõe o art. 1º desta Lei;
- compatibilidade entre as atividades desenvolvidas no estágio e aquelas previstas no termo de compromisso;
- acompanhamento efetivo por professor orientador da instituição de ensino e por funcionário da parte concedente do estágio, com formação ou experiência profissional na área de conhecimento desenvolvida no decurso do estágio;
- as instalações da parte concedente do estágio devem estar adequadas à formação cultural e profissional do estagiário;
- a parte concedente do estágio deverá contratar, em favor do estagiário, seguro contra acidentes pessoais;
- a instituição de ensino deverá comunicar à parte concedente do estágio, no início do período letivo, as datas de realização de avaliações escolares ou acadêmicas;
- ao final do estágio, entregar termo de realização do estágio, com indicação resumida das atividades desenvolvidas e da avaliação do desempenho do estagiário;
- manter, à disposição da fiscalização, documentos que comprovem a realização do estágio;
- enviar à instituição de ensino, com periodicidade mínima de seis meses, relatório das atividades, com vista obrigatória ao estagiário.

A jornada de trabalho do estagiário será estabelecida de comum acordo entre a instituição de ensino, a parte concedente e o estagiário, devendo constar do termo de compromisso e não ultrapassando 4 horas diárias e 20 semanais, no caso de estudantes de educação especial e dos anos finais do ensino fundamental, e de 6 horas diárias e 30 semanais nos demais casos.

A duração do estágio, na mesma parte concedente, não poderá exceder 2 anos, exceto quando se tratar de estagiário portador de deficiência.

Na hipótese de estágio não obrigatório, o estagiário deverá receber bolsa ou outra forma de contraprestação que venha a ser acordada, bem como auxílio-transporte. Porém, a eventual concessão de benefícios relacionados a transporte, alimentação e saúde, entre outros, não caracteriza vínculo empregatício.

Quando o estágio tiver duração superior a 1 ano, é assegurado ao estagiário um período de recesso de 30 dias, preferencialmente durante as férias escolares, o qual será remunerado quando o estagiário estiver recebendo bolsa ou outra forma de contraprestação. Nos casos de estágio de duração inferior a 1 ano, os dias de recesso serão proporcionais ao respectivo tempo de estágio.

A parte concedente do estágio deverá garantir ao estagiário o pleno atendimento às normas de saúde e segurança do trabalho.

O estagiário poderá inscrever-se e contribuir, por conta própria, como segurado facultativo do Regime Geral de Previdência Social.

O número máximo de estagiários em relação ao quadro de pessoal das entidades concedentes de estágio, segundo o art. 17, deverá atender às seguintes proporções:

I – de 1 a 5 empregados: 1 estagiário;
II – de 6 a 10 empregados: até 2 estagiários;
III – de 11 a 25 empregados: até 5 estagiários;
IV – acima de 25 empregados: até 20% de estagiários.

O disposto nesse artigo não se aplica aos estágios de nível superior e de nível médio profissional.

Não há obrigação de qualquer anotação, referente ao estágio, na CTPS do estagiário, da mesma forma que não há, também, qualquer proibição, sendo até interessante que seja feita tal anotação para efeito curricular.

Estando a atividade do estagiário em desacordo com o estabelecido nesta Lei, passará a existir um vínculo empregatício entre o suposto estagiário e a empresa onde ele esteja atuando, para todos os efeitos da legislação trabalhista e previdenciária.

VERIFICAÇÃO DE APRENDIZAGEM

1. A que categoria de estudantes se aplica a lei que disciplinou o estágio?
2. De que forma a lei que criou o estágio procurou estimular as empresas a conceder estágios?
3. Quais os principais requisitos indispensáveis à configuração do estágio?
4. Empresas públicas podem, também, conceder estágios?
5. O estagiário pode receber algum tipo de remuneração?
6. Quem é o responsável pela apólice de seguro contra acidentes pessoais, obrigatória na relação de estágio?

Trabalhador rural

Em 1975, a OIT aprovou a Convenção n. 141, definindo o trabalhador rural da seguinte forma:

> Trabalhador rural é toda pessoa física que se dedica, em região rural, a tarefas agrícolas ou artesanais, ou, ainda, a serviços similares ou conexos, compreendendo não só os assalariados, mas também aquelas pessoas que trabalham por conta própria, como arrendatários, parceiros e pequenos proprietários.

No Brasil, a Lei n. 4.214/63 aprovou o Estatuto do Trabalhador Rural, para conceder direitos semelhantes aos do trabalhador urbano.

Atualmente, o trabalho rural é regido pela Lei n. 5.889/73, regulamentada pelo Decreto n. 73.626/74. Dessa forma, a CLT não se aplica ao trabalhador rural, como, aliás, preceitua o art. 7º, inciso *b*, da CLT.

De acordo com o art. 2º da Lei mencionada, "empregado rural é a pessoa física que, em propriedade rural ou prédio rústico, presta serviços, com continuidade, a empregador rural, mediante dependência e salário".

Explicitando o artigo citado, Sergio Pinto Martins, no seu *Direito do trabalho*, define o prédio rústico como sendo aquele "destinado à exploração agrícola, pecuária, extrativa ou agroindustrial, independente da localização, pois prevalece a atividade econômica do empregador, com fins de lucro".

Temos, pois, que os elementos que caracterizam o trabalhador rural são semelhantes aos que identificam o trabalhador urbano. Assim, no trabalho rural, devem estar presentes a pessoa física, a continuidade, a subordinação, a remuneração e a pessoalidade. A diferença entre um e outro está no local da prestação dos serviços, ou seja, o trabalhador urbano exerce sua atividade no considerado perímetro urbano, enquanto o rural trabalha na zona rural. Assim, um veterinário, embora tenha consultório na cidade, será um trabalhador rural quando for prestar seus serviços em uma propriedade rural. O caseiro, que tem por finalidade cuidar de uma residência na área rural, será um trabalhador doméstico; se, todavia, vender verduras ou ovos produzidas no sítio, deixará de ser um trabalhador doméstico pelo fato de participar de uma atividade com fins lucrativos, o que é vedado a esse tipo de trabalhador.

Por sua vez, o "empregador rural é a pessoa física ou jurídica, proprietária ou não, que explore atividade agroeconômica, em caráter temporário ou permanente, diretamente ou por meio de prepostos e com auxílio de empregados".

Convém referir que contratos rurais, como a parceria e a meação, por exemplo, são regidos pelo direito civil.

A Constituição Federal de 1988, no seu art. 7º, *caput*, deu aos trabalhadores rurais os mesmos direitos concedidos aos trabalhadores urbanos.

Empreiteiro

O empreiteiro é a pessoa física ou jurídica cuja atividade pode assumir três situações: de empregador, de autônomo ou, até mesmo, de empregado.

Ao assumir um contrato de empreitada em cuja execução usa seus empregados, ele será um empregador. Nesse caso, ele pode ser distinto do empregador a que se refere o art. 2º da CLT, na medida em que trabalha mediante uma remuneração fixada conforme o valor da obra, não assumindo os riscos da atividade econômica a que se refere aquele artigo. No entanto, tendo empregados, ele é um empregador, pois "admite, assalaria e dirige a prestação pessoal de serviços". O jurista Sergio Pinto Martins entende, com razão, que, nessa situação, "o dono da obra não pode ser considerado empregador, pois não assume os riscos da atividade econômica, nem tem intuito de lucro".

O empreiteiro poderá, também, assumir a condição de autônomo quando ele próprio, sem o auxílio de empregados, exercer atividade econômica de natureza urbana com fins lucrativos ou não (Lei n. 8.213/91, art. 11, V, *h*). Sua remuneração será, geralmente, por preço ajustado ou por obra certa. Sergio Pinto Martins, no seu *Direito do trabalho*, entende que a habitualidade é requisito fundamental para que se verifique a condição de trabalhador autônomo. Discordamos, mais uma vez, do ilustre tratadista e desembargador do Tribunal Regional do Trabalho (TRT) da 2ª Região, pois aquele que executa ele mesmo um serviço, sem qualquer subordinação, não deixa de ser, naquela oportunidade, um trabalhador autônomo, independentemente ou não de estar exercendo uma atividade habitual.

Finalmente, em uma situação menos comum, o empreiteiro poderá ajustar um serviço que será executado por ele mesmo como empregado e subordinado ao dono do serviço, recebendo uma remuneração, isto é, sendo registrado mediante um contrato por obra certa, um tipo de contrato por prazo determinado. Terminada a obra, estará encerrado o contrato, sendo-lhe pagos todos os direitos trabalhistas, ou seja, saldo final de salário, 13º salário proporcional, férias proporcionais e depósito do FGTS, inexistindo, entretanto, a figura do aviso-prévio, pois o trabalhador já sabe, previamente, quando será o término do contrato. Essa figura ocorre quando o dono da obra quer evitar que venha o executor dos serviços, futuramente, pleitear direitos que não tenham sido atendidos.

Contudo, é bom lembrar que, nos termos do que dispõe o art. 652, III, *a*, da CLT, o pequeno empreiteiro ou empreiteiro artífice, que seria o caso em que ele mesmo executa o serviço como verdadeiro empregado, não deixaria de ter acesso à Justiça do Trabalho. Daí a necessidade de caracterização de um contrato de trabalho por prazo determinado.

VERIFICAÇÃO DE APRENDIZAGEM
1. Que direitos a Constituição Federal deu ao trabalhador rural?
2. Aquele que utiliza trabalhadores para a execução dos serviços que tenha empreitado pode ser considerado um empregador?
3. Um empreiteiro pode assumir a condição de empregado e ser registrado como tal?

UNIDADE III
IDENTIFICAÇÃO PROFISSIONAL

IDENTIFICAÇÃO PROFISSIONAL

ANTECEDENTES HISTÓRICOS

A ideia de identificar o trabalhador de alguma maneira é antiga. Na França, ainda na época das corporações de artes e ofícios, existia o *livret d'ouvrier*, que era concedido ao aprendiz, mas que ficava, geralmente, em poder do mestre, que somente o entregava ao aprendiz ao término da aprendizagem. Na época das corporações, para poder exercer uma profissão, era necessário pertencer à corporação daquela profissão e, para tanto, era preciso ter documento de identificação dessa atividade. No tempo de Napoleão, esse documento era expedido pelos "prefeitos de polícia", e nele eram anotados os dados que identificassem o seu portador como trabalhador; quem não o possuísse ficava sujeito à prisão por vagabundagem. Na Itália, desde 1935, existia o *libretto del lavoro*, sem o qual não se era admitido em nenhum emprego.

No Brasil, o Código Comercial de 1850 já fazia menção a uma espécie de nomeação que seria entregue, pelos patrões, aos seus prepostos comerciais. Em 1932, pelo Decreto n. 21.175/32, surgiu a carteira profissional, cujo intuito era:

> [...] proporcionar aos que trabalhassem no comércio ou na indústria um instrumento oficial de autenticidade incontestável que, a qualquer momento, lhes pudesse atestar o procedimento no exercício do mister em que se ocupavam, permitindo simultaneamente, aos empregadores, verificarem, sem mais delongas, as condições profissionais dos que lhes oferecessem seus serviços.

Em 01.05.1943, com a promulgação da Consolidação das Leis do Trabalho (CLT), a carteira profissional, ainda com esse nome, tornou-se documento indispensável para o exercício de atividade profissional remunerada. Durante muito tempo, ela foi diversificada em carteira de trabalho, simplesmente, ou carteira de trabalhador menor, carteira de trabalho para estrangeiros ou, ainda, carteira profissional do trabalhador rural.

CARTEIRA DE TRABALHO E PREVIDÊNCIA SOCIAL (CTPS)

Em 1969, o Decreto-lei n. 926 deu nova denominação à carteira profissional, que passou a ter sua atual e única denominação de Carteira de Trabalho e Previdência Social, mais conhecida pela sigla CTPS.

Que fiquem registradas aqui, por brilhantes, as palavras do ex-ministro do Trabalho Alexandre Marcondes Filho, na exposição de motivos que antecederam o texto da CLT e que, durante muitos anos, constavam de uma das primeiras páginas das CTPS.

Por menos que pareça e por mais trabalho que dê ao interessado, a carteira profissional é um documento indispensável à proteção do trabalhador. Elemento de qualificação civil e de habilitação profissional, a carteira representa, também, título originário para a colocação, para a inscrição sindical e, ainda, um instrumento prático do contrato individual de trabalho. A carteira, pelos lançamentos que recebe, configura a história de uma vida. Quem a examinar, logo verá se o portador é um temperamento aquietado ou versátil; se ama a profissão escolhida ou ainda não encontrou a própria vocação; se andou de fábrica em fábrica, como uma abelha, ou permaneceu no mesmo estabelecimento, subindo a escala profissional. Pode ser um padrão de honra. Pode ser uma advertência.

OBRIGATORIEDADE E IMPORTÂNCIA DA CTPS

O art. 13 da CLT estabelece a obrigatoriedade que o trabalhador tem de possuir a carteira de trabalho para poder exercer, tanto como empregado como por conta própria, atividade profissional remunerada. Por conta própria, apenas se quiser ter a oportunidade de se filiar à Previdência Social.

A CTPS é, entre nós, documento indispensável para o exercício de qualquer atividade profissional remunerada não só pelos trabalhadores urbanos, mas também pelos rurais, temporários e domésticos. Também devem possuí-la os trabalhadores autônomos propriamente ditos, os trabalhadores avulsos e os eventuais, como condição fundamental para que possam se inscrever na Previdência Social.

Todavia, considerando a dificuldade de emissão de carteiras de trabalho em algumas regiões do país, o mesmo art. 13, nos seus § 3º e 4º, permite que possa ser admitido, por até 30 dias, o exercício de emprego ou atividade remunerada por quem não a possua, ficando, contudo, a empresa que admitiu o empregado nessas condições obrigada a permitir, dentro do prazo mencionado, seu comparecimento à localidade mais próxima onde sejam emitidas as carteiras. Como medida prévia de proteção ao empregado nessas condições, por ocasião de sua admissão, a empresa deve fornecer ao empregado documento do qual constem a data de admissão, a natureza do trabalho, o salário e a forma de seu pagamento. Se, eventualmente, o empregado for dispensado antes de possuir a carteira, o empregador deve lhe fornecer um atestado do qual conste o histórico da relação de emprego mantida.

Quanto à importância da CTPS, é possível sintetizá-la nos seguintes itens:

- é o documento básico de identificação civil do trabalhador, verdadeiro documento de cidadania;
- pelos apontamentos que ela contêm, é, também, um documento de qualificação profissional e civil do trabalhador;
- é a mais importante e mais evidente prova do contrato de trabalho;
- fornece informações às autoridades administrativas, especialmente do Trabalho, para manutenção e constante atualização do cadastro profissional dos trabalhadores, indispensável para orientar o governo com relação à política adequada às classes trabalhadoras;
- é, também, um documento indispensável à inscrição sindical do trabalhador;
- contém informações quanto aos dependentes do trabalhador, sendo indispensável para o acesso aos benefícios da Previdência Social;
- tem função curricular com relação à vida anterior do trabalhador.

DA EMISSÃO DAS CTPS

Nos termos do art. 14 da CLT, a CTPS será emitida pelas Delegacias Regionais do Trabalho ou, mediante convênio, por órgãos federais, estaduais e municipais da administração direta ou indireta, bem como por órgãos sindicais. Para sua obtenção, o interessado deve comparecer pessoalmente levando os documentos necessários, que são, normalmente, duas fotografias recentes (tiradas de frente, tamanho 3x4) e documento que comprove seu nome, filiação, data e lugar do nascimento. É de toda conveniência que o interessado apresente a identificação civil dos seus dependentes. Se for estrangeiro, é necessário que apresente também a comprovação de sua situação no país e, de preferência, documento de identidade de estrangeiro.

Nos termos do art. 17 da CLT, na impossibilidade de apresentação, pelo interessado, da documentação necessária, a CTPS será fornecida com base em declarações verbais, desde que confirmadas por pelo menos duas testemunhas, as quais assinarão, na primeira folha de anotações gerais, um termo de comprovação dos dados apresentados pelo interessado na obtenção da CTPS. Se o indivíduo for menor, deve estar acompanhado do pai ou responsável e, se analfabeto, a CTPS será fornecida mediante impressão digital ou, em último caso, a rogo, por um terceiro que também deve se identificar.

DAS ANOTAÇÕES E DE SUA ATUALIZAÇÃO

Nos termos do art. 29 da CLT, as anotações referentes ao contrato de trabalho que o seu possuidor vier a estabelecer serão feitas pelo próprio empregador que o admitir, o qual terá o prazo de 48 horas para nela anotar, especificamente, a data de admissão, a remuneração, a função que seu possuidor irá exercer e os dados de identificação da empresa que o estiver admitindo. Atualmente, as anotações poderão ser feitas tanto manualmente como por processo mecânico ou eletrônico, conforme instruções do Ministério do Trabalho e Emprego. No que concerne à função e à remuneração, as anotações deverão ser as mais precisas possíveis, de forma que não restem dúvidas quanto ao trabalho que o seu portador irá exercer, bem como com quanto dinheiro poderá contar no fim de um mês de trabalho. O Ministério do Trabalho publica um Código Brasileiro de Ocupações (CBO) em que cada ocupação recebe um número específico, de modo a não deixar dúvidas quanto às atividades a serem exercidas pelo trabalhador. Assim, não devem ser feitas anotações do tipo "serviços gerais", uma vez que, efetivamente, não identificam quais são as atribuições do trabalhador e o que ele se compromete a executar. Com relação à data de admissão, é preciso mencionar exatamente o dia em que o trabalhador passou a trabalhar como empregado da empresa, ainda que seja mediante contrato de experiência. Evidentemente, os dias em que o trabalhador estiver fazendo teste para posterior admissão não serão considerados para início da relação de emprego.

Quanto à anotação da remuneração, ela deverá ser a mais específica possível, seja por salário fixo diário, semanal ou mensal, por hora, por tarefa ou peça, por comissão ou, até mesmo, por um salário fixo acrescido de determinada porcentagem de comissão sobre vendas, por exemplo. Não é permitido ao empregador fazer anotação de salário complessivo, ou seja, anotar o pagamento englobado sem discriminar as diferentes verbas pagas a que o empregado possa ter direito, como comissões ajustadas, adicional noturno e horas extras.

Em hipótese alguma, serão aceitas anotações abonadoras ou desabonadoras no que concerne à conduta do possuidor da CTPS ou quaisquer outras que não estejam previstas em lei. Alterações posteriores à emissão da CTPS poderão ser feitas pelo próprio Instituto Nacional do Seguro Social (INSS) ou órgãos devidamente autorizados. Esgotada a CTPS quanto aos espaços para anotações, o trabalhador deverá tirar uma nova CTPS, que deverá manter o número de série da anterior.

As anotações referentes ao contrato de trabalho, feitas por ocasião da admissão do empregado, poderão, posteriormente, sofrer alterações face àquelas que ocorrerem na relação de emprego, como mudança de função, alteração da remuneração ou aquelas referentes aos dependentes do trabalhador.

No que diz respeito a essas alterações das relações contratuais, elas poderão ser feitas, nos termos do que dispõe o § 2º do art. 29 da CLT, nas seguintes oportunidades:

- na data-base, ou seja naquela data escolhida de comum acordo pelas representações sindicais (patronal e de empregados) de cada atividade, para eventuais alterações ou revisões das condições contratuais;
- a qualquer tempo, por solicitação do trabalhador, seja qual for a razão que este apresentar;
- no caso de rescisão contratual, visto que a CTPS daquele que está rescindindo o contrato de trabalho deverá estar inteiramente atualizada, não apenas com relação às condições contratuais, mas, também, com outras anotações que devem constar da CTPS, como alteração de função ou de remuneração, férias gozadas, pagamento de contribuição sindical, etc.;
- na necessidade de comprovação perante a Previdência Social, especificamente no que diz respeito aos seus dependentes e à remuneração que recebia;

- na ocorrência de acidentes do trabalho ou moléstia profissional, para cálculo de eventuais indenizações.

Nos casos em que a rescisão do contrato ocorra com menos de 1 ano da admissão, tal atualização deverá ser feita pelo próprio empregador. No caso de rescisão de relação contratual que tenha perdurado por mais de 1 ano, embora as anotações também devam ser atualizadas pelo empregador, o auditor fiscal do trabalho ou o empregado do sindicato da respectiva atividade, por ocasião do ato de homologação da rescisão, deverá verificar e confirmar com o empregado, cujo contrato está sendo rescindido, a correção e atualização de todas as anotações feitas ou que devam ser feitas na CTPS.

DO VALOR DAS ANOTAÇÕES

Nos termos do art. 40 da CLT, a CTPS devidamente emitida e anotada servirá de prova nos atos em que sejam exigidos documentos de identidade e, especialmente:

I – nos casos de dissídio na Justiça do Trabalho entre a empresa e o empregado;
II – perante a Previdência Social para a obtenção de benefícios ou para declaração de dependentes;
III – para cálculo de indenização por motivo de acidente do trabalho ou moléstia profissional.

DAS RECLAMAÇÕES POR FALTA, RECUSA OU ERRO NAS ANOTAÇÕES

Os arts. 36 a 39 da CLT estabelecem as providências a serem tomadas pelo trabalhador que tiver anotação recusada ou feita em desacordo com a realidade. Essa reclamação poderá ser feita pelo próprio possuidor da CTPS ou por meio de seu sindicato, podendo ser simplesmente administrativa, em órgão do Ministério do Trabalho, no sindicato da categoria profissional a que pertença o trabalhador ou, ainda, na Justiça do Trabalho. Normalmente, a reclamação feita diretamente em órgão do Ministério do Trabalho e Emprego é de andamento mais rápido.

Se administrativa, a reclamação formará um processo do qual fará parte a CTPS do trabalhador, salvo em caso de perda ou de retenção desta pelo empregador, quando, então, serão tomadas por termo as declarações do empregado. O processo será encaminhado ao setor de fiscalização do Ministério para uma primeira verificação no próprio local de trabalho do reclamante, bem como para dar conhecimento ao empregador do teor da reclamação mediante a entrega de uma via do termo de reclamação. Seguir-se-á uma audiência perante um auditor fiscal do trabalho ou funcionário devidamente autorizado, à qual deverá comparecer o empregador ou seu preposto, não sendo obrigatório, mas aconselhável, o comparecimento do empregado que fez a reclamação, uma vez que há possibilidade de uma solução conciliatória que encerre o processo. Dessa audiência, será lavrada ata, dando-se prazo ao empregador para apresentar defesa escrita. Isto posto, o processo será encaminhado a um relator, também auditor fiscal do trabalho, que oferecerá ao delegado regional do Trabalho, sub-delegado ou chefe do Posto por onde corre a reclamação uma sugestão no sentido do procedimento a ser tomado, isto é, correção ou feitura da anotação não feita ou irregular, se comprovada razão total ou parcial do trabalhador. Aprovado o parecer pela autoridade, o empregador será intimado a fazer a devida anotação ou correção e, não a fazendo, ela será feita de ofício pela própria autoridade que preside o processo. Quando a reclamação versar sobre a existência ou não da relação de emprego, o processo poderá ser enviado pelo próprio órgão do Ministério do Trabalho e Emprego à Justiça do Trabalho, por onde se processará, então, todo o feito. O mesmo deve acontecer quando se tratar de rescisão por justa causa e com a qual não concorde o empregado, uma vez que o agente homologador não terá condições de decidir sobre a existência ou não de uma justa causa.

A reclamação deverá ser feita observando o prazo prescricional estabelecido no art. 7º, XXIX, da Constituição Federal vigente. Nos termos do Enunciado n. 64 do Colendo Tribunal Superior do Trabalho, a prescrição do direito de reclamar contra anotação na CTPS ou omissão desta é contada a partir da data de cessação do contrato de trabalho.

DO LIVRO DE REGISTRO DE EMPREGADOS, DAS FICHAS DE REGISTRO OU DO REGISTRO POR PROCESSO ELETRÔNICO

Toda empresa deverá, obrigatoriamente, registrar os seus empregados a partir do momento da admissão, registro este para o qual não há prazo, devendo, pois, ser feito de imediato, ao contrário da transcrição dos dados desse registro na CTPS do empregado, para a qual há prazo de 48 horas. O registro tanto poderá ser feito em livro de registro de empregados, em fichas de registro de empregados ou por procedimento eletrônico devidamente autorizado pelo Ministério do Trabalho e Emprego. Os livros ou fichas de registro de empregados serão autenticados pela própria repartição ou pelo auditor fiscal do Trabalho, quando em processo de fiscalização na empresa.

VERIFICAÇÃO DE APRENDIZAGEM

1. O que é a Carteira de Trabalho e Previdência Social (CTPS) e qual a sua importância?
2. Quem é obrigado a possuir a CTPS?
3. Como se obtém a CTPS?
4. Que anotações não podem ser feitas na CTPS?
5. Quando as anotações na CTPS devem ser atualizadas?
6. Qual o valor das anotações na CTPS?

UNIDADE IV
DURAÇÃO DO TRABALHO

DURAÇÃO DO TRABALHO

IMPORTÂNCIA

A duração do trabalho não conheceu limites durante um largo período da história da humanidade. Por muitos séculos, a sua duração era regida pelo mecanismo das leis naturais.

Durante e após a Revolução Industrial, quando as jornadas extravasavam qualquer limite que se pudesse adotar face à dignidade da pessoa humana, não eram raras jornadas de até dezesseis horas. Paulo Pic conta que meninos de 7 a 9 anos trabalhavam em extensas jornadas, sempre de mais de 14 horas. E o Estado vindo da Revolução Francesa era o Estado Liberal, o Estado Gendarme, aquele que não intervinha nas relações empregador-empregado, coerente com o seu objetivo maior de apenas garantir a ordem interna e defender as fronteira externas. No entanto, o proletariado crescente, ganhando pouco a pouco verdadeira consciência de classe, apoiado por empresários progressistas, como Robert Owen, pelas novas doutrinas sociais e econômicas (como o comunismo e o socialismo) e pela própria Igreja, acabou por forçar uma mudança na atitude não intervencionista do Estado, que passou a assumir uma posição neoliberal, intervencionista no relacionamento empregador e empregado. E essa intervenção ocorreu, inclusive, por meio de disposições legais visando a uma limitação para a duração do trabalho.

As primeiras leis que poderiam ser chamadas trabalhistas apareceram na Inglaterra, no início do século XIX, e dirigiam-se, especificamente, à duração da jornada de trabalho. Foi lá, também, que se espalhou uma canção de protesto contra os abusos das extensas jornadas, expressa nos "3 oitos" que, logo depois, se tornaram os "4 oitos":

> Eight hours to work,
> eight hours to play,
> eight hours to sleep,
> eight shillings a day.

Evaristo de Moraes Filho e Antônio Carlos Flores de Moraes, em sua obra *Introdução ao direito do trabalho*, mencionam a encíclica *Rerum Novarum*, na qual o Papa Leão XIII afirmara:

> Não é justo nem humano exigir do homem tanto trabalho a ponto de fazer, pelo excesso de fadiga, embrutecer o espírito e enfraquecer o corpo. A atividade do homem, restrita como a sua natureza, tem limites que se não podem ultrapassar. O exercício e o uso aperfeiçoam, mas é preciso que de quando em quando se suspenda para dar lugar ao repouso. Não deve, portanto, o trabalho prolongar-se por mais

tempo do que as forças permitem. Assim, o número de horas de trabalho diário não deve exceder à força dos trabalhadores e a quantidade de repouso deve ser proporcionada à qualidade do trabalho, às circunstâncias do tempo e do lugar, à compleição e saúde dos operários.

Já, então, questões de ordem fisiológica, social e econômica apontavam para a necessidade de imposição de um limite às extensas e cansativas jornadas de trabalho.

Assim, do ponto de vista fisiológico, admitia-se que o organismo humano sofria desgastes no decorrer das jornadas em virtude da queima de energias acumuladas. Hoje, a ergonomia, com foros de ciência, estuda o processo de instalação da fadiga no organismo humano, com prejuízos para a oxigenação do sangue, aumento da taxa hidrogênica, formação excessiva do ácido lático e consequente acúmulo de toxinas, como resultado de jornadas excessivas de trabalho. Além disso, a simples fadiga é caminho aberto para a fadiga crônica, predispondo o indivíduo às doenças e conduzindo-o mais rapidamente à invalidez e à velhice, senão à morte. A preocupação não era apenas com relação à fadiga muscular, mas também com as consequências que o trabalho continuado, em excesso, acarreta, como desgaste e irritação no sistema nervoso e, em consequência, fadiga cerebral, com toda sua coorte de situações danosas ao indivíduo.

Do ponto de vista moral e social, não se pode esquecer a imprescindível dignificação da pessoa humana. Mossé, citado por Orlando Gomes e Elson Gottschalk no seu *Curso de direito do trabalho*, afirma que todo ser humano "tem direito a desfrutar uma vida pessoal, fora da vida profissional, em que possa cumprir sua função social. Desenvolver-se intelectual, moral e fisicamente, participando dos benefícios da cultura e da civilização moderna". Não se pode ignorar que o trabalhador é portador de uma "dignidade social" que lhe dá o direito de participar de vários grupos sociais, como os grupos familiar, religioso, profissional, de amigos e de vizinhos. Daí a importância de que a duração do trabalho lhe permita essa participação.

Finalmente, do ponto de vista econômico, não tardou a ser comprovada a imperiosa necessidade de ser imposta uma limitação à duração da jornada, capaz de exercer uma ação estimulante sobre o progresso técnico e a segurança do trabalhador, com reflexos no próprio rendimento de sua atividade produtiva. Por outro lado, o desgaste do trabalhador favorece a possibilidade de acidentes, atinge a eficiência da sua produção, concorre para o desperdício e contribui para aumentar o índice de rejeição do produto do seu trabalho pelo controle de qualidade.

DURAÇÃO LEGAL DA JORNADA DE TRABALHO E A JORNADA CONTRATADA

Entende-se, por jornada legal do trabalho, aquela fixada no art. 7º, XIII, da Constituição Federal de 1988, ou seja, "duração do trabalho normal não superior a oito horas diárias e 44 semanais".

Já a jornada contratada de trabalho é aquela que o trabalhador ajusta ao iniciar uma relação de emprego e que não poderá ser superior à jornada normal ou legal acima referida, embora possa, posteriormente, ser alterada, até mesmo para mais, observadas determinadas condições.

Com relação à jornada de trabalho, costumam ser usadas três expressões correlatas: jornada de trabalho propriamente dita, duração do trabalho e horário de trabalho.

Amauri Mascaro Nascimento, no seu *Curso de direito do trabalho*, afirma que "jornada de trabalho é a medida do tempo de trabalho". Talvez mais específico seja o conceito de Octavio Bueno Magano, no seu *Manual de direito do trabalho*: "jornada de trabalho é todo o tempo que o trabalhador não pode utilizar livremente por estar à disposição do empregador".

Já a duração do trabalho tem um sentido bem mais amplo, pois pode envolver as férias e os descansos semanais remunerados.

Finalmente, o horário de trabalho vem a ser o horário contratado de trabalho, ou seja, aquele que lhe foi imposto pela empresa ou o que o empregado se comprometeu a desenvolver enquanto parte de uma relação de trabalho com o empregador que o admitiu.

A duração do trabalho pode ser analisada sob três abrangências diferentes:

- a jornada diária de trabalho, representada pelo número de horas trabalhadas em um dia, com as respectivas pausas intermediárias;
- o trabalho semanal (ou a impropriamente chamada jornada semanal), implicando a questão do repouso semanal remunerado e não podendo ser superior a 44 horas, salvo acordo ou convenção;
- o trabalho anual, ou seja, os doze meses de um ano, incluindo o período destinado às férias anuais remuneradas.

Entre nós, a jornada contratada de trabalho, equivalendo à jornada normal de trabalho, nos termos do art. 58, *caput*, "não excederá a oito horas diárias". Poderão ser fixados outros limites de jornada, menores de oito horas, mas nunca superiores. Assim, os bancários têm jornadas de seis horas; os jornalistas, de cinco a sete horas; as telefonistas, de seis horas. Por outro lado, a jornada contratada de trabalho poderá sofrer alterações para mais, mediante convenções ou acordos coletivos de trabalho.

Como consequência da Convenção n. 175 da Organização Internacional do Trabalho (OIT), o art. 58 da Consolidação das Leis do Trabalho (CLT) recebeu um adendo, o art. 58-A, admitindo "regime de tempo parcial aquele cuja duração não exceda a vinte e cinco horas semanais" e atendendo a normas específicas com relação à remuneração e sua adoção na relação de emprego.

AS ALTERAÇÕES NA JORNADA CONTRATADA DE TRABALHO

As alterações possíveis na jornada contratada de trabalho podem ser previsíveis ou imprevisíveis.

As alterações previsíveis, que são aquelas previstas antes de começarem a ser praticadas, podem ser:

- por compensação de horas de trabalho;
- por prorrogação de horas de trabalho;
- por interrupção do trabalho.

Já as alterações imprevisíveis podem ser:

- por motivo de força maior;
- para realização ou conclusão de serviços inadiáveis ou cuja inexecução possa acarretar prejuízo manifesto.

Alterações previsíveis
Por compensação de horas

A compensação de horas está prevista na Constituição Federal de 1988, no art. 7º, XIII, que assim reza:

XIII – duração do trabalho normal não superior a oito horas diárias e quarenta e quatro semanais, facultada a compensação de horários e a redução da jornada, mediante acordo ou convenção coletiva de trabalho.

Por sua vez, o art. 59, *caput*, e o seu parágrafo 2º assim se expressam:

Art. 59. A duração normal do trabalho poderá ser acrescida de horas suplementares, em número não excedente de 2 (duas), mediante acordo escrito entre empregador e empregado, ou mediante contrato coletivo de trabalho.

§ 1º Do acordo ou do contrato coletivo de trabalho deverá constar, obrigatoriamente, a importância da hora suplementar, que será, pelo menos, 50% superior à da hora normal.

§ 2º Poderá ser dispensado o acréscimo de salário se, por força de acordo ou convenção coletiva de trabalho, o excesso de horas em um dia for compensado pela correspondente diminuição em outro dia, de maneira que não exceda, no período máximo de um ano, à soma das jornadas semanais de trabalho previstas, nem seja ultrapassado o limite máximo de dez horas diárias.

Tanto o texto da Constituição como o da CLT merecem alguns reparos.

No que diz respeito ao inciso XIII do art. 7º da Constituição, muitos autores dão uma interpretação *sui generis*, afirmando que o referido texto faculta a compensação de horas sem qualquer restrição, sendo somente para a redução da jornada exigido acordo ou convenção coletiva de trabalho. Talvez seja uma questão de pontuação.

Por sua vez, o § 2º do art. 59, que é 45 anos mais antigo que o texto constitucional, é claro ao exigir "acordo ou convenção coletiva de trabalho".

Hoje, inclusive, face à necessidade de flexibilizar a legislação trabalhista, há quem entenda que a compensação de horas poderá ser feita pela repetição tácita do horário compensado. Seria, segundo muitos, o entendimento da norma mais favorável ao empregado. Assim, se tomarmos o caso mais frequente de compensação, ou seja, uma hora extra de segunda à quinta-feira, as oito normais de sexta-feira e sábado livre, completando as 44 horas semanais, ninguém porá em dúvida que, nesse caso, a prática da compensação é mais favorável ao empregado, que terá todo um dia – no caso, o sábado – para seus afazeres particulares ou lazer.

Mauricio Godinho Delgado, em seu *Curso de direito do trabalho*, assim se expressa:

> Registre-se, porém, que a recente Orientação Jurisprudencial 182 da SDI/TST, se lida em sua literalidade (como não se deve ler o Direito, aliás), poderia conferir suporte à tese da validade do mero ajuste tácito para o regime compensatório, já que não menciona termo escrito. Contudo, não pode ser este o sentido da linha interpretativa sugerida, uma vez que a idéia de absoluta informalidade em matéria desse relevo seria francamente contrária à tendência da própria jurisprudência firmada por décadas nos tribunais do país e ainda presente no Enunciado 85 do mesmo TST.

No entanto, temos para nós que um dos defeitos da nossa legislação trabalhista é interferir demasiadamente no relacionamento empregador-empregado, o que, aliás, é feito de acordo com o próprio conceito de direito individual de trabalho, preocupado em oferecer ao trabalhador uma tutela econômico-social. Dessa forma, entendemos que a compensação de horas poderá ser feita mediante acordo ou convenção coletiva, por acordo individual entre empregador e empregado ou, até mesmo, de forma tácita, desde que aceita, sem oposição e repetidamente, pelas duas partes interessadas.

Assim, dentro de uma salutar e cautelosa posição intermediária, inclusive levando em conta o art. 6º da Lei n. 9.601, de 21.01.1998, que, alterando o § 2º do art. 59 da CLT, criou o banco de horas, podemos admitir como normas para a efetivação da compensação de horas:

- convenção ou acordo coletivo de trabalho ou, ainda, acordo individual entre as partes;
- acréscimo máximo de até duas horas por dia, não ultrapassando dez horas diárias de trabalho;
- manutenção da mesma jornada semanal, mantido o mesmo valor da hora;
- excesso em um dia compensado pela diminuição em outro ou prática do banco de horas, de forma que, dentro de 1 ano, as horas a mais da jornada sejam depositadas como se fosse em um banco e compensadas por folgas previamente ajustadas ou, se ocorrer a rescisão do contrato antes que se complete a compensação das horas trabalhadas a mais, pelo pagamento de horas extras;
- duração do acordo ou contrato coletivo ou acordo individual pelo prazo máximo de 2 anos.

Por prorrogação de horas
A prorrogação de horas acontecerá sempre que o trabalhador exceder a jornada contratada de trabalho sem que ocorra a compensação mencionada. Podemos apontar como normas obrigatórias para que ocorra a prorrogação de horas com relação à jornada contratada de trabalho:

- acordo ou convenção coletiva de trabalho ou, ainda, acordo individual;
- acréscimo máximo de até duas horas sobre a jornada contratada, respeitado sempre o limite de dez horas diárias;
- acréscimo de horas na jornada semanal de trabalho;
- remuneração da hora acrescida com, pelo menos, 50% a mais sobre a hora normal;
- não permitida a menores;
- duração do acordo ou convenção coletiva de trabalho ou acordo individual de, no máximo, 2 anos.

Por interrupção do trabalho

Estas alterações estão previstas no § 3º do art. 61 da CLT, com a seguinte redação:

> § 3º Sempre que ocorrer interrupção do trabalho, resultante de causas acidentais ou de força maior, que determinem a impossibilidade de sua realização, a duração do trabalho poderá ser prorrogada pelo tempo necessário até o máximo de 2 (duas) horas, durante o número de dias indispensáveis à recuperação do tempo perdido, desde que não exceda de 10 (dez) horas diárias, em período não superior a 45 (quarenta e cinco) dias por ano, sujeita essa recuperação à prévia autorização da autoridade competente.

Tais alterações podem ter suas condições assim resumidas:

- interrupção do trabalho em razão de causas acidentais ou por motivo de força maior (art. 501 da CLT);
- prorrogação máxima de até duas horas;

- não exceder dez horas diárias;
- durante o tempo necessário para a recuperação das horas não trabalhadas;
- em período não superior a 45 dias;
- necessidade de prévia autorização de autoridade competente.

Alterações imprevisíveis
Por motivo de força maior (art. 61, § 2º)
A força maior vem definida, pela própria CLT, no seu art. 501:

> Art. 501. Entende-se como força maior todo acontecimento inevitável, em relação à vontade do empregador, e para a realização do qual este não concorreu, direta ou indiretamente.

Assim, se a prorrogação for ocasionada por um motivo de força maior, como um incêndio ou uma inundação, em que não há culpa do empregador, as normas a serem praticadas serão as seguintes:

- a remuneração da hora excedente será igual à da hora normal;
- não há limite de horas a serem laboradas;
- comunicação à autoridade competente no prazo de dez dias.

Para atender à realização ou à conclusão de serviços inadiáveis ou cuja inexecução possa acarretar prejuízo manifesto
Nesse caso, considerando que há um interesse direto do empregador, as normas são as seguintes:

- remuneração da hora acrescida de, pelo menos, 50% acima da hora normal;

- jornada máxima de até doze horas, desde que a lei não fixe expressamente outro limite;
- comunicação, no prazo de 10 dias, à autoridade competente.

EMPREGADOS EXCLUÍDOS DAS NORMAS DO CAPÍTULO SOBRE DURAÇÃO DO TRABALHO

Existem determinadas atividades que, pelas circunstâncias especiais em que são exercidas, devem ser excluídas das normas de proteção da jornada de trabalho, seja pela impossibilidade de um controle eficiente ou pela própria posição e responsabilidade do empregado na empresa.

Essas atividades, mencionadas no art. 62 da CLT, são aquelas realizadas externamente e incompatíveis com a fixação de um horário de trabalho ou, ainda, aquelas realizadas pelos chamados "altos empregados", ou seja, que exercem funções superiores e de alta confiança que não possam ficar presos a um horário determinado.

Mauricio Coutinho Delgado, na sua obra *Jornada de trabalho e descansos trabalhistas*, ao se referir às jornadas não controladas, assim se manifesta:

> A ordem jurídica reconhece que a aferição de uma efetiva jornada de trabalho cumprida pelo empregado supõe um mínimo de fiscalização e controle por parte do empregador sobre a prestação concreta dos serviços ou sobre o período de disponibilidade perante a empresa. O critério é estritamente prático: trabalho não fiscalizado nem minimamente controlado é insuscetível de propiciar a aferição da real jornada laborada pelo obreiro – por essa razão é insuscetível de propiciar a aferição da prestação (ou não) de horas extraordinárias pelo trabalhador.

O art. 62 reconhece dois tipos de empregados nessas condições:

> I – os empregados que exercem atividade externa incompatível com a fixação de horário de trabalho, devendo tal condição ser anotada na Carteira de Trabalho e Previdência Social e no registro de empregados;
> II – os gerentes, assim considerados os exercentes de cargos de gestão, aos quais se equiparam, para efeito do disposto neste artigo, os diretores e chefes de departamento ou filial e recebedores de acréscimo salarial igual ou superior a 40% do salário do cargo efetivo.

Sergio Pinto Martins, no seu livro *Direito do trabalho*, critica a redação do parágrafo único do art. 62 da CLT, no que diz respeito à gratificação de função, que, segundo ele, "vem a ser pior do que a legislação anterior, pois dará margem a uma série de problemas de interpretação, principalmente se o trabalhador exerce efetivamente cargo de gestão, mas não tem gratificação de função".

E acrescenta:

> Se o trabalhador receber gratificação de função inferior ao valor do salário efetivo acrescido de 40%, pode-se entender que, mesmo tendo cargo de gerente, terá direito a horas extras. Entretanto, não se pode dizer que esse fator será preponderante, pois a própria lei menciona a expressão se houver, denotando facultatividade de tal pagamento e indicando que, mesmo inexistindo gratificação de função, o empregado não estará sujeito a horas extras desde que tenha encargo de gestão. Logo, o critério de gratificação de função será meramente exemplificativo ou indicativo da condição de gerente, mas não será essencial, bastando, para tanto, que o salário do gerente tenha padrão bem mais elevado do que o do seu subordinado imediatamente

inferior ou que seja superior a 40% deste. Não se pode interpretar o parágrafo em confronto com o artigo, mas os dois devem ser interpretados harmonicamente ou sistematicamente, pois, senão, um iria anular o outro.

PERÍODOS DE DESCANSO (INTERVALOS PARA REPOUSO E ALIMENTAÇÃO)

As mesmas razões que justificam a importância da limitação da jornada de trabalho também se aplicam à necessidade de determinados intervalos durante os quais o trabalhador possa descansar, quer dentro da jornada, entre duas jornadas, entre duas semanas ou, até mesmo, após um ano de trabalho contínuo para o mesmo empregador.

Vamos analisar os períodos de descanso que a lei determina como obrigatórios em função da extensão das diversas jornadas de trabalho.

Intervalos ou períodos de descanso dentro de uma jornada de trabalho (art. 71 da CLT):

- até quatro horas de jornada, ou seja, se o indivíduo trabalha das 8 às 12 horas, não há intervalo, dada a pequena duração da jornada;
- de 4 horas a 6 horas, um intervalo não inferior a quinza minutos. Assim, se o empregado trabalhar das 8 às 13 horas, terá um intervalo mínimo de quinze minutos, determinado pelo empregador e não incluído na duração da jornada, uma vez que o trabalhador não estará produzindo;
- quando a jornada ultrapassar seis horas, a lei determina um intervalo mínimo de uma hora e máximo de duas horas, "salvo acordo ou convenção coletiva de trabalho". Essa afirmação final admite o atendimento a situações especiais. Seria o caso, por exemplo, dos garçons que, servido o almoço, deixam o restaurante por vol-

ta das quinze horas e retornam ao trabalho às dezessete horas, quando ainda é muito pequeno o movimento de jantar. Daí terem os dois sindicatos, o patronal e o dos garçons, estabelecido, em convenção, que, nessa categoria, o intervalo em jornada total de mais de seis horas deve ser de três horas.

Embora levantem dúvidas, existem aqueles que pretendem justificar, por meio dessa possibilidade de alargamento do intervalo dentro da jornada, as chamadas "jornadas de duas pegadas". Essas jornadas são praticadas, habitualmente, por motoristas de ônibus que transportam empregados de empresas na parte da manhã, para chegarem ao trabalho, e, ao final da jornada, para regressarem às suas casas. Assim, das 6 às 8 horas da manhã, por exemplo, recolhem empregados em pontos determinados e os levam para a empresa, para depois pararem e só retornarem ao serviço por volta das dezesseis ou dezessete horas, quando da saída dos empregados. Aí, então, os levam de volta aos mesmos pontos previamente fixados, completando, assim, esses motoristas, suas jornadas. O assunto, todavia, não é pacífico.

Por outro lado, o intervalo mínimo de 1 hora pode ser reduzido para até trinta minutos por ato do Ministro do Trabalho e Emprego, desde que atendidas determinadas condições, por exemplo, a existência de refeitórios com alimentação fornecida pela empresa. Tal possibilidade pode ocorrer nas empresas que trabalham "redondo", isto é, 24 horas diretas, em 3 turnos de 8 horas. Essa redução seria uma forma de minimizar o problema que ocorreria se cada turma tivesse uma hora de intervalo, quando, então, não poderiam cumprir uma jornada de 8 horas sob pena de se chocarem. Essa solução, além de não resolver totalmente o problema, tem sido bastante criticada, uma vez que o ato da alimentação não consiste só na ingestão do alimento, sendo importante que o trabalhador tenha um tempo suficiente, pelo menos, para o início da digestão, com o real aproveitamento do alimento que ingeriu.

Os intervalos mencionados no art. 71 da CLT não são computados na duração da jornada de trabalho, uma vez que, no seu decorrer, os empregados não estarão à disposição do empregador.

A Lei n. 8.923/94, por sua vez, acrescentou o § 4º ao art. 71, determinando que, quando o intervalo mínimo de 1 hora para repouso e alimentação não for concedido nas jornadas superiores a 6 horas, o empregador deverá pagar, como extra, esse espaço de tempo em que o empregado deveria estar descansando. Evidentemente, a solução adotada fere o bom-senso, uma vez que ignora a necessidade de intervalo que a própria lei estabelece.

- Intervalo ou período de descanso entre duas jornadas (art. 66 da CLT): o artigo mencionado obriga a existência de um intervalo mínimo de 11 horas entre uma jornada e outra, ou seja, entre o trabalhador sair da empresa no fim do seu horário de trabalho e voltar no dia seguinte para nova jornada, admitindo-se que esse tempo seja suficiente para que ele possa se alimentar e descansar.

- Intervalo ou período de descanso entre duas semanas (arts. 67 e 68): o repouso hebdomadário, segundo Mozart Victor Russomano, corresponde a um princípio bíblico: o de que Deus criou o mundo em seis dias e descansou no sétimo. Já Amauri Mascaro

Nascimento, no seu *Curso de Direito do Trabalho*, lembra que o Tratado de Versalhes, de 1919, incluiu, dentre os princípios gerais, "a adoção de um repouso hebdomadário de 24 horas, no mínimo, que deverá compreender o domingo, sempre que possível".

No Brasil, embora a CLT tenha disposto sobre o assunto nos artigos mencionados, a Lei n. 605/49, regulamentada pelo Decreto n. 27.048, dispôs especificamente sobre a matéria e de modo mais abrangente. Por sua vez, a Constituição de 1988, no seu art. 7º, XV, instituiu-o em norma de interesse da própria sociedade ao estabelecer que são direitos dos trabalhadores urbanos e rurais:

> XV – repouso semanal remunerado, preferencialmente aos domingos.

Assim, a folga no domingo tem caráter imperativo, insubstituível, eis que decorrente de preceito constitucional. Assim, nunca poderá ser substituída por pagamento em dobro, como, aliás, é feito por muitos empregadores.

Todavia, é inegável que existem atividades que devem funcionar também aos domingos, como um hospital ou um hotel. Para garantir a folga semanal também nessas atividades, o legislador celetista estabeleceu, no parágrafo único do art. 67, a "escala de revezamento, mensalmente organizada e constando de quadro sujcito à fiscalização". Nessa escala, deverão ser assinalados os dias de repouso de cada empregado, no decorrer de um mês, quando estes coincidirem com o domingo ou em um dia da semana seguinte, quando o empregado trabalhar no domingo. O mesmo parágrafo abre exceção para os elencos teatrais, considerando que, nesses casos, muitas vezes, pode haver um determinado artista que, pela sua maior fama ou importância, não poderá faltar em nenhum domingo.

O art. 1º da Lei n. 605/49, conhecida como lei do descanso semanal remunerado, dá uma redação diferente do texto constitucional:

> Art. 1º Todo empregado tem direito ao repouso semanal remunerado de vinte e quatro horas consecutivas, preferentemente aos domingos, e, nos limites das exigências técnicas das empresas, nos feriados civis e religiosos, de acordo com a tradição local.

A referência aos feriados civis e religiosos proíbe o trabalho nesses dias, mas abre uma exceção face "às exigências técnicas das empresas". E o § 1º do art. 6º do Decreto n. 27.048/49, que regulamentou a Lei n. 605/49, explica essas exigências técnicas dizendo que

> [...] são aquelas que, em razão do interesse público, ou pelas condições peculiares às atividades da empresa ou ao local onde as mesmas se exercitarem, tornem indispensável a continuidade do trabalho, em todos ou alguns dos respectivos serviços.

Como é fácil perceber, trata-se de uma redação cuja interpretação pode levantar muitas dúvidas.

O que a jurisprudência tem entendido, majoritariamente, é que, nos feriados civis e religiosos, caso o empregado tenha trabalhado, o empregador poderá optar em pagar em dobro o dia trabalhado – como admite o Enunciado n. 146 do Tribunal Superior do Trabalho, ao determinar que "o trabalho realizado em dia feriado, não compensado, é pago em dobro" – ou conceder uma folga compensatória na semana seguinte.

A remuneração do repouso semanal corresponderá à remuneração de um dia de trabalho, seja qual for a forma de pagamento. Todavia, é bom lembrar que a Lei n. 605/40 determina que, para que o trabalhador tenha direito a receber o repouso semanal remunerado, ele deverá cumprir, integralmente, o seu horário semanal de trabalho. Por outro lado, a jurisprudência do Tribunal Superior do Trabalho, consubstanciada no Enunciado n. 172, tem admitido que as horas extras habitualmente laboradas sejam computadas pela média semanal e acrescidas ao pagamento do descanso semanal remunerado.

Intervalos especiais

Existem atividades que, por suas peculiaridades, podem exigir intervalos especiais, admitidos por normas especiais. A CLT, no seu art. 72, admite que:

> [...] nos serviços permanentes de mecanografia (datilografia, escrituração ou cálculo), a cada período de 90 (noventa) minutos de trabalho consecutivo corresponderá um repouso de 10 (dez) minutos não deduzidos da duração normal do trabalho.

Como o texto se refere a atividades que praticamente deixaram de existir após o advento da computação, admite-se que ele deva ser aplicado a atividades que exijam um grande esforço de atenção ou concentração do operador, como, por exemplo, os trabalhos de digitação.

Há, também, outras atividades cujos intervalos fogem à norma celetista face à sua própria natureza. Esses intervalos diferenciados devem ser amparados por normas coletivas. Assim, por exemplo, é frequente que, em hospitais, as enfermeiras trabalhem no regime 12 × 36, ou seja, doze horas consecutivas de trabalho e 36 de descanso, o que lhes possibilita, inclusive, trabalhar em dois lugares. Já médicos plantonistas chegam a trabalhar de 12 a 24 horas consecutivas, tendo intervalo no período subsequente. O embasamento de tais situações encontra-se no princípio geral de direito que enfatiza "a norma mais favorável ao empregado".

TRABALHO NOTURNO

O trabalho noturno é considerado, tradicionalmente, uma atividade mais penosa, desgastante, antissocial e capaz de ferir o relógio biológico do indivíduo. Os higienistas, por sua vez, entendem que o descanso diurno, consequente do trabalho noturno, seria menos reparador, na medida em que, inclusive, priva o trabalhador do benefício da luz e calor naturais. Na verdade, enquanto os demais membros da família dormem e descansam, o trabalhador sai do lar para desenvolver uma atividade noturna que não pode deixar de existir. Assim, em um hospital ou em um hotel, por exemplo, não se poderia admitir que inexistisse quem trabalhasse no período noturno.

Convém mencionar que, com relação ao trabalho noturno, já existiram restrições relativas às mulheres. Todavia, a Constituição Federal de 1988, ao igualar, no seu art. 5º, I, homens e mulheres em direitos e obrigações, passou a admitir o trabalho noturno para as mulheres.

Conceito de trabalho noturno

Nos termos do art. 73, § 2º, da CLT, considera-se trabalho noturno aquele que é realizado entre as 22 horas de um dia e as 5 horas do dia seguinte. Embora o texto consolidado não o diga, esse horário é aplicável ao trabalhador urbano, uma vez que a lei que regulamenta o trabalho rural estabelece outros limites. Assim, na atividade agrícola, é considerado noturno o trabalho realizado entre as 21 horas de um dia até as 5 horas do dia seguinte; enquanto na pecuária, é noturno o trabalho executado entre as 20 horas de um dia e as 4 horas do dia imediato. A explicação é simples: tanto na atividade da lavoura, como na pecuária, os trabalhadores deitam muito cedo e acordam igualmente muito cedo, uma vez que, antes de saírem para o trabalho, costumam "churrasquear" ao pé do fogo, saindo, então, para o trabalho quando o amanhecer já vem chegando.

Das condições específicas do trabalho noturno

Já a CLT, de 1943, reconhecendo as condições mais desgastantes do trabalho noturno, estabeleceu o que se poderia chamar de vantagens a serem atribuídas a esse tipo de trabalho como parca compensação pelos inconvenientes sociais e econômicos que ele apresenta. Assim, estabeleceu que a hora noturna é de apenas 52 minutos e 30 segundos, o que faz com que a jornada trabalhada entre as 22 horas de um dia e as 5 horas do dia imediato, tendo aritmeticamente apenas 7 horas, seja, todavia, paga como 8 horas. Estabeleceu, ainda, que a hora noturna é remunerada com um acréscimo mínimo de 20% sobre a hora diurna. Além disso, no trabalho rural, seja ele na lavoura ou na pecuária, a hora noturna é remunerada com um acréscimo de 25% sobre a hora diurna.

Com relação a essa majoração da hora noturna, observa-se que o texto inicial do art. 73 da CLT, o qual afirma que "salvo nos casos de revezamento semanal ou quinzenal, o trabalho noturno terá remuneração superior à do diurno", foi revogado pela Constituição Federal de 1988, quando esta dispôs, no inciso IX do art. 7º, que a remuneração do trabalho noturno deve ser superior à do diurno, não dando margem a outro entendimento, mesmo quando o trabalho noturno obedece a um revezamento semanal ou quinzenal com o trabalho diurno.

Com relação às horas extras laboradas logo em seguida ao término do período noturno, existe forte corrente doutrinária que entende que, embora localizadas já fora do horário noturno, devam também ser remuneradas com o acréscimo atribuído às horas noturnas, uma vez que sucedem a um período que a própria lei reconheceu ser mais exaustivo, tanto que lhe concedeu condições especiais.

Com relação, ainda, ao trabalho noturno, observe-se que ele é proibido a menores, nos termos do inciso XXXIII do art. 7º da Constituição Federal, repetindo o que já constava no art. 404 da CLT.

Ainda face ao que estabeleceu a Constituição Federal no inciso IX do seu art. 7º, torna-se inconstitucional o disposto no § 3º do art. 73, no qual se estabelecem restrições à remuneração superior da hora noturna com relação à diurna, pretendendo que, quando o trabalho noturno da empresa resultar da natureza de suas atividades, o acréscimo de 20% na remuneração da hora será calculado sobre o salário mínimo vigente na região, o que fere o estabelecido no *caput* do artigo.

Quando os trabalhadores desenvolverem suas atividades em horários mistos, ou seja, parte no horário diurno e parte no horário noturno, as horas trabalhadas receberão a remuneração de acordo com o período em que forem laboradas, ou seja, aquelas realizadas no período considerado noturno receberão o acréscimo salarial previsto, enquanto as trabalhadas no horário considerado diurno receberão o pagamento das respectivas horas sem o referido acréscimo.

Finalmente, é interessante observar que os intervalos para descanso no trabalho noturno não levarão em conta a hora reduzida, pois essa se refere à hora de trabalho e, nos períodos de descanso, à noite, o trabalhador não estará trabalhando, o que faz com que seja considerada a hora de 60 minutos.

DO CONTROLE QUANTO AO CUMPRIMENTO DAS NORMAS LEGAIS SOBRE A DURAÇÃO DO TRABALHO

A existência de normas regulamentando a duração do trabalho torna necessário, evidentemente, a existência de formas de controle que permitam verificar o cumprimento ou não de tais normas.

Inicialmente, quando começa uma relação contratual, o horário de trabalho ajustado deverá constar no respectivo registro do empregado, seja uma ficha de registro ou um registro eletrônico. Essa anotação deverá estabelecer um horário dentro dos parâmetros estabelecidos pela legislação, ou seja, até 8 horas diárias e 44 horas semanais. A qualquer alteração de horário que a partir daí venha a acontecer, como, por exemplo, um acordo de compensação ou prorrogação de horas, deverá corresponder uma anotação na respectiva ficha ou registro do contrato de trabalho, complementando a jornada inicialmente ajustada. Este seria, portanto, um primeiro controle.

Um segundo controle vem a ser o quadro de horário, cuja afixação, em local visível, é obrigatória em qualquer empresa, seja qual for a sua atividade e número de empregados. Esse quadro deve ser discriminativo, isto é, deve conter o nome de todos os empregados da empresa ou seção e seus respectivos horários, se estes forem diversos. Se os horários forem iguais para todos, bastará uma única anotação mencionando tratar-se de horário único. Todavia, considerando a existência de empresas com centenas ou milhares de empregados, o que exigiria um número grande de quadros, o Ministério do Trabalho e Emprego admitiu que, nesses casos, se nos cartões de ponto ou controles de presença dos empregados já constasse o respectivo horário de trabalho, a empresa estaria dispensada de ter os mencionados quadros de horário.

Um terceiro controle é o cartão de ponto, obrigatório para as empresas com mais de dez empregados, anotado manualmente, mediante relógio específico ou, ainda, por controle eletrônico, geralmente pela exibição de um crachá ante o equipamento. Uma alternativa semelhante é o livro de ponto, utilizado por empresas de poucos empregados ou em algumas seções de empresas grandes, por razões específicas. Nesses cartões – ou no livro –, deverão ser registrados os horários de entrada, de saída para o intervalo para repouso e alimentação, respectivo retorno e, finalmente, o horário de término da jornada de trabalho. Em casos necessários, são marcadas também as horas extras laboradas. Com relação aos intervalos para repouso e alimentação, existe uma Portaria do Ministério do Trabalho e Emprego permitindo que o empregador, por sua vontade, dispense o empregado de marcar tais intervalos, permanecendo, assim, apenas os dados de entrada e saída no final da jornada. Com relação ainda ao cartão de ponto, é necessário mencionar a Portaria n. 1.510, de 21.08.2009, que disciplinou, de maneira extensa e minuciosa, o registro eletrônico do ponto e a utilização de um Sistema de Registro Eletrônico de Ponto (SREP), que nada mais é que um conjunto de equipamentos e programas informatizados destinados à anotação, por meio eletrônico, da entrada e saída dos trabalhadores, previsto no art. 74 da CLT.

Um outro cartão, utilizado para empregados de serviço externo que, embora tenham um horário estabelecido, nem sempre podem voltar à empresa para assinalar o seu horário de trabalho ou os seus intervalos, é o chamado cartão de serviço externo. Fica, geralmente, em poder do empregado, que vai anotando nele aqueles horários que não puder marcar em controle na própria empresa, como no cartão de ponto.

Finalmente, existe, ainda, pois não consta que sua exigência tenha sido revogada, a ficha ou papeleta para controle de horário de trabalho dos empregados em veículos de carga, aprovada pela Portaria n. 43. Nessa papeleta de preenchimento diário, devem ser anotados, de próprio punho, o dia, a chapa do veículo, os nomes e funções dos seus ocupantes (por exemplo, do motorista e do ajudante) e os respectivos horários de entrada, saída e intervalos.

VERIFICAÇÃO DE APRENDIZAGEM
1. O que se entende por jornada legal de trabalho?
2. E por jornada contratada de trabalho?
3. O que vem a ser a compensação de horas?
4. Quais são as alterações previsíveis na duração da jornada de trabalho?
5. E as alterações imprevisíveis?
6. O que vem a ser o banco de horas?
7. Que empregados estão dispensados das normas do capítulo sobre duração do trabalho?
8. Quais são os principais períodos de descanso dentro de uma jornada de trabalho?
9. Quais as principais características do trabalho noturno?
10. Quais os principais instrumentos de controle do cumprimento das normas referentes à duração do trabalho?

UNIDADE V
FÉRIAS

FÉRIAS

ANTECEDENTES HISTÓRICOS

Quem perscruta a história do trabalho encontra, ainda na remota antiguidade, ocasiões em que os homens paravam de trabalhar em função de alguma situação. Assim, na velha Roma, até mesmo sob a denominação de férias, o povo comemorava com jogos, sacrifícios e banquetes o princípio e o fim das colheitas, como também bodas festivas e aniversários. Seriam, na verdade, mais feriados do que propriamente férias. Já as *nundinas* consistiam na interrupção do trabalho, a cada nove dias, para que os agricultores pudessem ir a Roma fazer compras.

Entretanto, talvez seja nos atos e fatos ligados à Revolução Industrial, ocorrida na Europa a partir do final do século XVIII, que vamos encontrar as primeiras motivações efetivas para a existência das férias como um afastamento mais prolongado do trabalho.

A descoberta da máquina, trazendo consigo a superprodução e o desemprego, foi a grande responsável pelos baixos salários e pelas miseráveis condições de vida do nascente proletariado, submetido a extensas e cansativas jornadas de trabalho. Industriais progressistas, como Robert Owen e outros, não tardaram a se colocar ao lado do proletariado propugnando pela limitação da jornada de trabalho, defendendo uma condição mais humana – especialmente para as mulheres e menores –, um respeito maior ao próprio trabalhador e uma remuneração que garantisse a sua sobrevivência. À medida que o proletariado tornava-se cada vez mais numeroso, chegando a ganhar uma consciência de classe, foram surgindo as primeiras leis voltadas para a melhoria das condições dos trabalhadores. Na Inglaterra, em 1872, surgiu a primeira lei concedendo férias aos operários das indústrias. Já no Brasil, o Código Comercial de 1850 admitia um determinado período de afastamento do trabalho para os comerciários. Foi, todavia, a partir do Tratado de Versalhes, em 1919, que a concessão de férias foi sendo adotada pela maioria dos países.

Em 1925, no Brasil, o direito a férias foi estendido a todos os empregados e operários das empresas em geral. A Constituição Federal de 1934 admitiu as férias anuais remuneradas, o mesmo acontecendo com a Carta Constitucional de 1937, com a Constituição de 1946, com a Constituição imposta pelo regime militar, em 1967, e com a vigente Constituição Federal de 1988. Esta última determinou que o trabalhador, ao entrar de férias, receba antecipadamente a remuneração correspondente às férias acrescida de 1/3 do valor, com o objetivo de dar ao trabalhador condições econômicas para um melhor aproveitamento desse período de descanso.

IMPORTÂNCIA DAS FÉRIAS

As férias têm, justificadamente, uma tríplice importância. Do ponto de vista fisiológico, estudos têm mostrado que, após 1 ano de trabalho, acumulam-se no organismo do trabalhador toxinas não eliminadas, sendo natural que o seu sistema nervoso e hormonal sinta os efeitos da fadiga que vai tomando conta do corpo, além da possibilidade de um crescente estado de estresse, que provoca diminuição da capacidade para o trabalho. O afastamento do trabalho permite a sua recuperação.

Do ponto de vista social, as férias têm, também, grande importância para o trabalhador, à medida que, garantindo um afastamento mais prolongado do trabalho, favorecem a sua convivência com os grupos sociais em que está inserido, como o grupo familiar, o religioso, o de lazer, etc.

Finalmente, do ponto de vista econômico, não é menor a importância das férias. Muito embora a concessão das férias seja um ônus para o empregador, elas constituem uma necessidade que, na verdade, interessa ao próprio empregador, na medida em que representa inegável recuperação na capacidade produtiva do seu empregado, inclusive no aspecto qualitativo, além de uma natural redução das possibilidades de ocorrência de acidentes no trabalho.

CONCEITO DE FÉRIAS

Entende-se por férias o afastamento remunerado do trabalhador por um certo número de dias, tendo em vista a necessidade de recuperação de suas energias desgastadas após um ano consecutivo de trabalho. Para alguns autores, as férias têm, também, um caráter de prêmio em razão do tempo trabalhado sem um descanso maior.

Diz o art. 129 da Consolidação das Leis do Trabalho (CLT) que "todo empregado terá direito, anualmente, ao gozo de um período de férias, sem prejuízo da sua remuneração".

O artigo merece comentários. Evidentemente, o empregado a que se refere o artigo é aquele trabalhador definido como tal no art. 3º do texto consolidado. No entanto, a Constituição Federal, no seu art. 7º, XVII, estendeu esse direito a todos os trabalhadores urbanos e rurais e, no parágrafo único desse mesmo artigo, também aos trabalhadores domésticos. Leis posteriores estenderam o mesmo direito aos trabalhadores avulsos e temporários.

Já o direito referido no art. 129 tem um sentido diferenciado, uma vez que se trata de um direito irrecusável pelo trabalhador, ou seja, um direito indisponível. Isto equivale a dizer que o trabalhador não pode, por exemplo, trocar as férias por dinheiro, nem desistir delas. Para muitos autores, trata-se de mais uma demonstração do protecionismo do Estado, intervindo em uma decisão que, a rigor, deveria ser só do trabalhador.

Por sua vez, a expressão "anualmente" nada tem a ver com o ano civil, ou seja, de 1º de janeiro a 31 de dezembro do mesmo ano. Refere-se, sim, a um ano de trabalho para o mesmo empregador, contado a partir da data em que o empregado foi admitido.

Na sequência, a redação do artigo insiste na necessidade das férias serem usufruídas face às finalidades que as acompanham. Finalmente, o artigo mencionado determina que o empregado, durante o período de férias, não pode ter qualquer prejuízo na sua remuneração. Se não fosse assim, certamente a grande massa de trabalhadores não poderia entrar de férias, uma vez que depende, fundamentalmente, da sua remuneração mensal para viver.

DOS PERÍODOS AQUISITIVO E DE GOZO

Entende-se por período aquisitivo os doze meses consecutivos de trabalho ao mesmo empregador, que irá conferir ao empregado o direito ao gozo de um período de férias. Assim, o empregado admitido no dia 1º de junho de um ano irá completar um período aquisitivo no dia 31 de maio do ano seguinte, adquirindo, assim, direito às férias. José Augusto Rodrigues Pinto no seu *Curso de direito individual de trabalho*, afirma que "o empregado adquire o direito ao repouso anual de modo 'progressivo' e 'proporcional'". Assim, a aquisição é considerada progressiva porque a cada mês de trabalho o empregado adquire o direito a uma parcela de férias, ou seja, 1/12 avos, de forma que, ao final de doze meses de contrato com o mesmo empregador, terá adquirido direito a um período completo de férias. Além disso, é considerada proporcional porque o empregado despedido sem justa causa, que tenha trabalhado por menos de um ano para o mesmo empregador, terá direito a férias com duração proporcional ao número de meses trabalhados.

Entende-se por período de gozo ou fruição o período de doze meses consecutivos ao período aquisitivo, durante o qual o trabalhador irá gozar as férias já adquiridas.

Dessa maneira, o primeiro ano de trabalho do empregado em uma empresa será somente um período aquisitivo, enquanto todos os anos subsequentes serão um período de gozo das férias adquiridas no ano já trabalhado e, ao mesmo tempo, um período aquisitivo de novas férias a serem gozadas no ano seguinte.

DA DURAÇÃO DAS FÉRIAS

A duração das férias é determinada pelo art. 130 da CLT nos seguintes termos:

Art. 130 Após cada período de 12 (doze) meses de vigência do contrato de trabalho, o empregado terá direito a férias na seguinte proporção:
I – 30 (trinta) dias corridos, quando não houver faltado ao serviço mais de 5 (cinco) vezes;
II – 24 (vinte e quatro) dias corridos quando houver tido de 6 (seis) a 14 (quatorze) faltas;
III – 18 (dezoito) dias corridos, quando houver tido de 15 (quinze) a 23 (vinte e três) faltas;
IV – 12 (doze) dias corridos, quando houver tido de 24 (vinte e quatro) a 32 (trinta e duas) faltas.
§ 1º É vedado descontar do período de férias as faltas do empregado ao serviço.
§ 2º O período de férias será computado, para todos os efeitos, como tempo de serviço.

Evidentemente, o trabalhador com mais de 32 faltas no decorrer do período aquisitivo não terá direito a nenhum dia de férias.

Assim, o art. 130 da CLT, ao estabelecer a duração das férias, indica um certo incentivo ao trabalhador para que não falte ou falte pouco.

Uma segunda observação diz respeito à expressão "dias corridos", ou seja, a contagem dos dias de férias concedidos ao empregado não será interrompida ou suspensa quando, no seu decorrer, existirem feriados, domingos ou dias não trabalhados.

A terceira observação diz respeito ao conceito de falta para efeito do que dispõe o art. 130. Assim, falta será única e exclusivamente o dia não trabalhado e não pago. Vale ressaltar que nada tem a ver com a falta ter sido ou não justificada. A justificativa da falta é um problema de ordem administrativa, ou seja, se o empregado é contratado para trabalhar trinta dias no mês e trabalhar apenas 29, ele descumpriu o ajustado e poderá ser punido, daí a importância de justificar a ausência ao trabalho. O pagamento ou não desse dia não trabalhado é decisão exclusiva do empregador. Assim, para a contagem do art. 130, o que interessa é se a falta foi paga, independentemente de ter sido justificada ou não. Nada impede que mesmo no caso de uma falta injustificada o empregador mande pagá-la e, nesse caso, também não será computada como falta, para efeito do mesmo artigo.

O art. 131, comprovando que para efeito do total dos dias de férias a serem concedidos são computados como faltas apenas os dias não trabalhados e não pagos, menciona também uma série de oportunidades em que o trabalhador está autorizado a faltar ao serviço sem que haja o desconto desses dias no seu pagamento.

Entre essas situações estão aquelas configuradas no art. 473 da CLT, as chamadas faltas legais, por serem faltas cujo pagamento é determinado pela própria lei consolidada. Assim, não será considerada falta ao serviço, para os efeitos do art. 130, a ausência do empregado:

- até 2 dias consecutivos em caso de falecimento de cônjuge, ascendente, descendente, irmão ou pessoa que, desde que declarada em sua carteira de trabalho, viva sob sua dependência econômica;
- até 3 dias consecutivos em virtude de casamento;
- por 1 dia em caso de nascimento de filho, no decorrer da primeira semana; (A Constituição Federal estendeu esse prazo para 5 dias, ao criar a licença-paternidade, embora não mencione direito à remuneração dos quatro dias acrescidos.)

- por 1 dia a cada 12 meses em caso de doação voluntária de sangue;
- até 2 dias, consecutivos ou não, para o fim de se alistar eleitor nos termos da lei respectiva;
- no período em que tiver de cumprir as exigências do serviço militar referidas na letra "c" do art. 65 da Lei 4.375, de 17.8.1964;
- nos dias em que estiver realizando provas de exame vestibular para ingresso em estabelecimento de ensino superior;
- pelo tempo que se fizer necessário, quando, na qualidade de representante da comunidade sindical, estiver participando de reunião oficial de organização internacional da qual o Brasil seja membro.

De igual maneira, a ausência da empregada por motivo de licença-maternidade ou aborto, não determinando desconto no salário da empregada, não será considerada falta para efeito do art. 130. As faltas decorrentes de acidente do trabalho e auxílio-doença devidamente atestadas pelo órgão previdenciário também não serão consideradas faltas nem acarretarão desconto salarial. Finalmente, o mesmo art. 131 determina que não ocasionarão desconto salarial e, portanto, não serão faltas para efeito do art. 130 as ausências que forem consequência de suspensão injusta do empregado, aquelas coincidentes com dias em que não tenha havido serviço e as devidamente justificadas, desde que pagas pelo empregador.

O art. 130 da CLT ainda estabelece que o período de férias é contado como tempo de serviço para todos os efeitos, inclusive para aposentadoria, e proíbe que sejam descontadas, do período de gozo das férias, faltas ao serviço que o empregado tenha dado. Em outras palavras, se o empregado faltar um dia ao serviço, essa falta não poderá deixar de ser descontada naquele mês para, depois, diminuir um dia das férias a serem gozadas pelo empregado.

O art. 132 contém uma disposição específica com relação ao empregado que se apresenta para cumprimento do serviço militar obrigatório. O tempo trabalhado anterior a essa apresentação será computado para feito do período aquisitivo, desde que o empregado, ao se desligar do serviço militar, compareça ao estabelecimento onde trabalha dentro de noventa dias da data em que se verificar a respectiva baixa.

Finalmente, o art. 133 da CLT configura as situações em que o empregado não terá direito a férias. O artigo é, de certa forma, polêmico, uma vez que procura minimizar os custos que o empregador pode ter com determinado empregado em algumas situações. Ademais, o que o empregado perde não é o direito às férias, mas, sim, a um determinado período do próprio período aquisitivo.

O primeiro inciso deste artigo, que foge à colocação supra, procura favorecer o trabalhador que, tendo deixado a empresa, for readmitido dentro do prazo de sessenta dias. Nesse caso, o tempo anterior que o empregado já tivesse na empresa seria contado para a formação de um novo período aquisitivo. Assim, se o empregado tiver cinco meses de serviço e pedir demissão, não terá direito a férias proporcionais, mas, se for readmitido dentro de sessenta dias, aqueles cinco meses contarão e ele precisará trabalhar apenas mais 7 meses para completar um período aquisitivo. Todavia, isso só acontece se o empregado tiver pedido demissão, pois, se tiver sido demitido sem justa causa, já terá recebido férias proporcionais àqueles cinco meses. De igual forma, se ele tiver sido demitido por justa causa, aqueles cinco meses também não contarão, uma vez que a justa causa impede que aquele período confira direito a férias proporcionais.

Os dois incisos seguintes configuram situações em que o empregado já se beneficiou, embora não sob o título de férias, de um determinado período em que deixou de trabalhar e ainda recebeu a sua remuneração. É o caso, mencionado nos incisos II e III, em que o empregado deixa de trabalhar por períodos maiores de trinta dias, mas recebe a respectiva remuneração. Se, ao retornarem ao serviço, depois de um certo período em que não trabalharam, mas receberam, esses empregados ainda tivessem direito a férias, isso aumentaria muito o ônus do empregador, que ficaria sem o trabalho do empregado por mais trinta dias, além daquele tempo em que ele não trabalhou, mas recebeu. Determinam, então, os incisos comentados, que o tempo anterior ao período de afastamento remunerado deixe de contar, de modo que, voltando o empregado após o afastamento, aí se inicie um novo período aquisitivo. Todavia, não se pode deixar de observar que a situação implica prejuízo para o trabalhador e vantagem para o empregador. Isto acontece porque, tendo um afastamento de mais de trinta dias, sem que sejam considerados de férias, o empregado não terá direito ao abono constitucional de 1/3 da remuneração que o art. 7º, XVII, da Constituição Federal manda pagar ao trabalhador juntamente com a importância das férias. Apenas quando o empregado voltar ao serviço, se iniciará um novo período aquisitivo, ou seja, só depois de um ano terá direito a um período de férias, então acrescido do terço constitucional.

Finalmente, um último caso configurado pelo art. 133 refere-se ao empregado que, por motivo de acidente do trabalho ou de auxílio-doença, tiver recebido, da Previdência Social, prestações assistenciais por mais de seis meses, ainda que descontínuos. Esse inciso causa espécie porque admite a ausência do trabalhador por motivo de saúde. Pode parecer injusto para o trabalhador que, afinal, não usufruiu desse afastamento, já que ocorreu por motivo de acidente ou doença. No entanto, aqui também o legislador procurou minimizar o prejuízo do empregador, que, já tendo ficado sem o trabalho do seu empregado por mais de seis meses, ainda teria, quando este retornasse ao trabalho, de lhe conceder mais um mês de férias, o que levaria o empregador, em um ano de doze meses, a ficar sem o trabalho do seu empregado por pelo menos sete meses. Neste caso, como nos dois anteriores, quando o empregado retornar ao serviço, iniciar-se-á um novo período aquisitivo, sendo desconsiderado, portanto, o tempo anterior.

DA CONCESSÃO E DA ÉPOCA DAS FÉRIAS

Quem concede as férias e determina seu início é o empregador, que, naturalmente, o fará no período que lhe for mais conveniente. Não teria sentido, por exemplo, uma fábrica de chocolates dar férias aos empregados no mês anterior à Páscoa, ocasião em que, certamente, a fábrica estará trabalhando a todo vapor.

Concedidas no decorrer do período respectivo, as férias serão gozadas em um só período. Todavia, admitindo a ocorrência de situações excepcionais, o legislador permitiu, nessas condições, que as férias pudessem ser divididas em dois períodos, sendo pelo menos um deles não inferior a dez dias. O juiz dessa excepcionalidade é o próprio empregador. Já os menores de dezoito e os maiores de cinquenta anos, por razões facilmente compreensíveis, em hipótese alguma poderão dividi-las. Essa disposição, se é razoável com relação aos menores de dezoito anos, vem sendo contestada com relação aos maiores de cinquenta, entendendo muitos autores e juristas que esse número já deveria ter sido elastecido, pelo menos, para os sessenta anos.

Como medida administrativa, a lei exige que a determinação do início das férias, que cabe ao empregador, seja comunicada ao empregado com pelo menos trinta dias de antecedência, o que é justificável na medida em que dá oportunidade ao empregado de se preparar para o evento. Essa comunicação deverá ser feita por escrito e comprovada por assinatura do trabalhador no documento respectivo, no momento em que a receber.

A responsabilidade atribuída ao empregador quanto à determinação do período de férias de seus empregados encontra duas restrições. A primeira diz respeito a membros de uma família que trabalhem na mesma empresa. Se desejarem gozar as férias na mesma ocasião e se disso não resultar prejuízo para a empresa, o empregador deverá concedê-las conforme solicitado. A segunda refere-se aos menores de dezoito anos que forem estudantes. Se estes assim desejarem, poderão solicitar ao empregador que elas sejam concedidas em época coincidente com as férias escolares, e o empregador não poderá negar o pedido.

DAS FÉRIAS CONCEDIDAS FORA DO PRAZO OU DA NEGATIVA EM CONCEDÊ-LAS

Sempre que o empregador conceder as férias, seja de forma total ou parcial, após o término de período de gozo, deverá pagar em dobro a respectiva remuneração.

Ocorrendo a situação em que o empregador se recusar a conceder férias ao empregado, seja qual for o motivo, o empregado poderá, vencido o período de gozo, apresentar reclamação em juízo, pedindo a fixação, por sentença, da época de gozo destas. A sentença judicial, além de determinar a época das férias, cominará ao empregador multa diária de 5% do salário mínimo, que deverá ser paga ao empregado até que as férias sejam concedidas.

Como última restrição ao gozo das férias, o art. 138 do texto consolidado determina que, enquanto estiver em férias, o trabalhador não poderá prestar serviços a outro empregador, a não ser que já venha mantendo outro contrato de trabalho concomitante com aquele que lhe está concedendo férias.

DAS FÉRIAS COLETIVAS

Nos termos do próprio art. 139, as férias coletivas são uma opção do empregador, que poderá concedê-las ou não, ao seu alvitre. Concedidas, poderão alcançar toda a empresa ou apenas parte dela.

As férias coletivas, ao contrário das individuais, poderão, a critério exclusivo do empregador, ser divididas em até dois períodos, nenhum dos quais poderá ter duração inferior a dez dias. Como medida administrativa, determina o texto consolidado que, uma vez decidida a concessão de férias coletivas, a empresa deverá fazer comunicação escrita ao órgão respectivo do Ministério do Trabalho e Emprego e aos sindicatos de seus empregados com antecedência mínima de quinze dias, informando o período de férias e quais os setores envolvidos, caso não seja a empresa toda. Além disso, o empregador deverá afixar, com igual antecedência e em local visível aos empregados, comunicação referente ao início e duração dessas férias. Atualmente, a maioria dos juízes e tratadistas entende que essa providência torna desnecessária a comunicação individual. Todavia, há opiniões divergentes, uma vez que permanece vigente a exigência do art. 135 quanto à comunicação escrita aos empregados, com antecedência mínima de trinta dias.

Na ocasião da concessão das férias coletivas, poderão existir, entre os que vão se beneficiar do recesso, empregados que ainda não tenham completado um período aquisitivo e que, portanto, ainda não teriam direito a férias. Determina o art. 140 que esses empregados gozarão, na oportunidade, férias proporcionais, iniciando-se, então, conforme o caso, novo período aquisitivo. Com relação aos empregados nessa situação, poderão ocorrer duas possibilidades. Na primeira, o empregado, embora não tendo completado o período aquisitivo, já adquiriu direito a férias em proporção maior do que aquelas que vão ser concedidas. Assim, suponha-se que um empregado tenha sido admitido em 1º de junho, sendo que a empresa dará dez dias de férias coletivas a partir de 23 de dezembro. Esse empregado, já tendo ganho direito a 6/12 avos, ou seja, quinze dias de férias, irá desfrutar desses quinze dias conforme determina o art. 140, isto é, no fim dos dez dias das férias coletivas, os demais retornarão ao trabalho enquanto esse empregado continuará em férias, completando os quinze dias a que tem direito. No seu retorno, um novo período aquisitivo será iniciado. No caso em que o empregado tenha, por exemplo, apenas um mês de serviço e, portanto, apenas adquiriu 1/12 avos, ou seja, 2,5 dias, ele tirará os dez dias e ficará devendo 7,5 dias à empresa, os quais pagará quando completar o seu período aquisitivo e tirar o restante das férias a que tem direito.

DA REMUNERAÇÃO DE FÉRIAS

Determina o art. 142 da CLT, repetindo o que estava estabelecido no art. 129, que o empregado em férias receberá a mesma remuneração que lhe for devida na data da sua concessão, ou seja, a mesma que se estivesse trabalhando. Quando o empregado ganhar fixo, não haverá qualquer problema quanto ao que irá receber, pois será a mesma remuneração. Problemas podem existir quando o trabalhador ganhar salário variável, isto é, receber por comissão, por viagem, por peça, etc. Embora a obrigação de atender ao que dispõe o art. 142 seja do empregador, o texto consolidado fornece algumas soluções para casos de salário variável. Assim, por exemplo, se o trabalhador receber por hora, mas em jornadas variáveis, o empregador poderá fazer a média de horas no período aquisitivo e multiplicar o valor encontrado pelo valor da hora no momento da concessão. O cálculo poderá ser feito da mesma maneira se ele ganhar por peça ou tarefa. Finalmente, se ganhar por comissão, porcentagem ou viagem, será feita a média, em dinheiro, recebida nos doze meses anteriores à concessão das férias, e essa média será o valor a ser pago por conta das férias.

Quando o empregado ganhar parte de sua remuneração em utilidades (ou seja, bens para cuja aquisição o empregado deveria gastar dinheiro, mas não gasta porque o empregador os concede como parte da sua remuneração), essas utilidades, sendo habituais, deverão ser computadas no pagamento das férias. Da mesma forma, se um empregado trabalha à noite, recebendo o adicional de 20%, essa importância será paga no valor da remuneração de férias, embora o empregado, durante as férias, não vá trabalhar à noite. Isto é compreensível uma vez que o empregado, durante todo o período aquisitivo, ajustou sua vida àquele valor, incluindo o adicional noturno. Se ao receber a importância de férias não constasse esse adicional, ele estaria recebendo, de férias, valor inferior àquele que ele recebe habitualmente, descumprindo, portanto, o que dispõe o art. 142 do texto consolidado.

Da mesma maneira, se o trabalhador recebe habitualmente determinado adicional, seja por hora extra, por periculosidade ou por insalubridade, tal adicional, desde que seja habitual, deverá ser considerado no pagamento das férias pela mesma razão já apresentada com relação às utilidades.

DOS ABONOS

Já dizia o professor Cesarino Júnior, por muitos anos professor catedrático de Direito do Trabalho da Faculdade de Direito do Largo

São Francisco, que o problema das férias estava muito mal resolvido no Brasil. Isso porque o empregado, ao entrar em férias no início do mês, por exemplo, recebia não só o mês que acabara de trabalhar, mas, também, o mês de férias, uma vez que o art. 145 da CLT determina que o pagamento das férias seja feito antecipadamente. Mesmo recebendo suas férias adiantadas, o empregado, na verdade, não poderia gastar essa importância durante o período de descanso, pois, ao voltar ao trabalho, nada receberia até o mês subsequente, uma vez que já tinha recebido a importância correspondente. Em outras palavras, o empregado recebia, mas não podia gastar sob pena de passar dificuldades ao voltar de férias.

A Constituição Federal de 1988, no seu art. 7º, XVII, determinou que o empregado, ao entrar em férias, deva receber não só a sua remuneração habitual, mas também um acréscimo de 1/3. Seria, assim, uma forma de melhorar a situação do empregado, favorecendo, de alguma maneira, o melhor aproveitamento das férias. Esse acréscimo vem sendo chamado de abono constitucional.

Mais tarde, o Decreto-lei n. 1.535, de 13.04.1997, facultou ao empregado que vai entrar de férias converter 1/3 do período de férias a que tiver direito em abono pecuniário, no valor da remuneração que lhe seria devida nos dias correspondentes. Em outras palavras, se o empregado pede o abono pecuniário, ao entrar de férias ele recebe o valor dos 30 dias a que tem direito, mas só goza vinte. Os dez dias restantes ele poderá trabalhar e receber o respectivo pagamento. A única possibilidade desse abono ser negado será no caso de o trabalhador não requerer o abono no prazo previsto no art. 143, § 1º, ou seja, até quinze dias antes do término do período aquisitivo. Em se tratando de férias coletivas, o abono pecuniário independerá de pedido individual, mas deverá resultar de acordo coletivo entre o sindicato representativo dos empregados e a direção da empresa.

Nos termos do art. 145 da CLT, o pagamento das férias e, se for o caso, do abono pecuniário deverá ser efetuado até dois dias antes do início do respectivo período de férias.

DOS EFEITOS DA CESSAÇÃO DO CONTRATO DE TRABALHO

Quando o contrato do empregado for rescindido, pode acontecer que ele não tenha gozado as férias já adquiridas ou, conforme o motivo da rescisão, é possível que tenha direito a férias proporcionais ao tempo de serviço já prestado. Essa situação é tratada pela CLT nos arts. 146 e 147.

Assim, se o empregado, ao ter rescindido o seu contrato de trabalho, seja qual for o motivo, já tiver completado um ano de empresa e não tiver gozado as respectivas férias, deverá recebê-las em dinheiro, acrescidas do terço constitucional. Se, além do período aquisitivo completo, o trabalhador tiver trabalhado meses que lhe confiram direito a férias proporcionais, ele as receberá em dinheiro, na mesma oportunidade, a não ser que tenha tido o seu contrato de trabalho rescindido por justa causa. É o que determina o parágrafo único do art. 146.

Quando da rescisão do contrato de trabalho com menos de um ano de duração, ou seja, sem que o empregado tenha completado o período aquisitivo, ele receberá férias proporcionais a esse período, no caso de ter sido demitido sem justa causa. Essa medida se justifica pelo fato de o empregado não ter completado o período aquisitivo por decisão do empregador, sendo certo que ele mesmo não deu qualquer motivo para essa rescisão. O mesmo não acontece quando o empregado, não tendo ainda completado o período aquisitivo, pede demissão. Neste caso, foi o empregado que não quis completar o período aquisitivo, razão suficiente para que não receba férias proporcionais. Não obstante, atualmente existe uma corrente de juristas e juízes que entende que, mesmo no caso em de o empregado pedir demissão sem ter completado um primeiro período aquisitivo, as férias serão devidas de forma proporcional. Por outro lado, dúvidas não existem quanto ao fato de não ter direito a quaisquer férias o empregado que, não tendo completado o período aquisitivo, tiver o seu contrato rescindido por justa causa.

FÉRIAS DOS TRABALHADORES TEMPORÁRIOS, DOMÉSTICOS E AVULSOS

Nos termos do que dispõe o art. 12, c, da Lei n. 6.019/74, os trabalhadores temporários, ao fim do prazo ajustado, têm direito a receber, em dinheiro, a importância correspondente às férias proporcionais ao período trabalhado, sem direito, contudo, ao terço do abono constitucional, eis que assim não previu o artigo respectivo da Constituição Federal.

Já os trabalhadores domésticos, nos termos da Lei n. 5.859/72, têm direito a vinte dias úteis de férias, sendo a respectiva importância acrescida do terço constitucional. Todavia, não têm direito ao abono pecuniário, já que este não se aplica a essa categoria de empregados. Também não se aplica aos trabalhadores domésticos o direito a férias proporcionais, uma vez que a lei específica determina que eles somente têm direito a férias após completar doze meses de trabalho ao mesmo empregador. Há dúvidas com relação ao possível direito dos trabalhadores domésticos a receberem em dobro as férias pagas após o término do período de gozo, sendo majoritária a tese de que esse pagamento em dobro não se aplica aos domésticos por falta de previsão legal.

Já os trabalhadores avulsos terão direito a férias, pagas pelo sindicato da categoria ou pelo órgão gestor de mão de obra responsável, os quais estão autorizados a reter, do que lhes for pago pelos serviços prestados, a importância para pagamento dessas férias, cabendo-lhes fazer o cálculo do que for devido e a quem será devido.

DA PRESCRIÇÃO

Nos termos do que dispõe o art. 149 da CLT, combinado com o art. 7º, XXIX, da Constituição Federal, o prazo para prescrição do direito de reclamar férias não gozadas ou não pagas é de cinco anos após o fim do período concessivo, se o trabalhador continuar na empresa em que adquiriu o direito a férias; extinto o contrato de trabalho, o prazo para propor reclamação visando ao recebimento de férias não pagas é de dois anos, reclamando, sempre, as férias dos últimos cinco anos a contar do término do período concessivo correspondente. Convém lembrar que, contra menores de dezoito anos, não corre prazo de prescrição, nos termos do art. 440 da CLT.

VERIFICAÇÃO DE APRENDIZAGEM

1. O que são férias e qual a sua importância?
2. Por que as férias são consideradas um direito indisponível para o trabalhador?
3. Podem as férias ser divididas em dois ou mais períodos?
4. Que restrições existem ao direito do empregador determinar o gozo das férias conforme a sua conveniência?
5. Qual o conceito de "falta" para efeito do número de dias de férias atribuídos ao trabalhador?
6. Em que casos o trabalhador pode perder o direito às férias?
7. O que são férias coletivas?
8. Que diferenças podem ser encontradas entre as férias individuais e as férias coletivas?
9. Qual o conceito básico da remuneração de férias?
10. Quais são os abonos de férias e como são atribuídos?

UNIDADE VI
DO CONTRATO INDIVIDUAL DE TRABALHO

DO CONTRATO INDIVIDUAL DE TRABALHO

DISPOSIÇÕES PRELIMINARES
Nos termos do art. 442 da Consolidação das Leis do Trabalho (CLT), "contrato individual de trabalho é o acordo, tácito ou expresso, correspondente à relação de emprego".

Essa conceituação é objeto de numerosas críticas. Assim, a menção sobre ser um contrato divide os juslaboristas em duas correntes: a dos contratualistas, que veem no contrato de trabalho um contrato semelhante aos demais encontrados no direito civil, e a dos anticontratualistas, que negam a natureza contratual do acordo, considerando como simples relação de emprego a natureza do vínculo entre empregado e empregador. A nosso ver, é predominante a teoria segundo a qual o contrato de trabalho tem natureza contratual, uma vez que depende única e exclusivamente da vontade das partes e do que elas ajustaram.

Na verdade, contrato de trabalho e relação de emprego, expressões constantes do conceito do art. 442, são coisas diferentes, mas correspondentes. O trabalhador avulso, por exemplo, tem uma relação de trabalho, mas não tem um contrato de trabalho. Da mesma forma, o trabalhador eventual tem uma relação de trabalho, mas não uma relação de emprego. O mesmo acontece com o trabalhador autônomo. Não obstante, todos eles, de uma maneira ou de outra, são definidos e protegidos pelas leis da Previdência Social, cujo objetivo maior é dar proteção, senão a todos os membros da sociedade brasileira, pelo menos a tantos quanto possível.

Considerando, todavia, os objetivos do presente curso, voltado para futuros administradores, entendemos que a conceituação do texto consolidado, ainda que contestada, pode ser aceita como embasamento das relações entre empregados e empregadores.

De qualquer forma, não se pode negar que o contrato individual de trabalho implique em um acordo entre as duas partes que se encontram nas extremidades opostas da relação de emprego, ou sejam, empregador e empregado. Todavia, ainda que o legislador empregue a expressão acordo, que, no dizer do *Novo dicionário Aurélio*, significa concordância, conformidade, muitas vezes, ao se estabelecer uma relação de emprego, ocorre mais uma adesão do trabalhador às condições oferecidas pelo futuro empregador, sem a qual ele não teria o emprego. Verdade é, todavia, que essa adesão acaba constituindo um acordo que resulta no contrato individual de trabalho.

DA FORMA DOS CONTRATOS

Na forma do que dispõe o art. 443 da CLT, o contrato individual de trabalho poderá ser acordado tácita ou expressamente, verbalmente ou por escrito e por prazo determinado ou indeterminado.

Quanto às expressões "tácita" e "expressamente", mais do que definir uma forma de contrato, elas visam a designar como esse contrato pode se constituir. Assim, será tácito quando as relações de trabalho se desenvolverem sem qualquer entendimento ou concordância clara e direta entre as partes, mas de tal maneira que acabem caracterizando uma relação de emprego e, por via direta, um contrato individual de trabalho, desde que atendidas aquelas características fundamentais indispensáveis no que diz respeito ao empregado (pessoa física, habitualidade, subordinação, remuneração e pessoalidade). Por outro lado, será expresso quando, constantes de forma verbal ou escrita às condições ajustadas, estiver presente a concordância de ambas as partes em estabelecer uma relação contratual de trabalho nas formas previstas em lei.

De qualquer forma, em ambas as situações, o contrato individual de trabalho corresponde ao estabelecimento de uma relação de emprego. Essa afirmação não é pacífica. O juiz e professor Sergio Pinto Martins afirma que "o contrato de trabalho é uma relação de trabalho, mas nem sempre a relação de trabalho é um contrato de trabalho, pois pode envolver o trabalho autônomo, eventual, etc.". Para nós, é uma relação de emprego na medida em que cria um vínculo obrigacional entre as partes, gerando direitos e obrigações recíprocas.

DO PRAZO DE DURAÇÃO

O contrato individual de trabalho pode ser estabelecido levando em conta a sua duração. Assim, poderá ser ajustado por tempo determinado ou indeterminado. Aliás, a própria denominação define um e outro. Assim, o contrato por tempo determinado, ao se constituir, já tem um termo final previsto ou estabelecido, enquanto aquele por tempo indeterminado terá a sua duração atrelada ao interesse das partes ou à ocorrência de fato que determine o seu fim.

O legislador celetista demonstrou, na sequência, indiscutível preferência pelos contratos por prazo indeterminado, eis que esses poderão perdurar por tempo indefinido, enquanto aqueles por prazo determinado já estabelecem, previamente, o momento em que o trabalhador ficará sem emprego, o que, certamente, não é bom para ele. Essa preferência se manifesta por meio de determinadas normas que balizam a realização dos contratos por prazo determinado.

Assim, os contratos por prazo determinado terão a duração máxima de dois anos, salvo se forem ajustados a título de experiência, quando não poderão passar de noventa dias. Em ambos os casos, poderá haver uma única prorrogação, mas sempre respeitando a duração máxima estabelecida, que não poderá ser ultrapassada. Prorrogado mais de uma vez, seja tácita ou expressamente, o contrato de trabalho por prazo determinado passará a vigorar sem determinação de prazo.

Dentro da mesma preocupação de restringir a utilização dos contratos por prazo determinado, procurando impedir os chamados contratos em cadeia (contratos por tempo determinado que se sucedam um ao outro, sem intervalo), o legislador determinou que, findo um contrato dessa natureza, outro contrato por prazo determinado com o mesmo empregado somente poderá ser feito após seis meses. Nesse caso, todavia, a lei abriu uma exceção para atividades especializadas, em que muitas vezes podem faltar profissionais, ou, ainda, em casos emergenciais. A infringência a essa norma transformará o pretendido contrato por prazo determinado em contrato por prazo indeterminado.

Ainda com o objetivo evidente de criar dificuldades aos contratos por prazo determinado, a legislação consolidada especifica as únicas situações em que poderá ser feito um contrato desses, a saber:

a) quando se tratar de atividade marcada pela transitoriedade, por exemplo, do empregado contratado para vender brindes em uma feira que tenha duração determinada;
b) em se tratando de atividades empresariais de caráter transitório, como a contratação de artistas para atuarem em uma novela a ser transmitida em um tempo comprado de uma estação de televisão por um empresário;
c) em caso de contrato de experiência que, por sua própria natureza, deve ser limitado a um certo tempo, necessário à avaliação do desempenho de candidato a determinado cargo.

Augusto César Leite de Carvalho, no seu livro *Direito individual do trabalho*, admite duas outras possibilidades para que se possa estabelecer um contrato de trabalho por prazo determinado: mediante autorização em norma coletiva e nos casos de contrato de menor aprendiz, cuja duração, por lei, não pode ultrapassar dois anos, ou seja, a duração máxima de um contrato por prazo determinado.

Finalmente, ainda com relação aos contratos por prazo determinado, a legislação celetista especificou a forma de fixação dos prazos das seguintes maneiras:

- por número determinado de dias ou por dia determinado (30 dias ou até 31 de dezembro de tal ano);
- por obra certa, ou seja, até a conclusão de determinada obra (construir um muro, colheita da cana);
- até a realização de determinado acontecimento suscetível de previsão aproximada (até o início da estação das chuvas, possivelmente em regiões onde o clima tenha estações e condições bem definidas).

OUTRAS DISPOSIÇÕES RELATIVAS AOS CONTRATOS INDIVIDUAIS DE TRABALHO

O contrato individual de trabalho, sendo um acordo entre empregador e empregado, tem, contudo, algumas limitações quanto às normas a serem estabelecidas pelas partes na relação contratual.

Assim, o art. 444 da CLT, no que diz respeito às normas e condições que podem constar do contrato de trabalho, estabelece:

> Art. 444. As relações contratuais de trabalho podem ser objeto de livre estipulação das partes interessadas em tudo quanto não contravenha às disposições de proteção ao trabalho, aos contratos coletivos que lhes sejam aplicáveis e às decisões das autoridades competentes.

Assim, um empregador não poderá contratar um menor e ajustar, com este, um horário de trabalho que se estenda até às 23 horas, uma vez que há disposição legal que proíbe o trabalho de menores após as 22 horas. Do mesmo modo, não poderá ajustar com o seu empregado que a hora extra será paga com 50% de acréscimo, se houver contrato coletivo que determine para a hora extra, na respectiva categoria profissional, um acréscimo mínimo de 60%.

O art. 447 prevê a possibilidade de, em um contrato verbal, não ter sido ajustada a remuneração. Assim, estabelece:

> Art. 447. Na falta de acordo ou prova sobre condição essencial ao contrato verbal, esta se presume existente, como se a tivessem estatuído os interessados, na conformidade dos preceitos jurídicos adequados à sua legitimidade.

Seria o caso de um empregado ser admitido sem que tivesse sido, desde logo, ajustada a sua remuneração. Assim, se um empregador admitir um balconista mediante contrato verbal sem ter ajustado a remuneração, no fim do mês, não poderá lhe pagar salário menor que o pago a outro empregado que faça a mesma função, uma vez que existe preceito legal que determina "a função igual, salário igual". Mais adiante, veremos que existem exceções a esta regra.

Na sequência, o art. 448 determina:

> Art. 448. A mudança na propriedade ou na estrutura jurídica da empresa não afetará os contratos de trabalho dos respectivos empregados.

Assim, se uma empresa constituída por "cotas de responsabilidade limitada" admitir mais sócios e se transformar em uma sociedade anônima (SA), a nova empresa deverá respeitar tudo o que constar nos contratos de trabalho dos seus empregados admitidos anteriormente à alteração.

O art. 449 procura garantir os direitos dos empregados em caso de falência ou concordata da empresa, estabelecendo:

> Art. 449. Os direitos oriundos da existência do contrato de trabalho subsistirão em caso de falência, concordata ou dissolução da empresa.

No § 1º, o legislador complementou a proteção ao trabalhador determinando que, ocorrendo a falência da empresa, a totalidade dos salários devidos aos empregados e a totalidade das indenizações a que tiverem direito constituirão crédito privilegiado, isto é, serão atendidos antes de eventuais créditos tributários federais, estaduais ou municipais ou, ainda, quaisquer outros com privilégio especial.

Além disso, em uma empresa, muitas vezes, pode acontecer de um empregado ser chamado a ocupar, interinamente ou em comissão, um cargo superior ao que exerce. O art. 450, embora nem sempre obrigue ao pagamento de um salário correspondente a esse outro cargo, se maior, pelo menos garante a contagem do tempo naquele cargo, bem como a volta posterior do empregado ao seu cargo de origem.

> Art. 450. Ao empregado chamado a ocupar, em comissão, interinamente, ou em substituição eventual ou temporária, cargo diverso do que exercer na empresa, serão garantidas a contagem do tempo naquele serviço, bem como volta ao cargo anterior.

Com relação à remuneração, a orientação mais aceita é no sentido de que não haverá alteração salarial se a substituição for decorrência do gozo, pelo empregado que se afasta, de um determinado direito, como férias, por exemplo. Por outro lado, trata-se de uma substituição normal, ainda que ocasional, como, por exemplo, aquela que ocorrer enquanto se aguarda uma nova contratação para o mesmo cargo, será devida, ao substituto, a mesma remuneração de quem está sendo substituído e pelo tempo que perdurar a substituição.

Finalmente, o art. 456 refere-se à prova do contrato de trabalho:

> Art. 456. A prova do contrato individual de trabalho será feita pelas anotações constantes da Carteira de Trabalho e Previdência Social ou por instrumento escrito e suprido por todos os meios permitidos em direito.

Em outras palavras, a existência de um contrato de trabalho pode ser comprovada por testemunho, documento, fotografia indicativa ou qualquer outra admitida em Direito, embora a anotação na Carteira de Trabalho e Previdência Social (CTPS) seja a prova mais concludente (TPS).

VERIFICAÇÃO DE APRENDIZAGEM
1. Qual o conceito mais abrangente de contrato de trabalho?
2. O que é e qual o valor do contrato tácito?
3. Quando se pode fazer um contrato por prazo determinado?
4. Como se determina o prazo nos contratos por prazo determinado?
5. De que maneira o legislador manifesta sua preferência pelos contratos por prazo indeterminado?
6. O que vem a ser o contrato de experiência?

SALÁRIO E REMUNERAÇÃO
Salário e remuneração são conceitos que admitem posições divergentes. Para uns, são expressões sinônimas; para outros, são conceitos próximos, mas de amplitude diferente. Mauricio Godinho Delgado, no seu *Curso de direito do trabalho*, menciona a onerosidade como elemento componente da relação empregatícia, na medida em que ela se faz presente por meio do recebimento, pelo empregado, de uma ou mais parcelas retributivas da prestação dos serviços ou, simplesmente, como decorrência da existência de uma relação de emprego. Ao conjunto dessas parcelas, afirma o ilustre tratadista, uns dão o nome de salário, e outros, de remuneração.

A CLT, no seu art. 457, *caput*, assim se manifesta:

Art. 457. Compreendem-se na remuneração do empregado, para todos os efeitos legais, além do salário devido e pago diretamente pelo empregador, como contraprestação do serviço, as gorjetas que receber.

O legislador celetista deixa claro que não são expressões sinônimas ao mencionar o salário como um componente da remuneração. Assim, diante da posição assumida, nos parece importante destacar a dimensão de um conceito em relação ao outro. Aliás, a CLT define apenas o salário quando diz que é aquela importância devida e paga "diretamente pelo empregador como contraprestação do serviço". Já com relação à remuneração, o legislador celetista, sem defini-la, fez questão de distinguir a possibilidade de alcançar não só aquelas parcelas pagas diretamente pelo empregador, mas também outras que seriam da responsabilidade de terceiros, mencionando, então, as gorjetas.

A indefinição do texto legal, de um lado, e a repercussão maior da remuneração com relação a eventuais direitos que o empregado possa ter em função da relação de emprego, de outro, nos leva a procurar definir os dois conceitos, embora sabendo de antemão que será difícil dissociar completamente um do outro.

Mauricio Godinho Delgado, na obra precitada, define o salário como "conjunto de parcelas contraprestativas pagas pelo empregador ao empregado em função do contrato de trabalho". Sem grande divergência, o Professor Sergio Pinto Martins define o salário como "a importância paga pelo empregador ao obreiro em virtude de sua contraprestação dos serviços".

Já com relação à remuneração, Mauricio Godinho Delgado, referindo a cultura justrabalhista pátria, oscila entre considerá-la sinônima de salário, gênero do qual o salário seria espécie ou, ainda, amoldada ao texto dos art. 76, que define o salário mínimo, e art. 457, *caput*, da

CLT, mais específico ao mencionar o conteúdo atribuído à remuneração. Já Sergio Pinto Martins define remuneração como:

> [...] conjunto de prestações recebidas habitualmente pelo empregado, pela prestação de serviços, seja em dinheiro ou em utilidades, provenientes do empregador ou de terceiros, mas decorrentes do contrato de trabalho, de modo a satisfazer suas necessidades básicas ou de sua família.

De nossa parte, preferimos outros dois conceitos, talvez não tão precisos, mas que, a nosso ver, são adequados às dimensões e destinação deste curso. Assim, salário seria a "importância fixa e ajustada paga pelo empregador ao empregado como contraprestação do serviço prestado", enquanto remuneração seria "o salário acrescido de outras verbas habitualmente pagas ao empregado, inclusive por terceiros".

De qualquer forma, o art. 457 da CLT não define com precisão salário ou remuneração, limitando-se a enumerar os valores que integram o salário e, portanto, a remuneração. Assim, nos termos do artigo mencionado, em seu § 1º, integram o salário, "não só a importância fixa e ajustada, como também as comissões, percentagens, gratificações ajustadas, diárias para viagens e abonos pagos pelo empregador".

Uma conceituação que consideramos importante, no que concerne à remuneração e ao salário, é a habitualidade. Qualquer importância que venha a ser paga ao empregado em determinado mês, que não seja habitual nos seguintes, pode entrar no salário daquele mês, mas não fará parte da sua remuneração. Ao contrário, o que é habitual entra na remuneração dos meses em sequência e, portanto, reflete nas várias verbas sucessivas que são de direito do empregado, como férias e 13º salário. Em outras palavras, o empregado passa a contar com ela, ajustando sua vida econômica àquele valor que ele habitualmente recebe. Assim, um empregado que exerce as funções de porteiro noturno de um prédio recebe, normalmente, o seu salário acrescido de 20% referente ao adicional noturno. Essa importância, além de ser salário, passa a fazer parte da sua remuneração, refletindo-se, por exemplo, na importância que receberá por ocasião das férias, mesmo que, obviamente, no seu período de férias, ele não trabalhe à noite. Já o motorista de uma empresa, que trabalha normalmente em período diurno, se, em uma determinada ocasião, tiver de fazer um serviço à noite, após as 22 horas, essas horas serão acrescidas de 20 a 50%, se corresponderem a horas extras, como parte do salário daquele mês; porém, não sendo habituais, seus valores não terão qualquer repercussão na importância que perceberá quando, por exemplo, vier a receber o seu 13º salário.

Como dito acima, o § 1º do art. 457 agrega ao salário outras formas pecuniárias, como veremos na sequência.

PARCELAS AGREGADAS
Comissões, percentagens e gratificações ajustadas

Nos termos do art. 457, § 1º, não só a importância fixa estipulada integra o salário, mas também as comissões, percentagens, gratificações ajustadas, diárias para viagens e abonos pagos pelo empregador. Sergio Pinto Martins, no seu livro *Direito do trabalho*, distingue comissões e percentagens, dizendo que as primeiras são o gênero, do qual a percentagem é espécie, e exemplifica:

> As comissões se referem a um valor determinado, como R$ 10,00 por unidade vendida, enquanto as percentagens, como o próprio nome indica, seriam um percentual sobre as vendas (exemplo: 5% sobre as

vendas), não tendo um valor determinado em numerário. Já as gratificações ajustadas têm, evidentemente, o caráter de habitualidade, integrando, pois, salário e remuneração.

Diárias para viagem

Com relação às diárias para viagem, é preciso fazer, inicialmente, a diferença entre elas e o pagamento por despesas de viagem feitas, por exemplo, por vendedores viajantes. Estes são, simplesmente, adiantamentos feitos, pela empresa, aos seus vendedores viajantes, para pagamento de despesas decorrentes de viagens a serviço da empresa para venda de seus produtos. Ao voltarem à sede, os trabalhadores prestam conta do dinheiro recebido. Já as diárias para viagem são importâncias atribuídas em função do afastamento do empregado de sua sede de trabalho, bem como para custear eventuais despesas que tiver. Estas não implicam prestação de contas. No entanto, nos termos do art. 457, § 2º, essas diárias para viagens só serão incluídas no salário se excederem 50% do salário recebido pelo empregado, e somente integrarão a remuneração se forem habituais. Caso contrário, incidem no mês respectivo, mas não refletem em outras verbas.

Dos abonos pagos pelo empregador

Quanto aos abonos pagos pelo empregador, eles podem integrar o salário, mas nunca a remuneração, já que, na maioria das vezes, são adiantamentos concedidos pelo empregador por conta de um futuro aumento salarial, desaparecendo quando este for concedido. Convém frisar que, mais adiante, iremos estudar dois tipos diferenciados e também chamados de abonos, ou seja, o abono constitucional e o abono pecuniário, que, todavia, nada têm a ver com esse abono inscrito no art. 457, § 1º, ao qual acabamos de nos referir.

Ajudas de custo

Já as ajudas de custo, mencionadas no mesmo § 2º do art. 457, são importâncias dadas ao empregado para facilitar a execução de um serviço e nunca são incluídos nos salários ou na remuneração.

As gorjetas

O art. 457, § 3º, da CLT, considera as gorjetas como parte da remuneração, não obstante não serem pagas pelo empregador, mas por terceiros. Na verdade, as gorjetas acabaram constituindo um hábito quase universal. Admite-se, inclusive, que o garçom, por exemplo, já conte com ela como parte da sua remuneração. Aliás, existem estabelecimentos, como grandes hotéis e restaurantes, que oferecem salários menores a esses profissionais já considerando o alto índice de retribuição a título de gorjeta e face ao nível econômico elevado de sua clientela.

Fazendo as gorjetas parte da remuneração, varia, todavia, a forma como elas são atribuídas e contabilizadas. O § 3º do art. 457 especifica duas formas de concessão das gorjetas. Assim, tanto poderão ser dadas, espontaneamente, pelo cliente ao empregado, como cobradas pela empresa como adicional à conta e destinadas à distribuição aos empregados.

Dois aspectos podem ser destacados no que diz respeito à gorjeta. Em primeiro lugar, ela não poderá ser considerada salário, uma vez que este é pago pelo empregador e a gorjeta não. Segundo, ela não pode ser ignorada, visto que se tornou um hábito universal. Exatamente por esse motivo, o trabalhador que atua em atividades em que ela é uma constante (um restaurante, por exemplo) já de antemão conta com ela. Integrando a remuneração, o trabalhador ajusta a sua vida econômica ao valor do salário acrescido da gorjeta. Assim, por exemplo, em um restaurante de alta categoria, muitas vezes as gorjetas recebidas em um mês superam o próprio salário, e exatamente por essa razão elas não podem ser ignoradas nas férias ou no 13º salário. Se um garçom de um restaurante, ao entrar de férias, recebesse apenas o salário, o empregador não estaria cumprindo o que estabelece o art. 129 da CLT, que determina que o empregado terá direito ao gozo de um período de férias sem prejuízo da remuneração.

O problema maior que existe com relação à gorjeta, e ao qual já nos referimos, é a forma pela qual ela será aferida e integrada à remuneração. Assim, quando é cobrada na conta, com determinado porcentual, a solução é fácil, cabendo ao empregador somar as gorjetas recebidas em um dia, uma semana ou um mês e ratear o valor total entre os empregados, levando em conta a função e responsabilidade de cada um. Se a gorjeta for simplesmente deixada na mesa, uma solução seria recolher todas elas a uma caixa comum e, a partir daí, operar como se tivesse sido cobrada na conta. Uma terceira possibilidade é a chamada estimativa de gorjeta, ou seja, um cálculo ou uma estimativa, para usar a própria expressão estabelecida em convenção coletiva pelos dois sindicatos, o patronal e o de empregados, com base em estudos atuariais levando em conta a categoria do estabelecimento e a função do empregado. Desse modo, em um restaurante refinado, o *maître* teria uma participação maior que um garçom, assim como seria também maior que a do *maître* de um restaurante popular.

Portanto, seja qual for a forma de apuração, a gorjeta integrará a remuneração do trabalhador para todos os efeitos, tanto para o cálculo das férias como do 13º salário, aviso-prévio e Fundo de Garantia do Tempo de Serviço (FGTS). Há discordâncias quanto à inclusão da gorjeta no aviso-prévio, uma vez que esse, nos termos da lei, é calculado sobre o salário do mês da rescisão.

Vale mencionar, neste momento, uma decisão do Tribunal Superior do Trabalho (Enunciado n. 345) que consideramos equivocada, a qual determina que as gorjetas, embora integrando a remuneração do trabalhador, não servirão de base de cálculo para as parcelas do aviso-prévio, do adicional noturno, das horas extras e do repouso semanal remunerado. De nossa parte, entendemos que, embora não sendo salário, já que não são pagas pelo empregador, elas integram a remuneração e, nos termos do art. 142 da CLT, o empregado, ao entrar de férias, deverá receber a remuneração que lhe é devida mensalmente, aí incluída a média das importâncias recebidas como gorjetas no decorrer do período aquisitivo. O assunto é passível de controvérsias.

As utilidades como parte da remuneração

O art. 458 admite que parte do pagamento do salário seja feito sob a forma de utilidades. Tais utilidades seriam bens para cuja aquisição o empregado deveria gastar dinheiro, mas não gasta uma vez que o empregador as concede como parte do salário a ser pago no fim de cada mês. Assim, parcelas referente à alimentação, habitação ou, ainda, outras prestações *in natura*, isto é, não em dinheiro, que o empregador, por força do contrato ou do costume, forneça habitualmente ao empregado como parte do pagamento mensal seriam utilidades integráveis ao salário. Curiosamente, o texto legal faz questão de constar que "em caso algum será permitido o pagamento com bebidas alcoólicas ou drogas nocivas". Sem comentários!

Uma distinção que deve ser feita com relação às utilidades, ou seja, aos pagamentos *in natura* mencionados no § 2º do art. 458, refere-se à utilidade que é fornecida *pela* prestação de serviços ou *para* a prestação dos serviços. Se ela for fornecida *pela* prestação dos serviços, não será parte integrante do salário. Assim, por exemplo, se, em um condomínio de apartamentos, o síndico fornecer ao zelador um apartamento para morar, o valor dessa moradia não terá natureza salarial, uma vez que não é imprescindível que o zelador more no prédio – é apenas conveniente para os condôminos, que o terão por perto a qualquer hora do dia ou da noite. Ou seja, o zelador pagará um aluguel, ainda que diferenciado, pelo apartamento que lhe foi concedido para morar. Diferente seria se os moradores exigissem que o zelador morasse no prédio, caso em que este não pagaria um aluguel, e o apartamento contaria como parte de sua remuneração. Isto é, a moradia seria concedida *para* uma prestação mais eficiente de serviços, uma vez que, eventualmente, a qualquer hora, algum morador, necessitando do zelador, o teria próximo. Fazendo uma outra exemplificação, suponha-se que uma determinada empresa tem um barracão onde guarda máquinas e material de construção, sendo, assim, importante que ela tenha alguém que more no local para vigiar e evitar furtos. Nesse caso, a moradia seria fundamental para evitar o roubo de materiais. Dessa forma, ela seria fornecida *para* o trabalho e não teria natureza salarial. O mesmo acontece em relação aos equipamentos de proteção individual que são indispensáveis para que os empregados tenham segurança no seu trabalho, sendo, portanto, fornecidos sem qualquer custo para o empregado.

Em seus parágrafos, o art. 458 acrescenta algumas normas com relação a essas parcelas *in natura* quanto ao valor a ser tomado e quanto ao tipo dessas utilidades. Assim, diz o texto legal, quanto aos valores com que participarão do salário, estes deverão "ser justos e razoáveis", dando como parâmetro os percentuais de parcelas componentes do salário mínimo (arts. 81 e 82 da CLT). Atualmente, não sendo mais o salário mínimo calculado na forma prevista nesses artigos, os seus percentuais caíram em desuso, sendo que, no que diz respeito à habitação e à alimentação fornecidas pelo empregador como salário utilidade, os valores considerados ao estabelecer a composição do salário mensal não poderão ultrapassar 25% para alimentação, consideradas três refeições, e 20% para habitação, ambas referidas ao salário contratual.

Ainda com relação às utilidades, ou seja, aos pagamentos *in natura*, o mesmo artigo exclui algumas parcelas que poderiam ser utilidades, como vestuários e equipamentos fornecidos pelo empregador para utilização no serviço, pagamento de escolas (incluindo matrícula, mensalidades e demais despesas), transporte, assistência médica, hospitalar e odontológica, seguros de vida e acidentes pessoais e previdência privada.

Os adicionais como parte da remuneração

Embora o artigo comentado não faça referência a determinadas importâncias recebidas pelos empregados a título de adicionais, elas são frequentes e integram a remuneração, para todos os efeitos, sempre que forem habituais. Assim, aquelas que resultam de extrapolações da jornada de trabalho (as chamadas horas extáras), as desenvolvidas no período de trabalho considerado noturno, as realizadas em condições que possam ser prejudiciais à saúde do trabalhador (as consideradas insalubres), ou, finalmente, aquelas realizadas em condições que ofereçam perigo à integridade física do trabalhador, implicando no chamado adicional de periculosidade, todas elas correspondem a percentuais específicos que integram a remuneração do trabalhador no mês em que ocorrerem. Se forem habituais, serão refletidas, também, no pagamento de verbas como as férias, descanso semanal remunerado, aviso-prévio e 13º salário.

Os prêmios

O mesmo acontece com os chamados prêmios, que nada mais são do que importâncias pagas em decorrência de índices de produtividade, do cumprimento de determinadas metas de produção ou, ainda, de assiduidade estabelecidos por norma convencional ou pela habitualidade do seu pagamento.

Os bancários e a "quebra de caixa"

Também a parcela paga aos bancários a título de "quebra de caixa" tem natureza salarial, integrando a remuneração de quem a recebe para todos os efeitos legais. Todavia, se for paga apenas quando houver perda no "caixa", terá, então, caráter de ressarcimento e não de salário.

A participação nos lucros e resultados

A participação dos empregados nos lucros ou resultados das empresas é uma forma moderna de integração do trabalhador na empresa, face aos resultados obtidos com a colaboração dos empregados. Nos termos do art. 7º, XI, da Constituição Federal, a participação nos lucros era facultativa. A partir de 1994, o governo, por meio da Medida Provisória n. 794, de 29.12.1994, pretendeu regulamentar essa participação, sempre respeitando o seu caráter facultativo. Essa medida provisória foi sendo sucessivamente reeditada até que, em 19.12.2000, foi, afinal, transformada na Lei n. 10.101, que regulamentou, de forma mais definitiva, a participação dos empregados nos lucros ou resultados das empresas, não apenas como instrumento de integração entre capital e trabalho, mas também como incentivo à produtividade, nos termos do mencionado inciso do art. 7º da Constituição Federal. Assim, a participação dos empregados nos lucros e resultados será objeto de negociação entre a empresa e seus empregados, mediante procedimentos que a lei propõe, por meio de uma comissão escolhida pelas partes e com a participação de um representante da entidade sindical respectiva ou, ainda, mediante convenção coletiva. Essa participação, nos termos do art. 3º, não substitui ou complementa a remuneração devida a qualquer empregado, nem repercutirá em outra verba de natureza salarial, não se aplicando o princípio da habitualidade.

VERIFICAÇÃO DE APRENDIZAGEM

1. Que conceitos podemos utilizar para diferenciar salário e remuneração?
2. Quais as principais parcelas que integram o salário?
3. Como se contabiliza a gorjeta como verba salarial?
4. O que vem a ser o pagamento em utilidades?
5. Quais os principais adicionais que podem ser acrescidos ao salário e quando repercutem em outras verbas?

MEDIDAS DE PROTEÇÃO AO SALÁRIO

A proteção ao salário do trabalhador é uma consequência direta do seu caráter alimentar. A CLT, de 1º de maio de 1943, contém numerosos artigos, muitos de natureza imperativa, estabelecendo um amplo leque de proteções ao salário do trabalhador. Já a Convenção n. 95 da Organização Internacional do Trabalho (OIT), de 1949, ratificada pelo Brasil, trazia normas específicas de proteção ao salário, muitas delas incorporadas pela Constituição Federal de 1988, especialmente no seu art. 7º.

Entre as medidas diretamente protecionistas ao salário, podemos mencionar:

- o pagamento do salário não poderá ser estipulado por período superior a um mês, salvo quando se tratar de comissões, prêmios ou gratificações; e, quando pago por mês, deverá ser efetuado até o 5º dia útil do mês subsequente ao vencido;
- o empregador só poderá efetuar descontos no salário do empregado atendendo, nos termos do art. 462 da CLT, a três situações distintas: adiantamentos (os chamados "vales"), geralmente no meio do mês; aqueles decorrentes de dispositivos de lei, como é o caso do imposto sindical a ser descontado do empregado no salário do mês de março de cada ano e equivalente à importância correspondente a um dia de serviço; e aqueles decorrentes de acordos ou contratos coletivos de trabalho. Quanto a estes últimos, existe discordância entre os juslaboristas, entendendo uns que os sindicatos, órgãos participantes dos instrumentos coletivos, não têm competência para estabelecer descontos em causa própria, a serem efetuados nos salários dos trabalhadores. Ultimamente, os tribunais do trabalho têm admitido descontos nos salários dos empregados, encaminhados aos sindicatos respectivos a título de contribuições assistenciais, principalmente em função de convenções coletivas que resultem em aumentos salariais.

Ainda com relação aos possíveis descontos que possam ser efetuados no salário do empregado, o art. 462, § 1º, admite que, em casos de dano causado à empresa pelo empregado, o desconto só será possível se essa possibilidade tiver sido acordada no contrato de trabalho ou na ocorrência de dolo por parte do empregado. Não obstante, a possibilidade de poder ser feito o desconto quando incluída no contrato de trabalho é hoje discutível, uma vez que é sabido que, quando o empregado, principalmente aquele de condição mais modesta, entra na empresa, ele assina qualquer coisa e, muitas vezes, nem sequer lê o que está assinando.

Os arts. 463 e 464 determinam que o pagamento do salário, quando em espécie, deverá ser feito na moeda corrente do país e sempre contra recibo assinado pelo empregado, admitindo-se a impressão digital para os analfabetos ou o recebimento a rogo, ou seja, por um companheiro de trabalho que assine o recibo e nele se identifique.

O art. 465 determina que o pagamento dos salários deverá ser efetuado sempre em dia útil, no local de trabalho, dentro do horário de serviço ou imediatamente após o encerramento deste, admitindo-se, com a concordância do empregado, o pagamento em cheque ou depósito bancário, desde que o dinheiro esteja sempre disponível para o empregado no prazo fixado pela lei. Pago em cheque, o empregador deverá conceder ao empregado tempo, dentro do expediente, para ir ao estabelecimento bancário retirar o seu salário.

Pelo art. 466, o pagamento de comissões e percentagens só será exigível depois de ultimada a transação a que se referem. Se for feito por prestações sucessivas, deve ser proporcional à liquidação de cada uma, ainda que o contrato de trabalho tenha sido rompido a qualquer tempo.

Finalmente, em caso de rescisão do contrato de trabalho e havendo controvérsia sobre uma ou mais parcelas, o empregador é obrigado a pagar ao trabalhador, se este for à Justiça, logo na primeira audiência, a parte incontroversa, sob pena de ter de pagá-la, mais adiante, acrescida de 50%. Muitas vezes, o empregador reconhece ter o empregado direito ao saldo salarial, mas não aceita, por exemplo, o pedido de horas extras. Nessa situação, o saldo do salário, como verba incontroversa, aceita e reconhecida pelas duas partes, deverá ser pago logo na primeira vez em que empregado e empregador comparecerem perante a Justiça do Trabalho, ficando as horas extras como verba controvertida, para ser decidida na sentença final do processo.

VERIFICAÇÃO DE APRENDIZAGEM

1. Há um prazo fixado em lei para pagamento dos salários? Em caso positivo, qual o prazo limite e que exceções podem existir quanto a esse prazo?
2. O empregado pode ser obrigado a indenizar o empregador por danos que ele mesmo causar?
3. O que são verbas controversas e verbas incontroversas e como a lei dispõe com relação a elas?

DA ISONOMIA SALARIAL

Sergio Pinto Martins, no seu *Direito do trabalho*, nos dá conta de que "o princípio de que todos devem ter salário igual, para trabalho igual, sem distinção de sexo" nasceu com o art. 427 do Tratado de Versalhes, no qual se estabeleceu "salário igual, sem distinção de sexo, para trabalho igual em quantidade e qualidade". A Declaração Universal dos Direitos do Homem, de 1948, manifestou-se no mesmo sentido, ao afirmar no art. 23, n. 2, que "toda pessoa tem direito, sem nenhuma discriminação, a um salário igual para um trabalho igual", inclusive, acrescentou, sem nenhuma distinção entre o trabalho do homem ou da mulher.

No Brasil, o princípio da isonomia surgiu, inicialmente, com o objetivo de proteger o trabalhador nacional, impedindo que ele viesse a receber salário inferior ao do trabalhador estrangeiro que fizesse o mesmo serviço.

Já a Constituição Federal de 1934, no seu art. 121, § 1º, determinava "proibição de diferença de salário para um mesmo trabalho, por motivo de idade, sexo, nacionalidade ou estado civil". A Constituição de 1946 e a Carta Constitucional de 1967, com poucas alterações, mantiveram o mesmo princípio isonômico.

Afinal, a Constituição Federal de 1988 ampliou a ideia básica de igualdade salarial determinando, no seu art. 7º, XXX, "proibição de diferença de salários, de exercício de funções e de critério de admissão por motivo de sexo, idade, cor ou estado civil". Aliás, já no seu art. 3º, ao definir os objetos fundamentais da República Federativa do Brasil, mencionou, no inciso IV: "promover o bem de todos, sem preconceitos de origem, raça, sexo, cor, idade e quaisquer outras formas de discriminação".

A matéria é regulada pela CLT em dois artigos, a saber, o art. 460, de natureza mais ampla, e o art. 461, alterado pela Lei n. 1.723/52.

O art. 460 estabelece que "na falta de estipulação do salário ou não havendo prova sobre a importância ajustada, o empregado terá direito a perceber salário igual ao daquele que, na mesma empresa, fizer serviço equivalente, ou do que for habitualmente pago para serviço semelhante".

Valentin Carrion, no seu livro *Comentários à consolidação das leis do trabalho*, entende que este artigo tão somente se refere a um meio de arbitrar a remuneração devida, e não de equiparação. Não obstante o respeito que merece o insigne mestre, já falecido, temos de discordar dele, ainda mais porque o artigo prevê a equiparação ao que for "habitualmente pago para serviço semelhante", do que entendemos se tratar até mesmo em outra empresa, possivelmente da região, embora na mesma localidade.

A equiparação salarial pressupõe identidade funcional e não mera analogia de funções ou cargos da mesma natureza. Essa identidade é relativa e não se descaracteriza se houver, no exercício da função, ou seja, no conjunto de atos ou operações realizadas, pluralidade de atribuições e tarefas afins entre os empregados. O importante é que as operações substanciais sejam idênticas.

Arnaldo Sussekind, na sua obra *Instituições de direito do trabalho*, escrita em parceria com Delio Maranhão, Segadas Viana e Lima Teixeira, assim se manifesta:

> O empregado só pode reivindicar o mesmo salário de seu colega se ambos exercerem a mesma função, isto é, quando desempenharem os mesmos misteres ou tarefas, com igual responsabilidade na estrutura e funcionamento da empresa. Por isso, cumpre não confundir *cargo* e *função*.

Já Sergio Pinto Martins, com muita clareza, entende que no Direito do Trabalho:

> (...) não existe uma distinção precisa entre cargo e função, como no Direito Administrativo. Cargo seria o gênero e a função a espécie. Envolve o cargo a denominação das atribuições da pessoa. Função é a atividade efetivamente desempenhada pelo empregado. Cargo seria o motorista. Função seria a de motorista de caminhão, de ônibus, de perua, etc. Não interessa, efetivamente, a denominação dada pelo empregador, mas sim, a realidade dos fatos, a atividade desempenhada pelos empregados. Pouco importa que duas pessoas tenham cargos diversos, se, na prática, tenham iguais atribuições. A CLT não usa a palavra cargo, mas função.

O próprio legislador, lançando o princípio da isonomia, entendeu imprecisa a redação do art. 460, procurando, então, explicitá-la no artigo seguinte. Assim, vejamos:

> Art. 461. Sendo idêntica a função, a todo trabalho de igual valor, prestado ao mesmo empregador, na mesma localidade, corresponderá igual salário, sem distinção de sexo, nacionalidade ou idade.

Em consequência, a existência da isonomia admitida neste artigo só será possível na ocorrência concomitante dos vários elementos que alinha, ou seja: identidade de função, trabalho de igual valor, mesmo empregador e mesma localidade. Examinemos um a um.

Se, no direito administrativo, cargo e função têm distinção específica, como ensina Hely Lopes Meirelles, no seu *Direito administrativo brasileiro*, no direito do trabalho, por vezes, cargo e função confundem-se. Na verdade, a generalidade dos autores aponta diferenças. De qualquer forma, na inexistência de uma diferenciação sólida entre as duas expressões, podemos admiti-las como sinônimas, salvo quando, em um caso concreto, for possível encontrar elementos que as diferenciem. Sergio Pinto Martins, na obra tantas vezes citada, conclui que o importante, diante de um pedido de equiparação salarial, será que se apure o exercício concomitante das mesmas atividades entre quem pede a equiparação e aquele tomado como paradigma ou termo de comparação.

Com relação à conceituação do que seria "trabalho de igual valor", o próprio legislador entendeu ser necessária uma explicitação maior, o que originou o parágrafo 1º do mesmo artigo, que assim reza:

Art. 461....

....

§ 1º - Trabalho de igual valor, para os fins deste Capítulo, será o que for feito com igual produtividade e com a mesma perfeição técnica, entre pessoas cuja diferença de tempo de serviço não for superior a 2 (dois) anos.

Surgem, então, na tentativa de explicar o que seria trabalho de "igual valor", aspectos nem sempre de fácil quantificação, além da introdução do fator "tempo de serviço", também gerador de dúvidas.

Assim, vejamos, a produtividade, que pode ser definida como a relação entre a quantidade produzida e um dos fatores de produção, nem sempre é fácil de ser aferida. A dificuldade não é menor com relação à perfeição técnica. Assim, quando houver, por exemplo, um controle de qualidade, existirá um elemento aferidor. Mas como avaliar a produtividade ou a perfeição técnica de uma telefonista, de um arquivista ou mesmo de um contador?

Finalmente, a expressão "tempo de serviço" também deixa dúvidas. Trata-se do tempo de serviço naquela empresa ou no cargo ou função, já que, por vezes, se diferenciam uma e outra? A Jurisprudência, tanto do Supremo Tribunal Federal como do Tribunal Superior do Trabalho, tem entendido que a contagem do tempo de serviço deve ser feita levando em conta o tempo na função e não no emprego.

Já as exigências de "mesmo empregador" e "mesma localidade", apesar de não deixarem maiores dúvidas, ainda assim podem gerar controvérsias. Roberto Barreto Prado, no seu *Tratado de Direito do Trabalho*, entende que "mesma localidade" significa "mesmo estabelecimento". Outros – que, aliás, estão em maioria – entendem que a expressão deve ser tomada como mesmo município.

Finalmente, o § 2º do mesmo artigo aponta, como cláusula excludente do direito à equiparação salarial, a existência de um "quadro de carreira", caso em que "as promoções deverão ser feitas, alternadamente, por merecimento e por antiguidade, dentro de cada categoria profissional". A nosso ver, o legislador embaralhou coisas distintas, uma vez que o problema de promoções, embora correlato à política salarial, tem conotações próprias. Já o "quadro de carreira" é o resultado de um trabalho de análise de todas as funções existentes na empresa, incluindo descrição dessas funções, posição no organograma da empresa e participação de cada uma para o produto final da empresa. É, na verdade, um trabalho técnico, importante para o estabelecimento de uma eficiente e defensável política salarial. Aliás, nos termos do que dispõe o Enunciado n. 6 do Colendo Tribunal Superior do Trabalho, de 07.12.2000, para fins previstos no art. 461, § 2º da CLT, só é válido o quadro de pessoal organizado em carreira quando homologado pelo Ministério do Trabalho. Sergio Pinto Martins, na obra citada, lembra que o quadro organizado em carreira não deve ser confundido com plano de cargos e salários, o qual não necessita de homologação pelo órgão competente.

VERIFICAÇÃO DE APRENDIZAGEM

1. O que vem a ser a isonomia salarial?
2. Na falta de estipulação do salário, quando da admissão do empregado, que critério pode ser adotado quando do primeiro pagamento?
3. Em se tratando de equiparação salarial, qual o conceito a ser adotado para tempo de serviço?

4. Como se considera a isonomia salarial quando a empresa possui um quadro de carreira aprovado pelo órgão competente?

ALTERAÇÕES NO CONTRATO INDIVIDUAL DE TRABALHO

O texto do art. 442, deixando claro que o contrato de trabalho é um acordo, seja expresso ou tácito, traz implícita a ideia de que ele só poderá ser modificado por novo acordo, evidentemente entre as mesmas partes. E essa ideia se consubstancia no texto do art. 468, que diz:

> Art. 468. Nos contratos individuais de trabalho só é lícita a alteração das respectivas condições por mútuo consentimento, e ainda assim desde que não resultem, direta ou indiretamente, prejuízos ao empregado, sob pena de nulidade da cláusula infringente desta garantia.

Este artigo é expressão clara do intervencionismo – de consequências, por vezes, duvidosas – do Estado na relação de emprego, visando à proteção ao empregado. Não se pode esquecer que, na relação de emprego, a força do poder econômico é inquestionável. Esse poder econômico está nas mãos do empregador, levando o empregado a aceitar alterações, ainda que lhes sejam prejudiciais, para não perder o emprego. Aliás, Mozart Victor Russomano, no seu livro *Comentários à Consolidação das Leis do Trabalho*, volume I, diz que há coação "sempre que o empregado concorda com uma alteração contrária aos seus interesses". E isso para não falar nos chamados contratos de adesão, em que o empregado aceita as condições impostas pelo empregador ou não tem o emprego. De igual maneira, a parte final do artigo é de eficácia duvidosa, esbarrando, sempre, na necessidade que o trabalhador tem do emprego. Essa necessidade tornará difícil que o empregado vá a Juízo, ao sindicato ou mesmo a órgão do Ministério do Trabalho pleitear a anulação de alteração que lhe seja prejudicial, ante a possibilidade de que acabe por perder o emprego.

Ao contrário do que dispõe o artigo que está sendo comentado, a doutrina criou o princípio do *jus variandi*, que permite ao empregador, em casos excepcionais, alterar, determinadas condições de trabalho de seus empregados de forma unilateral. Entende-se, evidentemente, que seriam pequenas alterações que não causassem prejuízo ao empregado.

Por sua vez, o mesmo art. 468, no seu parágrafo único, abre uma exceção ao *caput* do artigo, ao determinar que o retorno do empregado ao seu cargo após, eventualmente, exercer cargo de confiança de forma provisória, não constituiria alteração de função. Assim, por exemplo, se um contador de uma empresa fosse chamado a ocupar, provisoriamente, o cargo de diretor financeiro, ou seja, cargo de confiança, quando este contador retornasse ao seu cargo efetivo, essa ida e vinda não seria considerada uma alteração das condições contratuais.

Aliás, o parágrafo envolve um conceito não definido plenamente em lei e para o qual a jurisprudência não deu, ainda, uma conceituação majoritária, que é o de cargo de confiança. Sergio Pinto Martins, no seu *Direito do trabalho*, limita-se a exemplificar, dizendo que "cargos de confiança são os de gerente ou diretor, desde que com o investimento de mandato possa o empregado representar o empregador, inclusive detendo poderes de gestão na empresa". Mozart Victor Russomano, citado por Francisco Ferreira Jorge Neto e Jouberto de Quadros Pessoa Cavalcanti no seu *Manual de direito do trabalho*, 1º volume, referindo-se ao conceito de cargo de confiança, afirma que existe "uma ideia de confiança progressivamente crescente" e para a qual ele apresenta alguns níveis, como a confiança genérica, comum a todos os cargos e que pressupõe um mínimo de confiança por parte do empregador, a confiança relativa aos bancários e a confiança excepcional atribuída aos gerentes ou detentores de cargos de gestão, conforme menciona o art. 62 da CLT. Outros autores, ainda, procuram atribuir ao exercente de cargo de confiança o poder de punir, admitir e demitir empregados. Na verdade, a jurisprudência oscila entre as diversas conceituações, não existindo, ainda, uma que seja evidentemente majoritária. Assim, pode-se dizer que "cada caso é um caso", e como tal será considerado.

Com relação à transferência de local de trabalho do empregado, o art. 469 proíbe essa transferência, sem a sua concordância, para localidade diversa da que resultar do contrato, explicitando que só se entenderá por transferência quando acarretar, necessariamente, mudança do seu domicílio. Nos termos do Código Civil, domicílio é o local onde a pessoa vive com ânimo de permanência. Alguns acreditam que se trata do local onde a pessoa exerce a sua atividade. Como podemos ver, nesse quesito também surgem dúvidas. Vejamos, por exemplo, uma empresa localizada no bairro do Ipiranga, em São Paulo, e que transfere suas instalações para a cidade de São Caetano. Embora sejam municípios diferentes, não será o caso de o empregado precisar mudar de domicílio. Mas e se a mudança fosse para Campinas ou Santos? Sabe-se que, hoje em dia, muitas pessoas trabalham em uma cidade e moram em outra. Será necessária a concordância do trabalhador ou este terá que sacrificar o emprego? Muitas vezes, a solução estará em um entendimento, até mesmo ao arrepio da lei, mas em benefício da manutenção do emprego.

O mesmo artigo cria, no seu parágrafo 1º, duas exclusões: uma para os cargos de confiança e outra para aqueles empregados cujos contratos de trabalho já tenham, como condição implícita ou explícita, a transferência. Quanto aos cargos de confiança, se assim forem, não há nada a comentar. O trabalhador, ao assumir um cargo de confiança, já deve saber da maior amplitude de suas atribuições e responsabilidades e no que isso pode resultar. Todavia, diversa é a situação daqueles cujo contrato já obriga a aceitação de eventuais transferências. A nós parece uma cláusula abusiva para a grande massa de mão de obra menos qualificada que, ao conseguir um emprego, assina qualquer papel, nem ao menos se dando ao trabalho de ler as condições que lhe são impostas. Ainda bem que a parte final do parágrafo impõe uma restrição, ou seja, que a transferência decorra de "real necessidade de serviço".

Contudo, deixará de existir qualquer restrição a uma eventual transferência de local de trabalho quando ocorrer a extinção da empresa e, portanto, do posto de trabalho. A jurisprudência tem entendido que esta regra não se aplica à hipótese de o empregador transferir o estabelecimento para outra localidade, uma vez que não existiria aí a extinção de que trata a lei, ou seja, o estabelecimento subsiste embora em local diverso, o que obrigaria o trabalhador a aceitar a transferência.

Finalmente, o mesmo artigo, em seu parágrafo 3º, admite transferência do local de trabalho quando atender a uma determinada necessidade de serviço, sendo, portanto, temporária, ou seja, tendo uma duração determinada antecipadamente em função de um tempo ou de determinado evento. Seria o caso, por exemplo, de uma marcenaria que precisasse executar os móveis para um determinado hotel em uma outra cidade. Os profissionais seriam transferidos pelo tempo necessário à execução do serviço contratado, retornando, depois, ao local de origem. Essa transferência obriga o empregador a um pagamento suplementar mínimo de 25% sobre o salário percebido pelo empregado no local de origem enquanto durar essa situação. É o chamado adicional de transferência. Além disso, o empregador custeará todas as despesas dos empregados enquanto durar a transferência. Sergio Pinto Martins, no livro citado, acrescenta que, se a transferência decorrer de acordo mútuo, não será devido esse adicional, mas essa posição do renomado tratadista é discutível.

VERIFICAÇÃO DE APRENDIZAGEM
1. Quando o empregador pode transferir o empregado para uma localidade diferente da que consta do seu contrato de trabalho?
2. O que se pode entender por cargo de confiança?
3. O empregado que exerce cargo de confiança pode ser transferido de local de trabalho?
4. Quando é devido o adicional de transferência?
5. O que vem a ser o *jus variandi*?

DA SUSPENSÃO E DA INTERRUPÇÃO DO CONTRATO INDIVIDUAL DE TRABALHO

A suspensão e a interrupção do contrato individual do trabalho são situações que suspendem, temporariamente, de forma limitada ou ampla, uma ou mais cláusulas do contrato de trabalho, mantendo-se, ainda assim, a relação de emprego.

Embora a legislação consolidada não defina o que seja interrupção e o que seja a suspensão do contrato de trabalho, entendemos que é exatamente pela análise desses dois conceitos que devemos começar.

Assim, entende-se por interrupção do contrato de trabalho a situação em que, mantida a relação de emprego, pelo menos uma de suas cláusulas continuar a ser atendida. Assim, por exemplo, quando o empregado se afasta por doença, por período inferior a 15 dias, ele continua a receber o seu salário, pago pelo empregador. O contrato está interrompido.

Entende-se por suspensão do contrato do contrato de trabalho a situação em que, mantida a relação de emprego, nenhuma de suas cláusulas será atendida. É o que acontece quando o empregado se afastar, por motivo de doença, por período igual ou superior a 15 dias. Não trabalhando, ele também não receberá o seu salário, mas receberá auxílio da Previdência Social.

Um aspecto fundamental, tanto na interrupção quanto na suspensão, é tratado no art. 471 da CLT, que diz que o empregado afastado, seja por interrupção ou por suspensão, ao retornar, terá asseguradas "todas as vantagens que, em sua ausência, tenham sido atribuídas à categoria a que pertencia na empresa". Melhor seria dizer "a que pertence na empresa", eis que a relação de emprego continua.

Indiscutivelmente, o afastamento do empregado do seu trabalho acarreta problemas para a empresa. Assim, na interrupção, ele continuará a figurar na folha de pagamento e os dias de afastamento serão contados como tempo de trabalho, embora não haja prestação de serviços. Situação mais complicada para a empresa pode ser a suspensão do contrato, que poderá ocorrer, inclusive, por tempo indeterminado. Ou seja, o trabalhador continuará como empregado, não podendo o seu contrato ser alterado ou rescindido.

A legislação consolidada, possivelmente levando em conta a situação acima mencionada, configurou, no art. 472, duas situações de suspensão do contrato que podem se estender por mais tempo, determinando que, nesses casos, o trabalhador terá um prazo máximo de 30 dias, tendo se encerrado o motivo que ocasionou o afastamento, para notificar o empregador de sua intenção de retornar ao serviço, de forma a continuar valendo o contrato de trabalho. Seriam os casos de suspensão do contrato de trabalho pelo afastamento do empregado para atender ao serviço militar obrigatório ou para exercer encargo público. Em ambos os casos, acontece muitas vezes que o trabalhador, durante o período de afastamento, vê surgir outras oportunidades de trabalho ou de vida e nem pensa mais em retornar ao seu emprego, ficando o seu contrato em aberto e não podendo o empregador considerá-lo rescindido. Daí o prazo estabelecido, findo o qual o empregador poderá considerar rescindido o contrato por abandono.

A situação é diferente nos contratos por prazo determinado, podendo ter outra solução. Assim, se antecipadamente as partes acordarem, o tempo de afastamento não será computado na contagem do prazo para a respectiva terminação, de forma que, quando o empregado retornar, será contado o tempo anterior ao afastamento para, então, ser completado o tempo para o qual havia sido contratado.

Os parágrafos 3º, 4º e 5º desse mesmo artigo dirigem-se a situações de interesse para a segurança nacional, situações em que não se configurará a suspensão do contrato, sendo que, nesses casos, o empregado ainda continuará recebendo a sua remuneração por 90 dias.

Na sequência, o art. 473 enumera as chamadas faltas legais, ou seja, ausências do empregado devidamente autorizadas pela lei que, inclusive, manda pagar a remuneração, razão pela qual são consideradas interrupções.

Assim, o empregado poderá deixar de comparecer ao serviço, sem prejuízo do salário, nos seguintes casos:

- até 2 dias consecutivos em caso de falecimento de cônjuge, ascendente, descendente, irmão ou pessoa que, desde que declarada em sua carteira de trabalho, viva sob sua dependência econômica;
- até 3 dias consecutivos em virtude de casamento;
- por 1 dia em caso de nascimento de filho, no decorrer da primeira semana (A Constituição Federal estendeu esse prazo para 5 dias, ao criar a licença-paternidade, embora não mencione direito à remuneração dos quatro dias acrescidos);
- por 1 dia a cada 12 meses em caso de doação voluntária de sangue;
- até 2 dias, consecutivos ou não, para o fim de se alistar eleitor nos termos da lei respectiva;
- no período em que tiver de cumprir as exigências do serviço militar referidas na letra "c" do art. 65 da Lei 4375, de 17.8.1964;
- nos dias em que estiver realizando provas de exame vestibular para ingresso em estabelecimento de ensino superior;
- pelo tempo que se fizer necessário, quando, na qualidade de representante da comunidade sindical, estiver participando de reunião oficial de organização internacional da qual o Brasil seja membro.

Afora esses casos, ainda existem outras situações em que se faz necessária a ausência temporária do trabalhador, por interrupção do contrato e sem prejuízo da sua remuneração. Assim, em caso de aborto não criminoso, a trabalhadora pode se afastar por duas semanas, como também em caso de licença-maternidade, situação em que a empregada deixa de comparecer ao serviço por 120 dias. Em ambos os casos, a remuneração é atendida pela Previdência Social, ainda que possa ser o empregador o intermediário desse pagamento.

Finalmente, o art. 475 determina que o empregado que for aposentado por invalidez terá suspenso o seu contrato de trabalho. Recuperando a sua capacidade de trabalho e sendo a aposentadoria cancelada, ser-lhe-á assegurado o direito à função que ocupava ao tempo da aposentadoria. Se, eventualmente, o empregador tiver admitido substituto para o aposentado, poderá rescindir o respectivo contrato de trabalho com o novo trabalhador, sem indenização, desde que este tenha sido avisado, quando de sua admissão, do possível retorno daquele que estava substituindo.

VERIFICAÇÃO DE APRENDIZAGEM

1. Qual a diferença entre a interrupção e a suspensão do contrato individual de trabalho?
2. O afastamento do empregado por doença, por um período de dez dias, caracteriza-se como interrupção do contrato de trabalho. Por quê?
3. Como se enquadra o afastamento para cumprir o serviço militar obrigatório quanto ao contrato individual de trabalho?
4. O empregado pode ser dispensado durante o período de interrupção ou de suspensão do contrato de trabalho?
5. Nos casos de afastamento para prestação do serviço militar obrigatório ou para exercício de encargo público, como deve proceder o trabalhador findo o afastamento?

RESCISÃO DO CONTRATO INDIVIDUAL DE TRABALHO

O contrato individual de trabalho nasce em um determinado momento, desenvolve-se, é cumprido parcial ou integralmente, sofre ou não alterações no seu decurso e, afinal, extingue-se.

Mauricio Godinho Delgado, no seu *Curso de direito do trabalho*, afirma que o momento da terminação do contrato é de grande relevância não só para o trabalhador, mas, também, para o próprio direito do trabalho. Isto porque, afirma o ilustre tratadista, tradicionalmente, no Direito do Trabalho sempre vigorou o princípio da conservação do contrato, da *continuidade da relação de emprego*; preserva-se o vínculo juslaborativo, desde que a dispensa não se funde em causa jurídica relevante.

O jurista Amauri Mascaro Nascimento, na sua obra *Iniciação ao direito do trabalho*, afirma que:

> [...] o significado da extinção do contrato de trabalho transcende o interesse individual das partes e tem reflexos que se põem numa dimensão social. Está em jogo aqui o interesse não só do empregado e do empregador, mas de toda a sociedade, cuja vida econômica não pode prosperar com o desemprego.

Embora os juristas e tratadistas usem expressões diversas para significar o termo final de um contrato individual de trabalho ou, vale dizer, de uma relação de emprego, preferimos ficar com aquela decorrente do texto do art. 477 da CLT, ou seja, que a rescisão do contrato individual de trabalho vem a ser a "cessação das relações de trabalho".

Evaristo de Moraes Filho, em sua obra *A justa causa na rescisão do contrato*, após comentar a grande diversidade de conceitos adotados pelos autores, considera a cessação do contrato ou dissolução do contrato o "vocábulo mais genérico, neutro, total e dentro da qual se incluem todas as espécies particulares que levam à solução ou ao fim do contrato".

Apesar das divergências doutrinárias, entendemos por rescisão do contrato individual de trabalho a situação em que ele deixa de existir, seja em consequência de causas decorrentes da decisão de uma das partes, de causas que nada têm a ver com a vontade das partes e, até mesmo, de outras muitas vezes conflitantes com a vontade de ambas.

De qualquer maneira, seja qual for o motivo de terminação de um contrato individual de trabalho, é incontestável que representa fato da maior importância para o trabalhador, podendo, até mesmo, trazer consequências danosas a ele, dependendo da forma pela qual venha a acontecer ou por significar a perda de um recurso para sua sobrevivência e de sua família.

Em 1982, a OIT aprovou a Convenção n. 158, cujo art. 4º estabeleceu que não se poderá terminar uma relação de emprego sem que exista, para isso, uma causa plenamente justificada, seja por motivos técnicos ou econômicos. Ou seja, tal Convenção não pretendeu propor a proibição da dispensa do trabalhador, apenas procurou que ele não sofra despedimento sem motivação.

Por sua vez, o art. 165 da CLT, ao tratar da comissão interna de prevenção de acidentes (CIPA) e da estabilidade de seus membros, definiu como "dispensa arbitrária" aquela que não se fundar em motivo disciplinar, técnico, econômico ou financeiro. Por sua vez, o art. 7º da Constituição Federal de 1988, ao definir os direitos dos trabalhadores urbanos e rurais, estabeleceu no seu inciso I:

> I – relação de emprego protegida contra despedida arbitrária ou sem justa causa, nos termos de Lei Complementar, que preverá indenização compensatória, dentre outros direitos.

Todavia, o Decreto n. 2.100, de 25.12.1996, tornou pública a denúncia da Convenção n. 158, o que fez com que essa Convenção perdesse a eficácia a partir de 20.11.1997.

Atualmente, o nosso direito positivo quanto à rescisão imotivada do contrato individual de trabalho prevê uma indenização substitutiva ao trabalhador quando este não der causa à rescisão. Admite, entretanto, a possibilidade de rescisão do contrato, independentemente de qualquer indenização, quando praticado, pelo trabalhador, um dos atos e situações previstas no art. 482 da CLT. Admite, também, a despedida provocada pelo próprio empregador quando este, desejando que o empregado peça demissão, criar, propositadamente, situações que o façam sentir-se mal ou desconfortável na empresa, levando esse empregado, em vez de demitir-se, como desejava o empregador, a procurar a Justiça do Trabalho, invocando a chamada despedida indireta, prevista no art. 483 da CLT.

É fundamental que se entenda, portanto, os principais casos de rescisão do contrato individual de trabalho.

Assim, o contrato individual de trabalho pode ser rescindido:

- por iniciativa do empregado, ao pedir demissão;
- por iniciativa do empregador, sem que haja um motivo explícito – é a chamada despedida imotivada ou sem justa causa;
- por iniciativa do empregador, quando o empregado tiver cometido uma das faltas consideradas graves elencadas no art. 482 da CLT;
- nos casos de despedida indireta, configurada no art. 483 da CLT;
- por morte do empregador, quando a empresa for individual;
- por morte do empregado;
- por acordo entre as partes;
- por culpa recíproca;
- por motivo de força maior (conceito no art. 501 da CLT);
- por aposentadoria do trabalhador.

Antes de estudarmos esses diversos casos de rescisão do contrato individual de trabalho, torna-se necessária uma análise das normas relativas à rescisão contratual, constantes da CLT nos seus arts. 477, 478 e 492, todos não revogados, mas ultrapassados por normas posteriores.

Assim, o art. 477, no dizer de Mauricio Godinho Delgado, em obra precitada, "impunha um forte contingenciamento à vontade empresarial quanto à ruptura desmotivada do contrato de emprego" na medida em que previa indenizações crescentes aos trabalhadores em função do tempo de serviço e impossibilitava, pelo instituto da estabilidade, a despedida imotivada de empregados que contassem mais de 10 anos de serviço na empresa. Já o art. 478 complementava o art. 477, estabelecendo que a indenização a que o primeiro se referia, quanto aos contratos de trabalho ajustados por prazo indeterminado, "seria de 1 (um) mês de remuneração por ano de serviço efetivo, ou por ano e fração igual ou superior a 6 (seis) meses". Já o art. 492 havia criado o instituto da estabilidade, que determinava que os empregados que viessem a completar 10 anos de serviço ao mesmo empregador não poderiam ser despedidos "senão por motivo de falta grave ou circunstância de força maior devidamente comprovada". Para a grande maioria dos trabalhadores, bem como para os organismos sindicais, essa estabilidade representava uma grande conquista dos trabalhadores, uma vez que impedia a demissão arbitrária, ou seja, sem justa causa, de trabalhadores que tivessem completado uma década de serviço na mesma empresa.

Ora, a Lei n. 5.107, editada em 1966, que instituiu o sistema do FGTS, abriu caminho para a extinção da estabilidade decenal. Nessa oportunidade, aqueles que se opuseram à lei que criou o FGTS e acabou com a estabilidade decenal não se deram conta que essa estabilidade era, na verdade, uma faca de dois gumes. Se de um lado dava garantia de emprego àquele que completasse 10 anos na mesma empresa, por outro levava os empregadores a não deixarem os empregados completarem aquele tempo de serviço, despedindo-os com 7 ou 8 anos de empresa, o que correspondia a uma idade em que a obtenção de um novo emprego não seria tão fácil. E foi exatamente pela inovação trazida pela nova lei que ela mesma, já de saída, admitia a possibilidade de o trabalhador optar pela nova lei e, então, perder o direito à estabilidade, que ela cancelava, mas ganhando uma poupança obrigatória feita pelo empregador mediante um depósito mensal, na Caixa Econômica Federal, equivalente a 8% de sua remuneração, ou não aceitar a nova lei e continuar gozando daquela estabilidade decenal, mas sem direito à poupança.

Por ocasião da promulgação da Constituição Federal de 1988, a possibilidade de optar foi cancelada, de modo que, a partir de então, todos os trabalhadores passaram a ser obrigados a participar do FGTS, deixando de ter direito a uma futura estabilidade decenal.

ANÁLISE DAS PRINCIPAIS FORMAS DE RESCISÃO DO CONTRATO INDIVIDUAL DE TRABALHO
Por decisão do empregado

O pedido de demissão é um ato voluntário do empregado, por meio do qual ele informa ao empregador que não deseja mais manter a relação de emprego. Ora, se o empregador contratou o empregado foi porque tinha necessidade de seus serviços. Em consequência, não é justo nem razoável que o trabalhador abandone, de um momento para outro, o serviço a que se disponibilizou. Daí a necessidade de que ele comunique ao empregador, com antecedência prevista em lei, a sua intenção. É o chamado aviso-prévio, que será estudado mais adiante.

Sendo do empregado a iniciativa do rompimento da relação de trabalho, ele perderá alguns direitos em comparação à situação oposta, em que parte do empregador a iniciativa de cessação do contrato de trabalho. Assim, o trabalhador não terá direito a qualquer indenização, ou seja, não poderá retirar os depósitos que o seu empregador tiver feito no FGTS nem poderá recorrer ao seguro-desemprego. Receberá o saldo de salário, ou seja, os dias trabalhados no mês da rescisão, uma parcela do 13º salário proporcional aos meses trabalhados, férias já vencidas, se houverem, e férias proporcionais ao número de meses de um período anual incompleto. Se o pedido de demissão ocorrer antes de completado 1 ano de serviço, tem-se entendido que o empregado não terá direito a férias proporcionais. Atualmente, todavia, a jurisprudência tem se inclinado no sentido de que, mesmo não tendo trabalhado 1 ano completo, o empregado tenha direito a férias proporcionais. Finalmente, caso já tenha completado 1 ano de serviço na empresa, a sua demissão só será válida quando feita com a assistência de um auditor fiscal do trabalho, autoridade de órgão competente do Ministério do Trabalho ou, ainda, funcionário do sindicato de trabalhadores da sua categoria, a chamada homologação. Caso o empregado tenha menos de 1 ano de serviço, a rescisão poderá ocorrer no recinto da própria empresa, inexistindo a necessidade da homologação, uma vez que, possivelmente, os valores a serem pagos não serão de grande monta. Além disso, o empregado sempre poderá reivindicar na Justiça qualquer verba que entenda devida e que não lhe tenha sido paga.

Por iniciativa do empregador sem a ocorrência de uma justa causa

Como já visto anteriormente, a Constituição Federal de 1988, no seu art. 7º, afirma que são direitos dos trabalhadores urbanos e rurais, além de outros que visem à melhoria de sua condição social:

> I – relação de emprego protegida contra despedida arbitrária ou sem justa causa, nos termos de lei complementar, que preverá indenização compensatória, dentre outros direitos.

É importante frisar que essa Lei Complementar não foi promulgada até hoje.

Por outro lado, a Convenção n. 158 da OIT, inicialmente ratificada pelo Brasil e que continha normas destinadas a proteger o trabalhador contra a dispensa imotivada, foi denunciada, deixando de vigorar em território nacional.

Dessa forma, atualmente, o empregador pode demitir o empregado, imotivadamente, desde que pague os direitos que lhe são assegurados pela CLT e pelos demais textos legais aplicáveis. Assim, a dispensa nessas condições garante ao empregado direito a:

- aviso-prévio;
- saldo de salários, se houver;
- férias adquiridas e não gozadas e férias proporcionais, ambas acrescidas de 1/3 do valor;
- 13º salário proporcional;
- levantamento dos depósitos feitos no FGTS pela empresa que o está dispensando, acrescidos de 40% do seu valor;
- outras verbas que lhe sejam devidas por direito.

Por iniciativa do empregador na ocorrência de uma justa causa

Se a perda do emprego tem uma dimensão que vai além do próprio ato, uma vez que atinge as condições econômicas do trabalhador, o mesmo fato, quando vinculado a um comportamento irregular do empregado, pode chegar a manchar a sua vida profissional de forma quase sempre irremediável. Por isso, costuma-se dizer que a rescisão por justa causa deve ser a última das medidas que o empregador pode tomar com relação a um empregado cuja conduta se torne incompatível com a manutenção da relação de emprego. Além disso, o empregador está despedindo um empregado já conhecido para substituí-lo por outro que, além de acarretar despesas inevitáveis com recrutamento, seleção e treinamento, poderá ser igual ou melhor do que aquele que está sendo demitido, mas que também poderá ser pior.

A rescisão por justa causa está prevista no art. 482 da CLT, cujo *caput* está assim redigido:

> Art. 482. Constituem justa causa para rescisão do contrato de trabalho pelo empregador: [...]

Segue-se, então, uma série de situações capazes de justificar a rescisão imediata do contrato de trabalho com todo um conjunto de consequências danosas para o trabalhador atingido pela medida.

A nosso ver, todavia, a redação do artigo supra está equivocada, uma vez que as situações elencadas na sequência nem sempre poderão, por si só, justificar a rescisão por justa causa.

Assim, entendemos que estaria melhor uma redação não tão definida, por exemplo: "Art. 482. *Poderão constituir* justa causa para rescisão do contrato de trabalho pelo empregador..."

Justificamos adotando o magistério do professor, tratadista e Juiz do Tribunal Regional do Trabalho da 2ª Região Sergio Pinto Martins, que entende que a justa causa capaz de embasar a rescisão de um contrato de trabalho deve ser, antes de mais nada, examinada à luz de alguns fatores que ele classifica como objetivos e subjetivos, para que, então, o empregador seja capaz de justificar posição tão extrema. Assim leciona o ilustre mestre: "O elemento subjetivo é a vontade do empregado", ou seja, ter o empregado a intenção e a vontade de cometer aquele ato, ter agido com culpa, ou seja, por negligência, imprudência ou imperícia, ou com dolo, visando a alcançar aquele resultado.

Entre os fatores objetivos, o ilustre magistrado menciona a gravidade do ato praticado. Teria ele gravidade proporcional às consequências acarretadas para o empregado e, por via indireta, à empresa? Um outro fator objetivo decorre da verificação da existência de um nexo de causa e efeito entre a falta praticada e a dispensa. Ou seja, não deverão ser acrescidas, à falta praticada, outras faltas anteriores do mesmo empregado. Assim, a rescisão por justa causa, se efetivada, deverá ser consequência exclusivamente daquela falta, não acrescida de outras anteriormente praticadas. É fundamental, também, que a falta considerada como justa causa seja tipificada em lei, isto é, deve existir uma norma legal que tenha sido contrariada pelo comportamento do empregado.

Finalmente, é fundamental que a punição seja aplicada de imediato, tão logo seja comprovada a autoria da falta. É a chamada "imediatidade". Em outras palavras, a demora na aplicação da punição poderá indicar que o próprio empregador não está convencido de que a demissão por justa causa deva ser a punição adequada àquela falta.

Em hipótese alguma deverá ser aplicada uma dupla punição pela mesma falta. Por exemplo: o empregador suspender o empregado por um ou mais dias e, depois, concluir que a punição foi branda demais, determinando a rescisão por justa causa. Nesses casos, o Juiz anulará a rescisão por justa causa, transformando-a em despedida imotivada.

De qualquer forma, entendemos, na esteira da lição do jurista Sergio Pinto Martins, que a falta praticada por um empregado somente será considerada falta grave, capaz de justificar a rescisão por justa causa, depois de passar pelo crivo dos fatores aqui examinados.

Analisemos, agora, uma a uma, as possíveis faltas graves elencadas no mencionado art. 482 da CLT. Antes, porém, não podemos deixar de observar que o legislador se omitiu, possivelmente de forma proposital, na definição ou conceituação de cada uma das situações que elencou como possíveis faltas graves, e, em consequência, como possíveis justas causas, deixando ao Juiz, jurista ou intérprete essa tarefa.

Assim, vejamos:

> Art. 482. Constituem justa causa para rescisão do contrato de trabalho pelo empregador:
> *a*) Ato de improbidade;

Segundo o conceito mais aceito, trata-se do ato que fere o patrimônio da empresa. Todavia, há quem entenda que o verdadeiro conceito é muito mais amplo, uma vez que existem muitas formas de, por determinado procedimento, acarretar prejuízo à empresa. Assim, o empregado bater o cartão de ponto de um colega que não tenha ido trabalhar será um ato de improbidade, na medida em que acarretará prejuízo à empresa. Da mesma forma, para muitos juristas, mentir em serviço seria, também, um ato de improbidade. Daí a importância de, ante determinado procedimento, examiná-lo à luz dos fatores objetivos e subjetivos, anteriormente examinados.

b) Incontinência de conduta.

A grande maioria dos autores relaciona esta falta como uma agressão à moral sexual, desde que ocorrida no ambiente de trabalho ou com ele relacionada. Também é importante que o comportamento ou a falta imputada ao trabalhador passe, primeiramente, pelo crivo daqueles fatores já mencionados.

c) Mau procedimento.

Será o procedimento em desacordo com aquele que se deseja em um ambiente de trabalho e que não possa ser enquadrado em nenhuma das outras alíneas deste artigo. Assim, por exemplo, escarrar ostensivamente no local em que o seu superior está passando ou urinar na frente de outros empregados podem ser considerados maus procedimentos.

d) Negociação habitual, por conta própria ou alheia, sem permissão do empregador, e quando constituir ato de concorrência à empresa para a qual trabalha o empregado, ou for prejudicial ao serviço.

Como se percebe facilmente, existem diversas variáveis a serem observadas. A falta deverá decorrer de uma negociação habitual, sem o consentimento do empregador. Assim, por exemplo, se um funcionário de uma fábrica de cintos e bolsas comprar couros e ferramentas e montar uma pequena fábrica de cintos na sua casa, utilizando suas horas vagas para confeccionar produtos que serão vendidos por um preço inferior aos praticados pela fábrica, estará caracterizada uma concorrência desleal à empresa para a qual trabalha. Como um segundo exemplo, podemos mencionar um funcionário que, tendo uma locadora de filmes em sua residência, todo dia leva uma relação de filmes e passa pelas seções para ver quem quer alugar; no dia seguinte, entrega os que foram pedidos e, em outro dia, retira o filme alugado e recebe o dinheiro. Evidentemente, sua atividade só pode prejudicar o seu serviço e de outros a quem oferece sua mercadoria.

e) Condenação criminal do empregado, passada em julgado, caso não tenha havido suspensão da execução da pena.

Aqui não se exige que a condenação seja consequência de crime cometido dentro da empresa, caso em que a possibilidade de dispensa por justa causa seria fundamentada em outro inciso desse artigo. O que se exige, isto sim, é que não haja mais possibilidade de recurso, ou seja, é preciso que a condenação tenha passado em julgado. Da mesma forma, é necessário que não tenha sido concedida *sursis*, ou seja, a suspensão da execução da pena, uma vez que, neste caso, o empregado poderia continuar trabalhando.

f) Desídia no desempenho das respectivas funções.

Aqui não se trata da prática de um ato isolado, mas, sim, de uma sequência de atos que revelam displicência do empregado, negligência, pouco caso e desinteresse no desempenho de suas funções. Todavia, conforme as consequências do ato desidioso, um só já poderá constituir uma justa causa. Daí porque insistimos, mais uma vez, ser necessária a análise das circunstâncias que cercaram aquele ato.

g) Embriaguez habitual ou em serviço.

Entende-se aqui a embriaguez consequente da ingestão excessiva de álcool, tóxicos ou drogas. Se ocorrer em serviço, há unanimidade no sentido de que constitui uma justa causa para rescisão imediata do contrato de trabalho. É imprevisível saber o que pode fazer um indivíduo ficar embriagado dentro de um ambiente de trabalho. Divergente é a opinião quando se tratar de embriaguez habitual, mas nunca em serviço. Trata-se daquele trabalhador que, após o serviço, sente necessidade da bebida e embriaga-se. Atualmente, muitos juristas, juízes e estudiosos entendem que essa embriaguez habitual deverá ser entendida muito mais como uma doença passível de tratamento do que como uma justa causa para rescisão do contrato. Rescindido o contrato, desempregado, o bêbado habitual se afundará ainda mais. Daí a opção, hoje generalizada, pelo encaminhamento a tratamento, desconfigurando-se a existência de uma justa causa.

h) Violação de segredo da empresa.

O empregado, ao assumir um emprego, assume, também, de certa forma, um dever de fidelidade à empresa que o contratou. Ora, aquele que transmite à empresa concorrente um segredo de fabricação, métodos de execução mais convenientes ou dados técnicos específicos e reservados afronta aquele dever de fidelidade e lealdade, além dos inegáveis prejuízos que pode vir a causar à empresa que o contratou. A esse respeito, Orlando Gomes e Elson Gottschalk, no seu *Curso de direito do trabalho*, assim se manifestam:

> O prejuízo causado à empresa pela violação deste dever de lealdade é que bitola a extensão da justa causa; se a indiscrição do empregado, desacompanhada de má-fé, não causa prejuízo, o ato faltoso não se caracteriza, por se tratar de simples leviandade.

i) Ato de indisciplina ou de insubordinação.

São duas figuras diferentes, embora com certo relacionamento. O ato de indisciplina corresponde ao descumprimento das normas regimentais ou disciplinares da empresa, enquanto a insubordinação, não deixando de ser uma indisciplina, é um ato que fere a hierarquia dentro da empresa, eis que corresponde, no mais das vezes, ao descumprimento de ordens recebidas de um superior.

j) Abandono de emprego.

Especificamente, neste caso, é importante a análise do comportamento do empregado à luz de um fator objetivo – ou seja, a ausência intencional ao serviço, pelo empregado, por um determinado período – e de um fator subjetivo – isto é, a gravidade do ato praticado pelo empregado ao não mais retornar ao serviço, rompendo, assim, pela própria conveniência, a relação de emprego. A propósito, existe uma orientação jurisprudencial, com base analógica no que dispõe o art. 474 da CLT, que fixa em trinta dias o período a ser considerado para que se configure o abandono. Alguns autores consideram fundamental que tenha existido, por parte do empregador, uma tentativa de convocação do faltoso, seja por meio de carta, telegrama com aviso de recebimento ou, até mesmo, por uma publicação em jornal. A nosso ver, nenhuma dessas possibilidades justifica nem é um fator decisivo para a caracterização da figura do abandono, eis que a obrigação de comparecer ao serviço é do empregado, sendo dele, portanto, a obrigação de se fazer presente ou, pelo menos, se justificar. Na verdade, o período de trinta dias de ausência consecutiva é apenas um parâmetro que, de certo modo, demonstra o desinteresse do empregado em continuar a relação de emprego. Por outro lado, esse presumível abandono pode ser elidido por uma comprovação do empregado, ao retornar, de não ter tido condições de se comunicar com a empresa. Daí a necessidade, diante de um caso concreto, de uma análise das circunstâncias que poderiam, quem sabe, justificar a ausência prolongada.

> k) Ato lesivo da honra ou da boa fama praticado, no serviço, contra qualquer pessoa, ou ofensas físicas, nas mesmas condições, salvo em caso de legítima defesa própria ou de outrem.

Preliminarmente, é necessário que o ato praticado pelo empregado possa ser caracterizado como injúria, calúnia ou difamação ou, então, que tenha sido uma agressão física. A prática de tais atos dentro do ambiente de trabalho pode ser tanto contra um empregado ou, até mesmo, contra quem não seja trabalhador da empresa. Seria o caso, por exemplo, de um entregador que fosse levar algum produto ou mercadoria e, em função de um desentendimento, fosse agredido por um empregado. Seria fundamental, por exemplo, no caso de ato lesivo à honra ou à boa fama, que fosse comprovada a intenção de causar ato danoso à pessoa. A ofensa física poderá ocorrer até mesmo fora do ambiente de serviço, caso o trabalho do empregado atingido seja externo.

> *l*) Ato lesivo da honra ou da boa fama ou ofensas físicas praticados contra o empregador e superiores hierárquicos, salvo em caso de legítima defesa própria ou de outrem.

Esta possibilidade difere da anterior por ocorrer fora do serviço e se dirigir, especificamente, contra o empregador, superior hierárquico ou preposto de um deles. Suponhamos, por exemplo, que um empregado tenha tido um desentendimento com seu superior. Em um domingo, encontra seu desafeto na feira e o agride com palavras ou fisicamente. O fato estará incurso nesta alínea, embora não tenha ocorrido dentro do ambiente de trabalho.

> *m*) Prática constante de jogos de azar.

Inicialmente, é necessário que o jogo praticado corresponda a uma situação em que o fator sorte seja predominante. Assim, uma partida de xadrez não pode ser considerada um jogo de azar, o que não acontece, por exemplo, com um jogo de dados ou outro semelhante. O texto legal não menciona diretamente, mas se subentende que a prática tenha ocorrido dentro do ambiente de trabalho, possivelmente em um intervalo. Também não importa se por dinheiro ou por mera distração. A análise do ocorrido deve justificar ou não a punição. Ademais, observe-se que a prática deve ser constante, não apenas ocasional.

n) Outras situações possíveis de caracterizar uma justa causa para a rescisão contratual.

A CLT prevê, ainda, em artigos diversos, outras possibilidades de rescisão contratual por justa causa. Assim, o art. 508 prevê, no caso específico do trabalhador bancário, a possibilidade de sua dispensa caso se configure a "falta contumaz de pagamento de dívidas legalmente exigíveis". Por sua vez, o ferroviário que, em caso de urgência ou de acidente na estrada, se recusar, sem motivo justificado, a executar serviço extraordinário, poderá ter o seu contrato rescindido por justa causa, conforme prevê o parágrafo único do art. 240 da CLT. Igualmente, na ocorrência de um movimento grevista, existe a possibilidade de dispensa por justa causa do empregado que não comparecer ao serviço.

VERIFICAÇÃO DE APRENDIZAGEM

1. Qual a diferença entre falta grave e justa causa?
2. O que vem a ser ato de improbidade? E desídia?
3. Qual a diferença entre ato de indisciplina e ato de insubordinação?
4. A prática de jogos de azar fora da empresa pode, também, ser uma justa causa?
5. A embriaguez pode constituir uma justa causa?
6. Como se caracteriza o abandono de emprego para ser uma justa causa?
7. Quando ocorre a rescisão por culpa recíproca?
8. E por força maior?

RESCISÃO POR MORTE DO EMPREGADOR QUANDO EM EMPRESA INDIVIDUAL

A morte do empregador, quando pessoa física ou empresa individual, nem sempre ocasiona a extinção da empresa, que pode continuar funcionando por conta dos respectivos herdeiros. Ocorrendo essa situação, nada impede que o empregado continue trabalhando operando-se a sucessão trabalhista, nos termos do que dispõem os arts. 10 e 448 da CLT. Todavia, o art. 483, § 2º, da CLT, admite que, nesse caso, é facultado ao empregado rescindir o contrato de trabalho. Nessa hipótese, entendem os autores que o desinteresse do empregado em continuar na empresa equivale a um pedido de demissão, dispensado do aviso-prévio, mas sem direito àquelas verbas que lhe seriam devidas se fosse dispensado de forma imotivada. Ainda assim, o trabalhador poderá sacar o FGTS, embora não tenha direito a receber os 40% que seriam devidos caso fosse despedido de forma imotivada. Terá direito ao 13º proporcional e, se tiver mais de 1 ano de empresa, também a férias proporcionais. Igualmente, deverá receber eventual saldo de salário.

Caso a morte do empregador implique o fechamento da empresa, automaticamente ocorrerá a extinção do contrato de trabalho, dando ao empregado aqueles direitos rescisórios a que se refere o art. 485, ou seja, aviso-prévio, 13º salário proporcional, férias vencidas e proporcionais acrescidas do terço constitucional e liberação do FGTS acrescido de 40%. Caso a extinção da empresa tenha ocorrido por motivo de força maior, esse percentual será de apenas 20%.

RESCISÃO POR MORTE DO EMPREGADO

A morte do empregado provoca, necessariamente, a extinção do contrato de trabalho. Evidentemente, não há que falar em dispensa injusta. Eventuais direitos trabalhistas e previdenciários serão atribuídos aos seus herdeiros devidamente habilitados. Será o caso do 13º salário proporcional e de férias vencidas ou proporcionais, caso o empregado tenha laborado por mais de 1 ano. Os depósitos do FGTS também serão liberados, assim como eventual saldo de salário.

RESCISÃO POR MÚTUO ACORDO ENTRE AS PARTES

Esse tipo de rescisão não tem sido considerado aplicável no âmbito trabalhista, uma vez que não é aceitável que o empregado possa fazer transação que signifique, de alguma forma, a supressão dos direitos trabalhistas que lhe sejam assegurados pela lei. Diante dessa colocação, no caso de uma rescisão por mútuo acordo, serão devidas ao trabalhador todas as verbas rescisórias adequadas à dispensa sem justa causa, o que torna desinteressante para o empregador a rescisão por mútuo acordo. Sergio Pinto Martins, no seu *Direito do trabalho*, entende ser perfeitamente admissível que empregado e empregador pactuem, mediante acordo, a cessação do contrato de trabalho, cabendo a ambos estabelecerem as formas e consequências do rompimento do contrato. Nesse caso, conforme dispõe o art. 20 da Lei n. 8.036, o trabalhador não poderá levantar o FGTS relativo a esse contrato. Já salários e férias vencidas não poderão ser objeto de qualquer acordo, admitindo-se que as demais verbas sejam transacionadas.

As relações de trabalho chegaram a criar uma situação muito próxima do mútuo acordo para dissolução do contrato. São os planos de incentivo ao desligamento voluntário do empregado. Nesses casos, o trabalhador que adere ao plano voluntário de desligamento recebe as parcelas relativas à dispensa injusta, acrescidas de determinada importância compensatória da perda do emprego. Há, evidentemente, um ato voluntário de adesão do empregado ao plano de ruptura do contrato bastante semelhante à figura do distrato, aceitável desde que não signifique a supressão de direitos trabalhistas assegurados pela lei.

RESCISÃO POR CULPA RECÍPROCA

A rescisão por culpa recíproca ocorre face ao cometimento, pelo empregador e pelo empregado, de uma falta que por si só justificaria a rescisão por justa causa, no caso do empregado, ou a rescisão indireta, no caso do empregador. Evidentemente, esse tipo de rescisão contratual supõe uma decisão judicial convalidando ambas as faltas graves.

Suponhamos, por exemplo, que o empregado seja encontrado cometendo um roubo na empresa e, surpreendido pelo patrão, este o agride. O ato do empregado cometendo um roubo encontra abrigo no art. 482 da CLT; por sua vez, o ato do empregador agredindo o empregado vem capitulado no art. 483, também da CLT. Se as faltas não forem concomitantes, devem, pelo menos, ter uma correlação. Sergio Pinto Martins entende que as faltas não devem ter obrigatoriamente a mesma intensidade, isto é, uma pode ser considerada mais grave do que a outra. O que importa é que ambas tenham gravidade suficiente para justificar a rescisão do contrato.

O art. 484 da CLT, assim disciplina a ocorrência da rescisão por culpa recíproca:

> Art. 484. Havendo culpa recíproca no ato que determinou a rescisão do contrato de trabalho, o tribunal do trabalho reduzirá a indenização que seria devida em caso de culpa exclusiva do empregador, por metade.

O antigo Enunciado n. 14 do Tribunal Superior do Trabalho (TST) determina que, "reconhecida a culpa recíproca na rescisão do contrato de trabalho, o empregado não fará jus ao aviso-prévio, às férias proporcionais e à gratificação natalina do ano respectivo".

Todavia, a Resolução n. 121/2003, do mesmo Tribunal determina que o empregado terá direito a 50% do valor do aviso-prévio, do 13º salário e das férias proporcionais. Na verdade, parece muito mais coerente, com a duplicidade da falta, o pagamento pela metade, em vez de punir apenas o empregado, como previa o Enunciado n. 14. Quanto à indenização de 40% prevista na Lei n. 8.036, do FGTS, esta deve, também, ser reduzida pela metade, ou seja, passar a ser de 20%.

RESCISÃO POR MOTIVO DE FORÇA MAIOR

A CLT, no seu art. 501, define força maior como sendo "todo acontecimento, inevitável em relação à vontade do empregador, e para a realização do qual este concorreu, direta ou indiretamente". O § 1º do mesmo artigo determina que "a imprevidência do empregador exclui a razão de força maior".

Admite-se, por exemplo, que um incêndio seja um motivo de força maior. Se, todavia, o estabelecimento tiver recebido, anteriormente, uma fiscalização do trabalho que lhe tenha concedido um prazo para corrigir a fiação elétrica ou a colocação correta dos extintores e, vencido o prazo concedido, sobrevenha um incêndio, sem que a empresa tenha procedido às correções determinadas, esse incêndio não determinará uma situação de força maior.

Nos termos do art. 502, se a ocorrência de um motivo de força maior determinar a extinção do estabelecimento em que o empregado trabalhe, é assegurado a este, se despedido, uma indenização equivalente à metade daquela que ele receberia se despedido sem justa causa, inclusive em relação à multa prevista na Lei do FGTS, que seria reduzida a 20%.

RESCISÃO POR APOSENTADORIA DO TRABALHADOR

A aposentadoria do trabalhador é uma das formas de extinção do contrato de trabalho. Todavia, nada impede que o empregado, concedida a aposentadoria, continue prestando serviços à empresa, caso em que se iniciará um novo contrato.

A aposentadoria permite que o empregado levante os depósitos feitos em sua conta vinculada no FGTS, mas sem o acréscimo dos 40%, que somente são devidos em caso de demissão sem justa causa. Igualmente, não faz jus ao aviso-prévio, já que não foi despedido. Terá direito, porém, ao 13º proporcional ao ano incompleto, bem como a férias vencidas e a férias proporcionais, desde que tenha mais de 1 ano de serviço na empresa. A data a ser anotada em sua carteira de trabalho como de saída do emprego será a do dia anterior ao início da aposentadoria. Se continuar a trabalhar na empresa, a data de readmissão e início de um novo contrato será a do dia subsequente ao da aposentadoria.

RESCISÃO POR APOSENTADORIA POR IDADE REQUERIDA PELA EMPRESA

Nos termos do art. 51 da Lei n. 8.213, que dispõe sobre os benefícios da Previdência Social, a aposentadoria por idade pode ser requerida pela empresa desde que o empregado, tendo já cumprido o período de carência necessário para a obtenção do benefício, tenha completado 70 anos, se do sexo masculino, ou 65, se do sexo feminino. Nesse caso, o empregado terá direito à indenização prevista na legislação trabalhista, podendo levantar o que estiver depositado no FGTS acrescido de 40%, uma vez que, sendo da empresa a iniciativa de rompimento do contrato de trabalho, esse procedimento equivale à dispensa sem justa causa.

VERIFICAÇÃO DE APRENDIZAGEM

1. A morte do empregador sempre ocasiona a extinção do contrato individual de trabalho?
2. No caso de morte do trabalhador, o contrato é naturalmente extinto? Em caso afirmativo, quem receberá os eventuais direitos adquiridos pelo empregado que faleceu?
3. Que impedimentos podem existir para a rescisão do contrato por mútuo acordo?
4. No caso de rescisão por culpa recíproca, como fica a indenização que for devida ao trabalhador?
5. Qual o conceito legal de força maior e como repercute na rescisão do contrato individual do trabalho?
6. Quando o trabalhador se aposenta voluntariamente, pode continuar trabalhando na mesma empresa? Em que condições?
7. Na aposentadoria por idade requerida pelo empregador, o trabalhador terá direito aos 40% sobre o total dos depósitos no FGTS?

DA RESCISÃO OU DESPEDIDA INDIRETA

A rescisão ou despedida indireta é uma forma de rescisão do contrato individual de trabalho por iniciativa do empregado, ante o cometimento, pelo empregador, de uma das situações previstas no art. 483 da CLT.

Ao contrário do que ocorre na rescisão por falta grave cometida pelo empregado, constituindo uma justa causa para rescisão do contrato de trabalho, no caso da despedida indireta, é o empregador que provoca a rescisão do contrato. Na realidade, a intenção do empregador é outra. Pretendendo desfazer-se de determinado empregado, mas não querendo dispensá-lo sem justa causa, uma vez que ele não tenha tido nenhum procedimento que pudesse justificar a rescisão contratual, e tentando esquivar-se das verbas indenizatórias com que deveria arcar se a dispensa fosse imotivada, o empregador procura criar dificuldades para o empregado, fazendo-lhe, sem maiores motivos, pequenas advertências e exigindo dele serviços que sabe que o empregado não tem condições de fazer. Enfim, o empregador procura tornar desconfortável a situação do empregado na empresa, de forma que este, desgostoso com a situação criada, peça demissão, liberando-o, assim, das verbas indenizatórias. Todavia, o empregado pode, em vez de pedir demissão, ir à Justiça do Trabalho e denunciar o procedimento do empregador, requerendo, então, a despedida indireta.

Provadas as alegações do empregado, o juiz determina a rescisão indireta do contrato causada por procedimento indevido do empregador, obrigando este, assim, a pagar ao empregado exatamente as verbas das quais ele pretendia se desonerar.

Nessa eventualidade, são válidas todas as observações feitas com relação às faltas cometidas pelo empregado e que podem justificar uma rescisão por justa causa.

Assim, cabe analisar o comportamento do empregador à luz daqueles mesmos fatores, subjetivos e objetivos, que examinamos quando tratamos da dispensa por justa causa do empregado, ou seja, apurar qual a verdadeira intenção do empregador ao, por exemplo, advertir seguidamente o empregado, até mesmo por pequenas faltas, ou exigir dele serviços incompatíveis com a sua capacidade. Teria o empregador, efetivamente, a intenção de provocar o pedido de demissão do empregado? Também, aqui, a atualidade do procedimento, a imediatidade entre o fato e a reação do empregado e a relação de causa e efeito são aspectos fundamentais a serem examinados.

Assim, convencido o empregado da atitude dolosa do empregador, capaz de tornar insuportável a continuidade da relação de emprego, seria dele a iniciativa de romper o contrato de trabalho.

O correto, segundo entende a maioria dos autores, seria o empregado afastar-se do serviço, avisando o empregador, se possível por escrito, dos motivos pelos quais está se afastando, inclusive para evitar uma possível acusação de abandono do trabalho. Caberá, então, ao trabalhador, procurar na Justiça do Trabalho a determinação judicial para rompimento da relação de emprego de forma indireta, obrigando o empregador a lhe pagar todas aquelas verbas rescisórias a que ele pretendia se furtar e que seriam devidas no caso de rescisão sem justa causa.

Esse tipo de rescisão vem previsto no art. 483 da CLT, que assim reza no seu *caput*:

> Art. 483. O empregado poderá considerar rescindido o contrato e pleitear a devida indenização quando [...]:

Seguem-se, então, diversos incisos e parágrafos mencionando faltas graves ou situações que podem ser atribuídas ao empregador, dando, assim, causa à rescisão dita indireta do contrato de trabalho.

Vejamos, então, quais os atos do empregador que podem causar uma rescisão indireta:

- quando forem exigidos serviços superiores às suas forças, defesos por lei, contrários aos bons costumes ou alheios ao contrato. Um exemplo seria exigir que um porteiro digitasse um texto no

computador, que um menor de dezoito anos tivesse de trabalhar depois das 22 horas ou, ainda, que um vendedor de uma loja de móveis tivesse de descarregar um caminhão, trazendo móveis para serem exibidos na loja;
- quando o trabalhador for tratado pelo empregador ou seus superiores hierárquicos com rigor excessivo. Neste caso, como aconteceu nos incisos referentes às faltas graves ensejadoras da justa causa, o legislador não definiu "rigor excessivo". A expressão, aliás, não tem uma conceituação precisa. Cabe assim, ao juiz, ante o fato concreto, entender se houve ou não rigor, e se esse, tendo ocorrido, foi excessivo;
- quando correr perigo manifesto de mal considerável, ou seja, o empregado não é obrigado a trabalhar em situação que ofereça risco à sua saúde ou segurança. Esta é uma situação frequente na construção civil, nos trabalhos com inflamáveis ou substâncias nocivas à saúde, como o chumbo;
- quando não cumprir, o empregador, as obrigações do contrato – a situação mais frequente atinente a este inciso vem a ser o atraso no pagamento da remuneração mensal;
- quando praticar, o empregador ou seus prepostos, ato lesivo da honra e boa fama contra o empregado ou pessoa de sua família. Este inciso é a contrapartida de cláusula constante no artigo que examina as possíveis faltas graves que podem constituir uma justa causa para rescisão do contrato de trabalho do empregado pelo empregador;
- quando o empregador ou seus prepostos ofenderem o empregado fisicamente, salvo em caso de legítima defesa, própria ou de outrem – o inciso refere-se à agressão física, não especificando se em serviço ou fora dele;

- se o empregador reduzir o seu trabalho, sendo este por peça ou tarefa, de forma a afetar, sensivelmente, a importância do salário.

Os §§ 1º e 3º do mesmo artigo deixam ao alvitre do empregado, na ocorrência de alguma das situações elencadas, suspender ou não a prestação de serviços ou, desde logo, entender rescindido o contrato de trabalho e pleitear a devida indenização como se houvesse sido despedido sem justa causa.

VERIFICAÇÃO DE APRENDIZAGEM
1. O que vem a ser a rescisão indireta?
2. O que o legislador quis dizer com a expressão "serviços defesos por lei"?
3. Que diferença pode ser feita entre um ato praticado com rigor e um com rigor excessivo?
4. Como se poderia definir um ato praticado com "perigo manifesto de mal considerável"?
5. Quando o trabalhador recebe por peça ou tarefa, a diminuição pelo empregador da devida matéria-prima para o trabalho do empregado, que, consequentemente, pode ter a sua remuneração reduzida, será de exclusiva responsabilidade do empregador?

DO INSTITUTO DE HOMOLOGAÇÃO
Até meados de 1962, vigia, na rescisão do contrato de trabalho de empregado admitido por prazo indeterminado, o estabelecido no art. 477 da CLT, a saber:

> Art. 477. É assegurado a todo empregado, não existindo prazo estipulado para a terminação do respectivo contrato, e quando não haja ele

dado motivo para a cessação das relações de trabalho, o direito de haver do empregador uma indenização paga na base da maior remuneração que tenha percebido na mesma empresa.

Todavia, eram comuns práticas abusivas dos empregadores, como, por exemplo, na hora da quitação final e do cálculo das verbas a serem pagas ao empregado, apresentarem valores menores do que seria correto. Daí o surgimento da Lei n. 4.066, de 28.06.1962, que criou a assistência ao trabalhador na hora da rescisão, e que estabelecia no seu § 1º:

> §1º O pedido de demissão ou recibo de quitação de rescisão do contrato de trabalho, firmado por empregado com mais de 1 (um) ano de serviço, só será válido quando feito com a assistência do respectivo Sindicato ou perante a autoridade do Ministério do Trabalho.

Dessa maneira, quando o trabalhador tiver menos de 1 ano de empresa, a rescisão do contrato de trabalho e o respectivo pagamento das verbas devidas serão feitos no próprio estabelecimento do empregador, perante funcionário ou contador. A explicação reside no fato de que, normalmente, as verbas a serem pagas serão de menor valor; sendo assim, será menor a possibilidade de fraude ou lesão aos direitos do trabalhador. Contudo, se o trabalhador for menor de 18 anos, a quitação final só poderá ser feita na presença de seu responsável e de representante da entidade sindical ou de funcionário do Ministério do Trabalho. Se for dirigente sindical e, consequentemente, portador de estabilidade provisória, a quitação final somente poderá ser feita com a participação de representante do órgão sindical de sua atividade.

O instituto de homologação ou da assistência à rescisão contratual de empregado com mais de 1 ano de emprego foi criado, como já foi dito, em consequência das constantes fraudes que vinham ocorrendo em prejuízo dos trabalhadores. Essa medida é mais de caráter administrativo e, portanto, poderia ser adotada em localidades onde não exista sindicato da categoria do trabalhador ou órgão do Ministério do Trabalho, por representante do Ministério Público, pelo defensor público – onde houver – ou, ainda, na falta também deste, pelo Juiz de Paz (art. 477, § 3º).

Nos termos do § 2º do mesmo artigo, o instrumento de rescisão ou recibo de quitação, qualquer que seja a causa ou forma de dissolução do contrato, deve ter especificada a natureza de cada parcela paga ao empregado e discriminado o seu valor, sendo a quitação válida apenas em relação a tais parcelas. Vale dizer que não será aceito um recibo genérico e do qual conste somente a importância global paga ao empregado. Observa-se, ainda, no mesmo parágrafo, que o instituto da homologação abrange todos os tipos de rescisão, ou seja, por pedido de demissão, por demissão sem justa causa, por demissão por justa causa, etc. Todavia, nos casos de demissão por justa causa, ela só poderá ser feita nos moldes administrativos previstos neste artigo se houver concordância do empregado quanto à existência de uma justa causa. Caso contrário, somente a Justiça do Trabalho poderá fazê-la, uma vez que nem o funcionário do sindicato ou o representante do Ministério do Trabalho terão condições de julgar a existência ou não de uma justa causa, quando contestada pelo trabalhador.

Finalmente, cabe observar a existência de interpretações divergentes no que diz respeito ao § 2º, quando afirma que a quitação é válida "apenas relativamente às mesmas parcelas", deixando dúvidas se o empregado poderá vir a questionar, na Justiça do Trabalho, valores não incluídos nas parcelas constantes do instrumento de rescisão, ou seja, do termo de rescisão do contrato de trabalho (TRCT). A nosso ver, e parece ser esta a opinião mais aceita, nada impede que no verso do termo de rescisão seja consignada, no ato da homologação, ressalva expressa do trabalhador, especificada quanto ao valor dado a alguma parcela ou, até mesmo, a existência de parcelas não consideradas. Ainda, não custa repetir que a quitação que está sendo dada pelo empregado, no momento da homologação, refere-se tão somente àquelas parcelas constantes do TRCT.

O § 4º do mesmo artigo determina que o pagamento a que fizer jus o empregado (ou seja, as verbas rescisórias)

> será efetuado no ato da homologação da rescisão do contrato de trabalho, em dinheiro ou cheque visado, conforme acordem as partes, salvo se o empregado for analfabeto, quando o pagamento somente poderá ser feito em dinheiro.

O mesmo deverá acontecer quando o empregado for menor, ocasião em que deverá ser assistido pelo seu responsável ou quem lhe fizer as vezes.

Nos termos do § 5º do art. 477, qualquer compensação no pagamento das verbas rescisórias por eventual adiantamento salarial ou empréstimo que tenha sido feito ao empregado que está rescindindo o seu contrato de trabalho "não poderá exceder o equivalente a um mês de remuneração do empregado". Assim, caso o salário do empregado fosse de oitocentos reais e ele tivesse, na ocasião da rescisão do contrato, uma dívida para com o empregador, por um empréstimo que este lhe tivesse feito, de, por exemplo, 2 mil reais, no ato da homologação, não poderia ser feito, por conta da dívida, desconto superior a oitocentos reais, ou seja, o valor da remuneração mensal daquele trabalhador. Quanto ao restante, o trabalhador pagaria em separado e de maneira que as partes acordassem.

O § 6º do mesmo artigo estabelece prazos para o pagamento das verbas rescisórias, ou seja, do valor final constante do TRCT ou recibo de quitação. Assim, no caso de extinção do contrato ao fim do aviso-prévio concedido, o pagamento de tais verbas deverá ser feito no primeiro dia útil imediato ao fim do aviso e, portanto, ao fim do contrato de trabalho. Todavia, na ausência de aviso-prévio e em caso de indenização pela sua não concessão ou pela dispensa do seu cumprimento, pelo empregador, o referido pagamento deverá ser feito até o 10º dia, contando a partir da notificação da demissão. Observa-se que a norma legal ora analisada não estabelece prazo para a homologação propriamente dita, eis que esta deverá ser estabelecida em acordo com o organismo homologador.

Nos termos do § 7º, o ato de assistência à rescisão será "sem ônus para o trabalhador e empregador". Não obstante, hoje é prática constante nos sindicatos a cobrança de uma taxa no ato da homologação, a ser paga pelo empregador.

Finalmente, não ocorrendo o pagamento das parcelas correspondentes do TRCT nos prazos estipulados por culpa do empregador, este incorrerá em multa administrativa, além de ter de pagar, ao empregado, valor correspondente a um mês de remuneração deste. Se for por culpa do empregado, inexistirá qualquer multa ou pagamento.

Atualmente, tem sido prática corrente o chamado aviso-prévio em casa, ou seja, o empregador concede o aviso-prévio ao empregado, mas, ao mesmo tempo, dispensa-o de comparecer ao serviço durante os dias do aviso. O assunto é controverso. A Justiça do Trabalho tem entendido não existir, legalmente, aviso-prévio em casa, considerando, então, que, nesse caso, o pagamento das verbas rescisórias deve ser feito até o 10º dia contado da comunicação da rescisão, uma vez que teria existido, na realidade, a dispensa do seu cumprimento. Não atendido esse prazo, o empregador deve pagar ao empregado a multa cominada no § 8º do mesmo artigo. Entretanto, há quem entenda que nada pode impedir o empregador, usando o seu poder de comando, de dispensar o empregado de comparecer ao serviço. E argumentam, com bastante razão, a nosso ver, que o chamado aviso-prévio em casa seria mais vantajoso para o empregado, que teria, então, os trinta dias livres para procurar emprego, em vez da redução de duas horas na jornada de trabalho ou, mesmo, da possibilidade de faltar ao serviço por sete dias consecutivos. Em nome da hoje tão decantada flexibilização da legislação trabalhista, entendemos ser esta segunda possibilidade norma muito mais vantajosa para o trabalhador, que inclusive teria contados, para efeito de aposentadoria, os 30 dias do aviso-prévio em casa, ao contrário de apenas os 10 dias previstos no art. 477, § 6º, *b*, da CLT.

VERIFICAÇÃO DE APRENDIZAGEM
1. Qual a importância da homologação?
2. Por quais razões ela só se aplica nos casos de empregados que tenham um ano ou mais de emprego?
3. Quando não basta, apenas, a presença do empregado e do representante da empresa?
4. Quando e onde pode ser feita homologação nos casos de rescisão por justa causa?
5. Mesmo tendo assinado o termo de homologação, o empregado poderá vir a questionar alguma verba na Justiça do Trabalho?
6. Caso o empregado esteja devendo alguma importância à empresa que o está dispensando, ainda assim poderá ser feita a homologação?

7. Qual a posição da Jurisprudência com relação ao aviso-prévio em casa?
8. A norma legal estabelece prazo para pagamento da importância correspondente ao termo de rescisão do contrato de trabalho. E quanto à realização da própria homologação, há também prazo estipulado?

AVISO-PRÉVIO
Conceito

O aviso-prévio é a comunicação que uma das partes do contrato individual de trabalho faz à outra, informando não desejar a continuação da relação de emprego até então mantida. Em outras palavras, visa a diminuir, pela informação antecipada, os efeitos danosos, tanto para o trabalhador como para o empregador, que podem decorrer da rescisão de um contrato de trabalho que vinha sendo mantido.

O empregado, que vive do salário que recebe em virtude do seu trabalho, não deve e não pode ficar, de um momento para outro, sem aquela importância que lhe garante o sustento, seu e de sua família. O empregador, por sua vez, se contratou o empregado é porque necessita dos serviços que ele lhe pode prestar. Sendo assim, também não deve ficar, de um momento para outro, sem esse trabalho. Daí a existência desse instituto que, aliás, não é novo no Brasil. Já no velho Código Comercial de 1850 se admitia que, em sua relação de trabalho, envolvendo dois contratantes, não estando acertado, previamente, o prazo do ajuste, aquele que quisesse romper a relação deveria avisar a outra de sua intenção com 1 mês de antecedência. O Código Civil de 1916, ao tratar da locação de serviços, estabelecia, também, que, se não houvesse prazo estipulado previamente para terminação do ajuste, qualquer uma das partes contratantes tinha a obrigação de avisar a outra de sua intenção de não mais manter aquela relação. A CLT incorporou no seu texto essa obrigação. Entre as muitas definições que existem para o aviso-prévio uma das mais simples é aquela constante do *Curso de direito do trabalho*, de Mozart Victor Russomano: "aviso prévio é a notificação antecipada da intenção de uma das partes de rescindir o contrato de trabalho após certo espaço de tempo". É, portanto, um instituto bilateral, isto é, obrigação de qualquer uma das partes que quiser romper o contrato de trabalho.

Quanto à forma pela qual o aviso-prévio deve ser concedido tudo indica que deva ser por escrito, em duas vias, uma para cada parte. Quanto à forma oral, que alguns juristas admitem como possível, irá depender do reconhecimento pela outra parte de sua ocorrência.

O professor Sergio Pinto Martins, Juiz do Trabalho e tratadista respeitado, no seu *Direito do trabalho*, na 20ª edição, entende que o aviso-prévio "é um direito irrenunciável do empregado", conforme admite o Enunciado n. 276 do Colendo Tribunal Superior do Trabalho ao determinar que o direito ao aviso-prévio é irrenunciável, acrescentando que "o pedido de dispensa de cumprimento não exime o empregador de pagar o valor respectivo, salvo comprovação de haver o prestador dos serviços obtido novo emprego". Já no caso do aviso-prévio ter sido dado pelo empregado, completa o tratadista, "o período pertence ao empregador e este poderá renunciá-lo, o que não ocorre quando o aviso prévio é dado pelo empregador".

O aviso-prévio na CLT e na Constituição Federal

O art. 487, primeiro do capítulo sobre aviso-prévio, estabelece desde logo, que: o aviso-prévio só existe naqueles contratos de trabalho que, ao serem ajustados, não tenham termo previsto para terminarem. Por evidente, entende-se que, nos contratos que tenham prazo estipulado para sua terminação, as duas partes já sabem, antecipadamente, quando irá terminar o contrato de trabalho pactuado. Assim:

> Não havendo prazo estipulado, a parte que, sem justo motivo, quiser rescindir o contrato deverá avisar a outra da sua resolução com a antecedência mínima de:
> I – 8 (oito) dias, se o pagamento for efetuado por semana ou tempo inferior;
> II – 30 (trinta) dias aos que perceberem por quinzena ou mês, ou que tenham mais de 12 (doze) meses de serviço na empresa.

A Constituição Federal de 1988 incluindo, pela primeira vez em texto constitucional, normas sobre aviso-prévio, em seu art. 7º, XXI praticamente revogou os dois incisos do art. 487 determinando ser direito dos trabalhadores urbanos e rurais, além de outros que visem a melhoria e sua condição social:

> [...] aviso-prévio proporcional ao tempo de serviço no mínimo de trinta dias nos termos da lei;

Ou seja, extinguiu o aviso-prévio de oito dias determinando que ele deverá ser proporcional ao tempo de serviço, mas nunca inferior a trinta dias nos termos da lei, admitindo-se, assim, que uma lei ainda por ser feita, estabeleceria um tempo maior para aviso-prévio, conforme o tempo de serviço do trabalhador.

Enquanto essa lei não era editada, alguns sindicatos já tinham, em suas convenções coletivas, estabelecido um prazo maior para trabalhadores com mais de 45 anos, ou com determinado número de anos de casa, especialmente quando o aviso-prévio fosse iniciativa do empregador.

Afinal, em 11 de outubro de 2011, foi promulgada a Lei n. 12.506, com o seguinte texto:

> Art. 1º O aviso prévio, de que trata o capítulo VI do Título IV da Consolidação das Leis do Trabalho – CLT aprovada pelo Decreto-Lei nº 5.452, de 1º de maio de 1943, será concebido na proporção de 30 (trinta) aos empregados que contem até 1 (um) ano de serviço na mesma empresa.
>
> Parágrafo único. Ao aviso prévio previsto neste artigo serão acrescidos 3 (três) dias por ano de serviço prestado na mesma empresa, até o máximo de 60 (sessenta) dias, perfazendo um total de até 90 (noventa) dias.
>
> Art. 2º Esta lei entra em vigor na data de sua publicação.
>
> Brasília, 11 de outubro de 2011; 190º da Independência e 123º da República.

DAS NORMAS QUE REGEM O AVISO-PRÉVIO

Evidentemente, são dois os objetivos fundamentais do instituto do aviso-prévio. Assim, com relação ao trabalhador a ser dispensado, se este for o caso, conceder-lhe um tempo para a obtenção de um novo emprego. Quanto ao empregador, garantir-lhe um período necessário à contratação de substituto para o trabalhador cujo contrato vai ser rescindido. Em outras palavras, parta de quem partir, o interesse na concessão do aviso-prévio é recíproco.

Ora, se a legislação estabelece a obrigatoriedade de a parte que quiser rescindir o contrato avisar a outra de sua determinação, evidentemente, à ausência desse aviso deve corresponder uma contrapartida à outra parte. É o que estabelecem os dois primeiros parágrafos do art. 487. Assim, a falta de aviso-prévio ao empregado, por parte do empregador, dá ao empregado o direito de receber salário correspondente ao prazo do aviso-prévio que ele não teve. E esse pagamento implica, tacitamente, a integração desse período correspondente ao aviso, como tempo de serviço do trabalhador, para todos os efeitos. Por outro lado, se for o empregado que, tomando a iniciativa de rescindir o contrato, não der ao seu empregador o competente aviso, poderá o empregador, no ajuste final, descontar dele o salário correspondente ao prazo do aviso que ele não deu.

Por sua vez, o § 4º torna obrigatório o aviso-prévio nos casos de "despedida imediata". Já nos casos de aposentadoria espontânea do trabalhador não existe aviso-prévio, nem nos casos de rescisão por "justa causa" ou por morte do empregado.

Por outro lado, não resta dúvida que a pura e simples concessão do aviso-prévio, por parte do empregador, ao empregado cujo contrato ele vai rescindir, visando a oferecer um determinado período para que ele tenha condições de obter uma nova colocação, não atenderia a esse objetivo se, em contrapartida, não oferecesse, também, condições ao empregado para que ele pudesse buscar esse outro emprego. Trabalhando em um horário integral, das 8 às 17 horas, por exemplo, que horas o trabalhador teria para essa busca? O legislador consolidado procurou resolver esse problema admitindo, nos termos do art. 488, que, no decorrer do prazo do aviso, o trabalhador tivesse a sua jornada reduzida em duas horas, sem prejuízo ao salário integral. Isso valeria, evidentemente, para os casos em que a iniciativa da terminação do contrato fosse do empregador.

Todavia, não tardou que se verificasse, de forma objetiva, que essas duas horas eram totalmente insuficientes para o fim colimado, especialmente nas grandes cidades onde são exigidos do trabalhador deslocamentos que, por si só, já consomem parte substancial daquelas duas horas concedidas pela lei. Daí ter sido acrescentado, ao art. 488, um parágrafo único que oferece uma outra alternativa, ou seja, em vez da redução de duas horas diárias, o trabalhador poderia optar em faltar ao serviço, sem prejuízo do salário integral, por sete dias consecutivos. A escolha da alternativa mais conveniente seria do próprio trabalhador.

Atualmente tem surgido, à margem da lei, o chamado "aviso-prévio em casa". Ou seja, o empregador, talvez admitindo que o empregado em aviso-prévio já não tem muito estímulo para trabalhar na empresa que o está dispensando, ao conceder o aviso-prévio dispensa o empregado de comparecer ao serviço, em todo o prazo do aviso, vindo à empresa apenas, ao final deste, para ultimar a rescisão e receber os haveres que lhe forem devidos. Embora muitos juízes não aceitem essa possibilidade, pelo fato de ela não constar na lei, a verdade é que ela é muito mais favorável ao empregado que terá, em vez daquelas duas horas a menos na jornada ou da possibilidade de faltar sete dias corridos, todo um mês para procurar nova colocação. Equivaleria, sem dúvida, à aplicação do princípio da "norma mais favorável ao trabalhador". Além do mais, nesse caso, os trinta dias do aviso contariam como tempo de serviço para todos os efeitos, inclusive previdenciários, o que não aconteceria se os empregados recebessem seus haveres no prazo de 10 (dez) dias que a lei estabelece para os casos de dispensa do cumprimento do aviso-prévio ou indenização do mesmo.

Por outro lado, especialmente na construção civil, tem sido praticada uma outra forma desse instituto, também à margem da lei, mas que libera, desde logo, o empregado para a procura de novo emprego, substituindo o longo prazo do aviso por uma indenização em dinheiro de 60 horas, ou seja, as duas horas que a lei admite que o trabalhador não trabalhe, mas ganhe, multiplicada pelos trinta dias de duração do aviso-prévio. Para muitos trabalhadores, é também uma solução mais favorável.

Da possibilidade de arrependimento
A legislação que regula o aviso-prévio admite que pode ocorrer o arrependimento da parte que concedeu o aviso, seja empregador, seja empregado. Nessa situação, a parte que recebeu o aviso-prévio poderá ou não aceitar o arrependimento da outra. Aceitando formalmente ou, ainda, tacitamente, a relação de emprego continuará a vigorar como se o aviso não tivesse sido dado (art. 489).

Da falta grave no decorrer do cumprimento do aviso-prévio
Finalmente, poderá ocorrer no decurso do aviso-prévio, ato que justifique a rescisão imediata do contrato de trabalho. Se esse ato for cometido pelo empregado, este perderá o direito ao restante do aviso e a rescisão do contrato se operará de imediato. Se for do empregador, este se sujeitará ao pagamento da remuneração correspondente ao prazo do aviso, ou seja, trinta dias, além do pagamento daqueles dias que o empregado já tenha trabalhado, operando-se, igualmente, a rescisão, de imediato.

VERIFICAÇÃO DE APRENDIZAGEM
1. Qual é o conceito legal de aviso-prévio?
2. Qual é o prazo do aviso-prévio no caso de pedido de demissão?

3. O empregado pode renunciar ao aviso-prévio?
4. Cabe aviso-prévio na rescisão indireta? E na aposentadoria espontânea do empregado?
5. Existe alguma forma prevista para a concessão do aviso-prévio?
6. É cabível o aviso-prévio nos contratos por prazo determinado?
7. O aviso-prévio pode ser cumprido "em casa" ou trocado pelo pagamento de 60 horas?
8. Quais são os efeitos do aviso-prévio no contrato de trabalho?

DA ESTABILIDADE

Nos termos do art. 492 da CLT, "o empregado que contar mais de dez anos de serviço na mesma empresa não poderá ser despedido senão por motivo de falta grave ou circunstância de força maior, devidamente comprovadas".

Tratava-se da tão desejada estabilidade no emprego, festejada pelos sindicatos de trabalhadores como uma grande conquista. Na realidade, bem ao contrário, ela frequentemente provocava o desemprego de trabalhadores com 7 ou 8 anos de empresa, para que estes não chegassem aos 10 anos de trabalho e adquirissem, assim, uma desejada estabilidade, o que, muitas vezes, levava o trabalhador a se acomodar. Contudo, é inegável que, ainda assim, representava um problema de ordem financeira para os empregadores em face das indenizações que deveriam ser pagas a empregados já com muitos anos de serviço à mesma empresa.

Mauricio Godinho Delgado, no seu livro *Curso de direito do trabalho*, assim se manifesta quanto à estabilidade decenária: "O sistema estabilitário celetista sempre sofreu críticas que denunciavam sua rigidez, tida como impermeável e excessiva". Wermeck Vianna aponta que pesquisa "dirigida pela Universidade de Harvard, no início dos anos 1960, com o propósito de conhecer as opiniões dos empresários brasileiros face ao Estado, verificou que a maioria dos entrevistados se mostrava insatisfeita com o instituto da estabilidade." E completa: "alegando que a estabilidade conspirava contra a produtividade, 64% dos empresários pronunciaram-se contra sua incidência na vida das empresas".

Em 1964, o sistema político imposto ao país admitiu, inicialmente de forma alternativa e, depois, de forma definitiva, a substituição da estabilidade decenal pelo sistema do FGTS, criado pela Lei n. 5.107 e, atualmente, regulamentado pela Lei n. 8.036/90. Embora criado de forma alternativa, em pouco tempo o sistema do FGTS dominava o mercado de trabalho.

Todavia, ainda existe a figura da estabilidade provisória fixada por determinadas normas jurídicas decorrentes de convenções coletivas ou de situações específicas onde a estabilidade no empregado é fundamental.

Assim, há estabilidade no emprego para o dirigente de entidade sindical, desde o registro de sua candidatura a cargo de direção e, se eleito, até um ano após o final do mandato. Essa situação abrange, também, os suplentes.

Igualmente, têm estabilidade os dirigentes da Comissão Interna de Prevenção de Acidentes (CIPA), também desde o registro de sua candidatura até 1 ano após o final do seu mandato. Essa estabilidade garantiria mais independência ao membro da CIPA para propor medidas de proteção ao trabalho, muitas vezes onerosas para o empregador. Garantia esta que se estendia, também, ao membro suplente das comissões.

Além disso, a empregada gestante também tem estabilidade, desde a confirmação da gravidez até cinco meses após o parto. Essa garantia é estendida, também, à empregada doméstica.

Também o trabalhador que sofreu acidente de trabalho tem garantida, pelo prazo mínimo de doze meses, a manutenção do seu contrato de trabalho na empresa após a cessação do auxílio-doença acidentário.

Evidentemente, a estabilidade mencionada não prevalece ante o cometimento, pelo trabalhador, de uma falta considerada grave pela própria lei ou pela CLT.

VERIFICAÇÃO DE APRENDIZAGEM

1. Qual o conceito de estabilidade, em se tratando de uma relação de emprego?
2. A estabilidade, dentro desse conceito, é vantajosa para o empregado?
3. Qual a principal justificativa para a estabilidade dos trabalhadores-membros da CIPA?
4. A estabilidade do trabalhador que sofreu acidente do trabalho é igual a dos demais?

DA FORÇA MAIOR

Nos termos do art. 501 da CLT, "entende-se como força maior todo acontecimento inevitável, em relação à vontade do empregador, e para a realização do qual este não concorreu, direta ou indiretamente".

Este artigo tem frequente aplicação no direito do trabalho. Assim, por exemplo, se durante a execução de uma obra um raio atingir um operário, a paralização momentânea do trabalho será consequência de um fato imprevisto e imprevisível em relação à vontade do empregador. Se, por outro lado, a empresa tiver sido visitada por um auditor fiscal do trabalho que tiver dado determinado prazo para cumprimento de normas de segurança, e um acidente ocorrer em virtude do não atendimento à orientação dada, este, evidentemente, não será consequência de motivo de força maior. É o que determina o § 1º do artigo mencionado, assim redigido:

> § 1º A imprevidência do empregador exclui a razão de força maior.

De maneira, para muitos juristas, equivocada, o § 2º do mesmo artigo assim se expressa:

> § 2º A ocorrência do motivo de força maior que não afetar substancialmente, nem for suscetível de afetar, em tais condições, a situação econômica da empresa, não se aplicam as restrições desta Lei referentes ao disposto neste capítulo.

Observação especial merecem os arts. 502 e 503, da CLT.

O art. 502 prevê uma indenização substitutiva, aos seus trabalhadores, na ocorrência da extinção de uma empresa ou de algum dos seus estabelecimentos por motivo de força maior, ou seja, sem culpa do empregador. Observe-se que o artigo admite a possibilidade de existirem empregados com direito à estabilidade, mencionada no texto anterior e ainda vigente até a promulgação da Lei do FGTS ou mesmo depois desta, caso, antes dela, tivessem tido direito.

Já o art. 503, da CLT, encontra-se revogado face ao que dispõe o inciso VI do art. 7º da Constituição Federal de 1988, que determina a irredutibilidade do salário, salvo no que for disposto em convenção ou acordo coletivo de trabalho, o que não está previsto no artigo citado. Valeria, portanto, anteriormente à Constituição, a norma celetista que admitia redução de salários até 25% do seu valor, respeitado, em qualquer caso, o valor do salário mínimo.

Observe que a Constituição vigente a partir de outubro de 1988 não refere qualquer tipo de proporcionalidade na redução dos salários de cada empregado.

Finalmente, com muita razão, determinava o parágrafo único deste artigo o retorno aos salários anteriores, desde que cessados os motivos responsáveis pela redução.

O art. 504 admite falsidade no motivo alegado de força maior ou na menção a prejuízos que tenham sido indevidamente comprovados. Neste caso, se algum empregado estável houver sido demitido, como admite o art. 502, este terá direito a voltar ao cargo que exercia antes da dispensa e, também, ao mesmo salário do período. Em igual ocorrência, o empregado não estável, que teria recebido a indenização pela metade, conforme o disposto no inciso II do art. 502, deverá receber a complementação da indenização simples.

VERIFICAÇÃO DE APRENDIZAGEM
1. Qual o conceito de força maior na legislação consolidada?
2. Se a extinção da empresa não for por motivo de força maior, que direitos terá o empregado que tiver tido o seu salário reduzido?
3. Se for comprovada a falsidade da alegação de prejuízos consideráveis, que punição recebe o empregador?

UNIDADE VII
PROTEÇÃO AO TRABALHO DA MULHER

PROTEÇÃO AO TRABALHO DA MULHER

OBSERVAÇÕES PRELIMINARES

Embora a mulher sempre tenha trabalhado, as condições em que esse trabalho se desenvolveu variaram muito com o tempo e o local onde ocorria sua atividade. Todavia, a Revolução Industrial com toda a sua coorte de consequências trouxe para a mulher, assim como para o menor, condições especialíssimas e de extrema dureza. Arnaldo Sussekind, na sua obra *Instituições de direito do trabalho*, escrita em conjunto com Délio Maranhão, Segadas Viana e Lima Teixeira, explica que, como a mulher era mão de obra mais barata, as fábricas iam suprimindo, tanto quanto possível, o braço masculino e provocando, assim, a existência de milhares de desempregados, que se tornavam um perigo social. Já o tratadista, professor e Juiz do Trabalho Sergio Pinto Martins, no seu *Direito do trabalho*, afirma que os empresários de então:

[...] preferiam o trabalho da mulher nas indústrias porque elas aceitavam salários inferiores aos dos homens, porém faziam os mesmos serviços que estes. Em função disso, as mulheres sujeitavam-se a jornadas de 14 a 16 horas por dia, salários baixos, trabalhando em condições prejudiciais à saúde e cumprindo obrigações além das que lhes eram possíveis, só para não perder o emprego.

Paul Pic, na sua obra *Traité élémentaire de législation industrielle*, narra a existência de mulheres trabalhando em extensas jornadas e menores de idade, com 6 a 8 anos, trabalhando nas mesmas condições. E, dado o crescente desemprego, trabalhavam por quaisquer salários.

As primeiras leis protetoras dos trabalhadores e, em especial, das mulheres e menores, teriam surgido a partir do início do século XIX. Em 1802, na Inglaterra, o Moral and Health Act proibiu o trabalho de menores em jornadas de mais de dez horas, bem como o trabalho noturno. Em 1842, ficou proibido o trabalho de mulheres em subterrâneos e, dois anos depois, a jornada de trabalho das mulheres foi limitada a doze horas, proibindo-se o seu trabalho noturno. Na Alemanha, em 1891, o Código Industrial fixava normas mínimas para o trabalho feminino. A Igreja não tardou a se colocar decididamente ao lado das mulheres e do operariado em geral. Em 1890, a Encíclica *Rerum Novarum* ("das coisas novas"), do Papa Leão XIII, proclamava a necessidade de melhores condições de trabalho e propugnava por medidas protetoras da mulher e do menor, medidas essas que hoje fazem parte da grande maioria das legislações trabalhistas do mundo ocidental. Finalmente, o Tratado de Versalhes, de 1919, que pôs termo à 1ª Guerra Mundial, trouxe no seu texto nove princípios protetores dos trabalhadores, especialmente o de igualdade salarial entre homens e mulheres.

No Brasil, a primeira lei diretamente dirigida à mulher trabalhadora foi criada em 1932, proibindo o trabalho noturno da mulher, salvo algumas exceções, bem como em subterrâneos e em lugares perigosos ou insalubres. Por sua vez, a Constituição Federal de 1934, a Carta Constitucional de 1937 e a Constituição de 1946 trouxeram, nos seus textos, normas protetoras do trabalho da mulher. A Consolidação das Leis do Trabalho (CLT), de 01.05.1943, continha um capítulo dedicado à proteção da mulher que, apesar das restrições ainda existentes, passou a ingressar no mercado de trabalho, inicialmente, pela necessidade de ajudar no sustento do lar e, mais tarde, face à crescente importância dos movimentos feministas ou, mesmo, por uma questão de afirmação pessoal. Já não se admitia a suposta inferioridade física das mulheres, o que, anteriormente, havia sido responsável por muitos dos artigos da CLT, excessivamente protecionistas ao trabalho da mulher.

Hoje, a Constituição Federal de 1988, em seu art. 5º, I, estabelece a igualdade de direitos e deveres entre homens e mulheres, e o art. 7º, XXX, estabelece a proibição de qualquer discriminação que possa, de alguma maneira, prejudicar o direito de trabalho da mulher.

IMPORTÂNCIA ESPECÍFICA DA PROTEÇÃO AO TRABALHO DA MULHER

Do ponto de vista fisiológico, durante muito tempo se entendeu que a mulher, fisicamente, era mais frágil do que o homem. Essa tese hoje não é aceita por juristas e tratadistas, especialmente depois da promulgação da Constituição Federal de 1988, cujo art. 5º, *caput*, I, determina, expressamente, que homens e mulheres são iguais em direitos e obrigações. Ademais, a Lei n. 9.799/99 inseriu no texto da CLT o art. 373-A, que proibiu, de forma terminante, quaisquer medidas discriminatórias contra a mulher empregada. Ao mesmo tempo, permanece intocável a proteção à maternidade, que hoje se estende também à mãe adotiva, ou seja, à mulher que adote uma criança.

Do ponto de vista social, é indiscutível que a proteção à mulher que trabalha é do interesse da própria sociedade, na medida em que esta mulher precisa ter condições para gerar filhos sadios, sendo certo que o trabalho, principalmente o industrial, muitas vezes prejudica a gestação. Daí a norma insculpida na própria Constituição Federal que concede à mulher gestante um afastamento remunerado de 120 dias, quando da proximidade do parto. A seu turno, a CLT tem, no seu texto, norma que permite à mulher grávida pleitear, mediante atestado médico, mudar do serviço que seja prejudicial à gestação ou rescindir o contrato de trabalho cuja atividade acarrete prejuízos à sua gravidez.

Do ponto de vista econômico, é compreensível que a mulher, à medida que avança nos meses de gestação, não mantenha a mesma capacidade produtiva. Até mesmo problemas emocionais, consequentes ou não do ambiente de trabalho, podem influenciar o desenvolvimento da gestação e da criança que ela traz no ventre. Mesmo após o parto, durante alguns meses, a mulher poderá ter a sua atividade influenciada pelos cuidados que o filho recém-nascido exige. Por isso, é amplamente justificável a preocupação do legislador no sentido de que a mulher possa atravessar esse período com uma certa segurança e tranquilidade, concedendo-lhe, após o parto, uma estabilidade de cinco meses no emprego.

NORMAS GERAIS DE PROTEÇÃO AO TRABALHO DA MULHER EMPREGADA
Essas normas estão inseridas nos arts. 372 a 401 da CLT, sendo observado que numerosos artigos foram revogados em função da

reconhecida igualdade de direitos e deveres entre homens e mulheres.

O art. 372 da CLT traz, preliminarmente, duas normas de caráter geral. A primeira, no *caput* do artigo, determina que sejam aplicadas ao trabalho da mulher todas aquelas normas estabelecidas para o trabalho masculino, desde que não colidam com as normas especiais atribuídas ao trabalho da mulher. A segunda, em seu parágrafo único, afirma que não é regido pelos dispositivos do trabalho masculino o trabalho de mulheres nas chamadas oficinas familiares, ou seja, aquelas em que a mulher trabalha exclusivamente com pessoas de sua família e esteja sob a direção do esposo, do pai, da mãe, do tutor ou do filho.

No que diz respeito, especificamente, à duração da jornada de trabalho da mulher, o art. 373 da CLT é impreciso quando diz que ela será de 8 horas diárias, exceto nos casos para os quais for fixada duração inferior. Melhor seria dizer, desde logo, que a duração do trabalho da mulher não excederá 8 horas, tal como consta no capítulo referente ao trabalho masculino.

Em 1999, certamente em consequência do que determinou o art. 5º da Constituição Federal de 1988, em seu inciso I – "homens e mulheres são iguais em direitos e obrigações, nos termos desta Constituição" –, a Lei n. 9.799 proibiu quaisquer restrições ao trabalho da mulher apenas pelo fato de ser do sexo feminino, tanto em relação a anúncios de empregos, possibilidade de admissão, promoção, remuneração, formação profissional e oportunidades de ascensão profissional, como também sobre exigências referentes à possibilidade de gravidez, ou mesmo esterilidade, como condição de admissão ou permanência no emprego. A mesma lei proibiu, também, restrições à mulher quanto à inscrição ou à aprovação em concursos em empresas privadas e revistas íntimas em mulheres, salvo se feitas por outras mulheres.

Com relação a eventuais alterações na jornada de trabalho e face à revogação de alguns artigos anteriormente existentes, adotaram-se para o trabalho da mulher as mesmas normas aplicáveis ao trabalho masculino. Ou seja, a mulher pode fazer compensação de horas e prorrogar a sua jornada de trabalho nas mesmas condições estabelecidas para o trabalho masculino. A única diferença que permaneceu foi aquela prevista no art. 384 do texto consolidado, que determina que, no caso de prorrogação do horário normal de trabalho da mulher, será obrigatório um descanso de quinze minutos, no mínimo, antes do início do período extraordinário de trabalho. Fica a dúvida se essa norma se aplica nos casos de compensação de horas. A nós parece que não se aplica, já que, além de o artigo falar expressamente em prorrogação, o horário compensado é, no conjunto, menos cansativo que o horário prorrogado, pois mantém a mesma jornada semanal e com condições mais favoráveis.

Aceitas, para o trabalho da mulher, as normas do trabalho masculino não contraditadas neste capítulo, parece evidente ser extensivo a elas o banco de horas que resulta do texto do art. 59, § 2º, instituído mediante acordo ou contrato coletivo de trabalho. Assim, havendo excesso de horas em um dia de trabalho, as horas trabalhadas além das 8 horas normais serão depositadas no banco de horas, para serem utilizadas pela empregada com redução de jornadas em outros dias, desde que, ao final de um ano, não seja excedida a soma das jornadas semanais previstas nem seja ultrapassado o limite máximo de dez horas diárias. Em outras palavras, ao final de um ano, a partir do momento em que foi instituído, o banco de horas deverá ser zerado, recebendo a empregada, em dinheiro, as horas excedentes que não tiverem sido compensadas durante o ano ou, então, ajustando com o empregador o trabalho no total de horas que ficou em débito. Caso a empregada rescinda o contrato de trabalho antes do final de um ano, deverá receber em dinheiro as horas em crédito ou ajustar com o empregador o acerto com relação às horas em débito.

Com a revogação dos arts. 379 e 380, o trabalho noturno das mulheres é regido pelo art. 381, que repete, sem alterações, o que dispõe o art. 73 do capítulo "Duração do Trabalho", ou seja, o trabalho noturno será aquele realizado no período das 22 horas de um dia às 5 horas do dia imediato, considerada a hora noturna com a mesma duração atribuída ao trabalho noturno masculino (52 minutos e 30 segundos), sendo a remuneração dessa hora noturna pelo menos 20% superior à remuneração da hora no trabalho diurno. Repetem-se as mesmas normas da duração do trabalho em geral para o trabalho noturno extraordinário ou compensado, bem como para as jornadas mistas, isto é, aquelas em que parte do trabalho é realizado antes das 22 horas ou depois das 5 horas da manhã. Quanto a esta última situação, existe, atualmente, uma forte corrente doutrinária, apoiada, inclusive, por membros do Judiciário trabalhista, entendendo que, quando a jornada noturna for prorrogada por horas além das 5 da manhã, essas horas extras terão direito, também, ao mesmo adicional de 20%, já que sucedem a um longo período noturno, por si só reconhecidamente mais exaustivo.

Quanto aos períodos de descanso, repetem-se aqui, quase por inteiro, as normas aplicáveis ao trabalho masculino. A diferença está em um intervalo obrigatório, dentro da jornada de trabalho, sempre que houver prorrogação do horário, quando a mulher terá um descanso de quinze minutos antes do início da jornada extraordinária.

O descanso semanal será de 24 horas consecutivas, devendo coincidir, no todo ou em parte, com o domingo, salvo motivo de conveniência pública ou necessidade imperiosa de serviço, a juízo da autoridade competente, caso em que o descanso recairá em outro dia da semana seguinte. Assim, quando a empresa estiver autorizada a trabalhar em domingo, a regra para o trabalho feminino é a mesma do trabalho masculino, ou seja, o descanso será garantido por uma escala de revezamento. A única variante é que para as mulheres deve ser organizada uma escala de revezamento quinzenal que favoreça o repouso dominical pelo menos em dois domingos por mês, enquanto aos homens é garantido o descanso em apenas um domingo por mês, incidindo, os demais, em qualquer outro dia da semana que não domingo.

Quanto aos feriados civis e religiosos, serão observados igualmente os preceitos da legislação aplicada ao trabalho masculino sobre a proibição de trabalho nesses dias. Entendemos, todavia, que, no caso de dias feriados, sejam civis ou religiosos, quando autorizado o trabalho, o trabalhador poderá optar em receber em dobro a remuneração do dia feriado trabalhado ou ter uma folga compensatória no decorrer da semana seguinte.

DOS MÉTODOS E LOCAIS DE TRABALHO DA MULHER TRABALHADORA

A matéria é regida não apenas pelos arts. 389 e 390 do texto consolidado – aliás, de forma muito pobre –, mas, também, pelas normas contidas no capítulo V do título II da CLT, que versa sobre Segurança e Medicina do Trabalho e, mais ainda, pela Portaria n. 3.214/78, que contém 28 normas regulamentadoras de segurança e medicina do trabalho, voltadas não apenas para a proteção da mulher que trabalha, mas do trabalhador em geral.

No que diz respeito aos artigos da CLT, especificamente com relação à mulher, o art. 389 determina que toda empresa que admita mulheres é obrigada a:

- prover os estabelecimentos de medidas concernentes à higienização dos métodos e locais de trabalho, como ventilação e iluminação e outros que se fizerem necessários à segurança e ao conforto das mulheres, a critério da autoridade competente;
- instalar bebedouros, lavatórios e aparelhos sanitários e dispor de cadeiras ou bancos, em número suficiente, que permitam às mulheres trabalhar sem grande esgotamento físico;
- instalar vestuários com armários individuais privativos das mulheres, exceto os estabelecimentos comerciais, escritórios, bancos e atividades em que não seja exigida a troca de roupas; nesses, admite-se como suficientes as gavetas ou escaninhos nos quais as mulheres possam guardar seus pertences;
- fornecer, gratuitamente, a juízo da autoridade competente, os recursos de proteção individual, como óculos, máscaras, luvas e roupas especiais para a defesa dos olhos, do aparelho respiratório e da pele, de acordo com a natureza do trabalho.

O mesmo artigo estabelece, em seu § 1º, normas especiais para "os estabelecimentos em que trabalharem, pelo menos, 30 (trinta) mulheres com mais de 16 (dezesseis) anos de idade", os quais deverão ter "local apropriado onde seja permitido às empregadas-mães guardarem, sob vigilância e assistência, os seus filhos no período de amamentação".

Entretanto, certamente levando em conta os custos relativos à instalação e à manutenção de tais locais, o parágrafo seguinte do mesmo artigo admite que a exigência seja suprida

> por meio de creches distritais mantidas, diretamente ou mediante convênios, com entidades públicas ou privadas, pelas próprias empresas, em regime comunitário, ou a cargo do Sesi, da LBA ou de entidades sindicais.

Na prática, essa segunda possibilidade levou a abusos, uma vez que muitas empresas faziam convênios com creches privadas inexistentes ou instaladas em locais distantes. Assim, em 1986, foi baixada a Portaria n. 3.296, que criou o sistema de reembolso-creche para utilização em substituição ao sistema de locais especiais ou de convênios com creches. O sistema de reembolso-creche admite a livre escolha de creches onde as trabalhadoras deixam seus filhos enquanto trabalham, ficando a empresa empregadora responsável pelo pagamento da creche escolhida até que a criança complete seis meses de idade. Como outras normas desse capítulo, admite-se a prorrogação desse prazo mediante atestado médico. Essa importância, a ser paga pelas empresas, não possui qualquer conotação salarial, nela não incidindo nenhuma contribuição, seja no caso do FGTS ou previdenciária, nem qualquer limitação quanto ao seu valor, independendo, inclusive, do número de mulheres trabalhadoras na empresa.

O art. 390 é, talvez, o único que manteve uma norma de proteção ao trabalho da mulher fundada em uma possível maior fragilidade do organismo feminino, ao determinar que:

> ao empregador é vedado empregar a mulher em serviço que demande o emprego de força muscular superior a 20 (vinte) quilos para o

trabalho contínuo ou 25 (vinte e cinco) para o trabalho ocasional, abrindo uma exceção para a situação em que a remoção seja feita por impulsão ou tração de vagonetes sobre trilhos, carros de mão ou quaisquer aparelhos mecânicos.

Finalmente, dando uma total e importante garantia à proteção ao trabalho das mulheres, o art. 377 da CLT afirma, enfaticamente: "A adoção de medidas de proteção ao trabalho das mulheres é considerada de ordem pública", completada, de forma totalmente inútil, dada a sua evidência, pela afirmação "não justificando, em hipótese alguma, a redução de salário".

DA PROTEÇÃO À MATERNIDADE

De todas as normas protetoras da mulher trabalhadora, certamente aquela que mais ampliou seu campo de atuação é aquela que protege a maternidade. A essas normas a Justiça do Trabalho não tem oferecido restrições.

Por volta de 1919, a Organização Internacional do Trabalho (OIT), por meio de sua Convenção n. 3, apontava uma série de medidas protecionistas à mulher gestante, todas elas consideradas de interesse da própria sociedade. Não é por outra razão que o Professor Amauri Mascaro Nascimento, no seu *Curso de direito do trabalho*, entende que a proteção devida à maternidade está sedimentada em dois princípios básicos: a estabilidade da gestante e a licença-maternidade.

A estabilidade da gestante, inclusive após o parto, encontrou guarita na Constituição Federal de 1988, no seu capítulo final "Ato das Disposições Constitucionais Transitórias", art. 10, II, *b,* que assim dispõe:

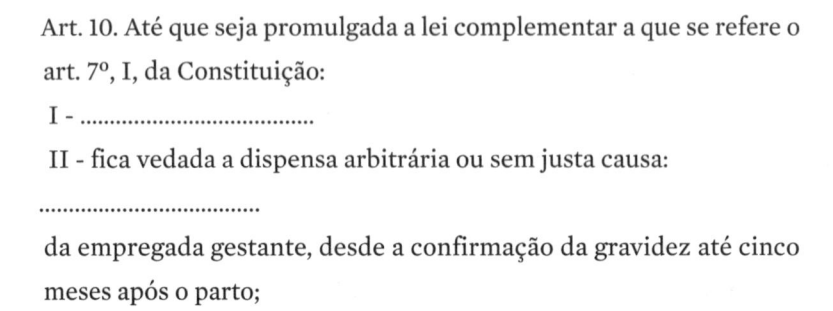

Art. 10. Até que seja promulgada a lei complementar a que se refere o art. 7º, I, da Constituição:

I - ....

II - fica vedada a dispensa arbitrária ou sem justa causa:

....

da empregada gestante, desde a confirmação da gravidez até cinco meses após o parto;

Todavia, a Constituição não esclarece como se dará a confirmação da gravidez, sendo admitido pela Justiça do Trabalho que ela decorra de atestado assinado por médico da Previdência Social ou de entidade com ela conveniada e comprobatório do estado gravídico. Diga-se, por ser verdade, que essa estabilidade após o parto não se aplica às trabalhadoras domésticas, já que a elas essa norma não foi estendida.

A licença à gestante (ou licença-maternidade) está prevista no art. 392 da CLT, sendo fixada em 120 dias, como estabelecido no art. 7º, XVIII, da Constituição Federal de 1988. O art. 392, § 1º, admite um prazo para ser feita a notificação ao empregador, podendo ocorrer entre o 28º dia antes do parto e a ocorrência deste. Na verdade, o que determina o afastamento da trabalhadora é a determinação contida no atestado médico, sendo a menção ao 28º dia mera sugestão. O que ocorre, principalmente entre as mulheres de condição mais modesta, é que elas preferem trabalhar até o dia mais próximo possível do parto, até mesmo até a véspera do mesmo, se possível, pois assim teriam praticamente todos os 120 dias para cuidar de seu filho. O mesmo artigo da CLT, no seu § 2º, admite que o período de repouso, antes e depois do parto, possa ser aumentado de 2 semanas cada um, também mediante atestado médico.

O que se observa, na legislação pertinente, é a previsão de que todo o período de gestação seja monitorado por médico da Previdência Social, de serviço público de saúde ou, ainda, da empresa, e, somente na inexistência de nenhum deles, por médico particular. Por sua vez, o art. 392, I, § 4º garante à empregada gestante, mediante atestado médico, a transferência de função, quando as condições de saúde assim exigirem, assegurando a retomada da mesma função logo após o retorno ao trabalho, findada a licença-maternidade. Igualmente prevê a dispensa do horário de trabalho pelo tempo necessário para a realização de, no mínimo, 6 consultas médicas e demais exames complementares. Por sua vez, o art. 394 admite, também mediante atestado médico, que a mulher grávida possa romper o compromisso resultante de qualquer contrato de trabalho, desde que este seja prejudicial à gestação.

Por sua vez, o art. 396 determina que a mulher empregada que tenha dado à luz um filho tenha direito, até que este complete 6 meses, a dois intervalos de meia hora cada um, durante a jornada de trabalho, para amamentar o recém-nascido. Evidentemente, tal norma terá validade apenas quando a empresa em que a mulher trabalhar tiver, dentro de suas instalações, o espaço previsto no art. 389, § 1º, para que as mulheres possam deixar seus filhos enquanto trabalham. Aliás, tal artigo é complementado pelo art. 400, que prevê que esses locais devem possuir, no mínimo, um berçário, uma saleta de alimentação, uma cozinha dietética, uma instalação sanitária e, obviamente, embora o texto legal não o diga, uma pessoa que possa cuidar das crianças ali deixadas pelas mães. Também, neste caso, o período de 6 meses poderá ser dilatado a critério da autoridade competente. Entendemos, nós, a critério do médico.

No que diz respeito à remuneração da mulher, durante os 120 dias de seu afastamento, o art. 393 determina, como já havia especificado o art. 392, que ela terá direito ao seu salário integral; se este for variável, ela deverá receber a média dos 6 últimos meses de trabalho. Igualmente aos direitos e vantagens admitidos aos demais empregados durante sua licença, ainda lhe é facultado o direito de reverter à função que ocupava anteriormente ao seu afastamento.

O art. 395 garante à mulher, em caso de aborto não criminoso comprovado por atestado médico, nas condições já mencionadas, um afastamento remunerado de duas semanas, ficando-lhe assegurado o posterior retorno à função que ocupava anteriormente ao seu afastamento. Já em caso de parto antecipado, conforme previsto no artigo 392, § 3º, a mulher terá direito aos mesmos 120 dias previstos na lei celetista.

A Justiça do Trabalho tem entendido, majoritariamente, ser parto antecipado aquele que ocorre após o início do 7º mês de gestação, e aborto quando ocorre antes desse período. Todavia, o exame do caso concreto e das circunstâncias que o acompanharem é que determinará a ocorrência de um ou outro.

DOS DIREITOS DA MÃE ADOTIVA

A Lei n. 10.421, de 15.04.2002, fez justiça, ainda que tardiamente, à mulher empregada que vier a adotar uma criança, acrescentando à CLT o art. 392-A. Reconheceu, assim, que a licença-maternidade prevista é tão necessária à mulher que gera seu filho como àquela que adota, uma vez que visa a garantir à criança também um acompanhamento mais próximo, com a atenção e o carinho que ela necessita nos primeiros meses de vida. Evidentemente, dessa atenção e desse carinho tanto necessita a criança gerada pela mãe como aquela que ela venha a adotar. O artigo mencionado, prevendo que a adoção é geralmente um processo demorado, já admite à trabalhadora que adotar ou que tenha obtido, provisoriamente, a guarda judicial para fins de adoção, o direito à licença-maternidade, atendidos os seguintes prazos: se a criança tiver até 1 ano de idade, o período de licença será de 120 dias; se a criança tiver entre 1 e 4 anos, o período de licença será de 60 dias; finalmente, se a criança tiver entre 4 e 8 anos, o período de licença será de 30 dias.

VERIFICAÇÃO DE APRENDIZAGEM

1. Onde surgiu a primeira lei protetora do trabalho da mulher?
2. Que normas do trabalho masculino são aplicáveis ao trabalho da mulher?
3. Em que condições a mulher pode fazer horas extras?
4. A mulher empregada tem direito ao banco de horas?
5. Qual a característica diferencial, com relação ao trabalho da mulher, do descanso semanal remunerado?
6. O que vem a ser, na proteção ao trabalho da mulher, o sistema do reembolso-creche?
7. Em que diferem, com relação ao afastamento da mulher da atividade laboral, o parto antecipado e o aborto?
8. Em que condições a mãe adotiva tem direito à licença-maternidade?

UNIDADE VIII
PROTEÇÃO AO TRABALHO DO MENOR

PROTEÇÃO AO TRABALHO DO MENOR

OBSERVAÇÕES PRELIMINARES

Desde os tempos pré-históricos, talvez a primeira vez em que tenha ocorrido a ideia de proteger o menor trabalhador tenha sido no Código de Hamurabi, por volta do ano 2000 a.C. Na Idade Média, em plena época das corporações de artes e ofícios, os menores eram os aprendizes, aqueles que estavam aprendendo um ofício, trabalhando sem receber qualquer salário e, geralmente, morando na casa do mestre. Todavia, não havia, então, preocupação maior em proteger o menor trabalhador seja sob que aspecto fosse.

Na época de Revolução Industrial, o problema da superprodução – consequente da descoberta da máquina –, a necessidade de baixar o custo da produção para poder vender e o desemprego levaram a uma exploração desenfreada das chamadas meias-forças, ou seja, mulheres e menores, estes, talvez, os trabalhadores mais sacrificados, chegando a cumprir extensas jornadas de trabalho, de até 16 horas consecutivas, com pequenos intervalos para a alimentação.

Já na Idade Contemporânea, empresários progressistas como Robert Peel e Robert Owen propugnavam por melhores condições de trabalho para os menores. Na Inglaterra, em 1802, o Moral and Health Act, por iniciativa de Robert Peel, reduziu a jornada de trabalho de menores a um máximo de 12 horas. Na mesma época, Robert Owen conseguiu que fosse proibido o trabalho de menores de 9 anos. Na Alemanha, uma lei de 1891 estabeleceu normas de proteção ao trabalho dos menores. No Brasil, depois da independência, pouco se fez em relação ao trabalho de menores. Somente em 1927 foi aprovado um Código de Menores, contendo um capítulo em que se admitia o trabalho dos menores apenas a partir dos 12 anos e estabelecendo umas poucas proibições para esse trabalho. Foi somente a partir da subida ao poder de Getúlio Vargas que medidas mais concretas de proteção ao menor trabalhador foram tomadas e, depois, incorporadas à Consolidação das Leis do Trabalho (CLT), imposta ao país pelo governo ditatorial em 01.05.1943.

A partir de 1919, a Organização Internacional do Trabalho (OIT), criada pelo Tratado de Versalhes e que colocou um ponto final à primeira Grande Guerra, passou a desenvolver intensa atividade para que os países membros tivessem, através de suas legislações, maiores preocupações com os menores trabalhadores. Entre suas convenções, encaminhadas aos países membros, eram frequentes aquelas apontando limitações ao trabalho do menor em função de suas condições fisiológicas, morais, sociais e culturais.

A Declaração Universal dos Direitos da Criança, adotada pela Organização das Nações Unidas (ONU) em 1959, e a Convenção sobre os Direitos da Criança, de 1989, tiveram intensa repercussão. Em

1990, no Brasil, foi promulgado o Estatuto da Criança e do Adolescente (ECA).

IMPORTÂNCIA DA PROTEÇÃO AO TRABALHO DO MENOR

Garcia Oviedo, no seu *Tratado elemental de derecho social*, citado por Amauri Mascaro Nascimento no seu *Curso de direito do trabalho*, afirma, em acordo com as posições da OIT, que o trabalho do menor deve merecer especial proteção por razões de ordem fisiológica, de segurança, de salubridade, de moralidade e de cultura. A nosso ver, o juslaboralista espanhol foi preciso. Assim:

- fisiologicamente, admite-se nocivo ao menor o trabalho em jornadas excessivas, bem como em condições insalubres e penosas, certamente prejudiciais ao seu integral desenvolvimento físico e psicológico;
- do ponto de vista da segurança, tem sido provado, estatisticamente, que os menores, pela sua idade e desconhecimento com relação a muitas situações de risco, acidentam-se com maior frequência que os trabalhadores maiores, sendo conveniente poupá-los de participar daquelas atividades que o Ministério do Trabalho, por meio de suas portarias ou resoluções, considera perigosas;
- do ponto de vista da salubridade, é indispensável afastar o menor, tanto quanto possível, de atividades de risco para sua integridade física e sua saúde, incluindo trabalhos com materiais ou locais que possam comprometer o seu desenvolvimento físico e, de um modo geral, aqueles que o Ministério do Trabalho considere insalubres, seja em que grau for;
- do ponto de vista da moralidade, visto que o menor, pela sua idade, tem menos restrições a situações que possam trazer prejuízo

à sua formação moral e, por isso mesmo, maior tolerância com procedimentos até mesmo aceitos pela sociedade atual;
- do ponto de vista cultural, o menor deve receber proteção suficiente que lhe garanta uma formação cultural, favorecendo o seu acesso a melhores possibilidades profissionais.

CONCEITO DE TRABALHADOR MENOR

A Constituição Federal de 1988, no seu art. 7º, XXXIII, com a redação determinada pela Emenda Constitucional n. 20/98, assim dispõe:

> Art. 7º.
> ...
> XXXIII – proibição de trabalho noturno, perigoso ou insalubre a menores de 18 anos e de qualquer trabalho a menores de 16 anos, salvo na condição de aprendiz, a partir dos 14 anos.

Em consequência, ficou revogado o art. 402 da CLT, sendo substituído pelo art. 403, este com a redação dada por uma lei de dezembro de 2000, incorporando a redação imposta pela citada Emenda Constitucional.

Embora deva ser aceita, é discutível a norma constitucional que aumentou a idade inicial para o ingresso do menor no mercado de trabalho.

Anteriormente, nas famílias de condições econômicas mais precárias, ou seja, aquelas que sobreviviam com uma renda mensal pouco superior ao mínimo profissional, quando o menor chegasse ao antigo 5º ano primário, por volta dos 11 anos, o pai já entendia que estava na hora do menor trabalhar e ajudar no sustento da família. Como crianças com 11 anos não podiam ingressar no mercado formal – nem mesmo com 12 ou 13 anos, uma vez que a idade mínima era 14 anos –, o menor ia, então, para o mercado informal, nos portos de areia, nas olarias ou nas ruas, ganhando importâncias miseráveis e submetido a todos os tipos de exploração.

Durante muito tempo, a OIT procurou viabilizar, junto aos países membros, a ideia de que o menor somente deveria ingressar no mercado de trabalho quando tivesse uma formação profissional capaz de lhe proporcionar uma condição de progresso e ascensão social. Ora, essa formação profissional exige a existência de escolas de formação adequada e em número e qualidade compatíveis, e isso até hoje não existe no Brasil. Aqui, o Senai, o Senac e outras escolas profissionais são em número absolutamente insuficiente para atender a grande quantidade de jovens que terminam o atual 1º ciclo, sem condições econômicas de cursar o 2º ciclo ou de ingressar em uma escola profissional particular. A situação piorou com a elevação da idade mínima para 16 anos para ingressar no mercado de trabalho, salvo como aprendiz, permitido aos jovens de 14 anos, condição que também não é facilmente acessível. Por isso mesmo, atualmente, é muito grande o número de menores entre 11 e 16 anos que acabam procurando o mercado informal de trabalho, no qual atuam sem qualquer proteção legal e recebendo salários irrisórios.

DISPOSIÇÕES GERAIS DE PROTEÇÃO AO TRABALHO DO MENOR

De forma idêntica ao que acontece com a proteção ao trabalho da mulher, também na proteção ao trabalho do menor são excluídos das normas do capítulo os menores que trabalham nas chamadas oficinas familiares, exclusivamente com pessoas de sua família e sob a direção do pai, mãe ou tutor, ressalvado, todavia, o que dispõem os arts. 404 (proibição de trabalho noturno) e 405 (trabalhos em locais perigosos, insalubres e prejudiciais à sua moralidade).

No mais, aplicam-se ao trabalho do menor todas aquelas normas determinadas para o trabalho em geral que não tenham sido alteradas neste capítulo específico de proteção ao menor trabalhador.

O CONTRATO DE TRABALHO DO MENOR

O menor tem plena capacidade para assinar o contrato de trabalho, inclusive o de experiência e aprendizagem. O menor pode, também, assinar recibos de pagamentos mensais de sua remuneração. Apenas no recibo final, quando da rescisão do contrato de trabalho, especialmente se houver a necessidade da homologação, é que o menor precisará da assistência do seu responsável ou de quem o represente.

DURAÇÃO DO TRABALHO DO MENOR

Com relação à duração do trabalho e respectivos intervalos, o menor segue as normas gerais do trabalho masculino. Assim, a jornada de trabalho normal é de até 8 horas diárias, podendo fazer compensação de horas nos mesmos termos que o trabalhador adulto. Já a prorrogação só pode ser feita por motivo de força maior até o máximo de 4 horas, com um acréscimo mínimo de 50% na remuneração da hora excedente do horário normal. A norma legal acrescenta, ainda, como condição para a prorrogação nas condições supracitadas, que o trabalho do menor seja imprescindível ao funcionamento do estabelecimento. Esta última exigência é de eficácia duvidosa, como também aquela que, repetindo norma igualmente inócua com relação ao trabalho da mulher, exige que, em havendo prorrogação, antes do início desta exista um intervalo para descanso de, no mínimo, 15 minutos.

O art. 414 traz uma norma específica sobre a duração do trabalho ao determinar que, quando o menor trabalhar em mais de um estabelecimento, as horas de trabalho serão totalizadas, de forma que a soma das horas trabalhadas em cada estabelecimento não ultrapasse as 8 horas diárias permitidas na lei.

TRABALHOS PROIBIDOS AOS MENORES

Diz o art. 7º da Lei n. 8.069, do Estatuto da Criança e do Adolescente:

> A criança e o adolescente têm direito à proteção, à vida e à saúde, mediante efetivação de políticas sociais públicas que permitam o nascimento e o desenvolvimento sadio e harmonioso, em condições dignas de existência.

Em função dessa norma, existe, hoje, na legislação brasileira, uma série de proibições relativas ao menor trabalhador, quais sejam:

> Art. 403. É proibido qualquer trabalho a menor de dezesseis anos de idade, salvo na condição de aprendiz, a partir dos quatorze anos.
>
> Parágrafo único. O trabalho do menor não poderá ser realizado em locais prejudiciais à sua formação, ao seu desenvolvimento físico, psíquico, moral e social e em horários e locais que não permitam a freqüência à escola.
>
> Art. 404. Ao menor de 18 (dezoito) anos é vedado o trabalho noturno, considerado este o que for executado no período compreendido entre as 22 (vinte e duas) e as 5 (cinco) horas.

Já o art. 405 estabelece uma série de proibições, começando pelas que impedem o trabalho de menores em atividades perigosas ou insalubres, atividades essas constantes de quadros aprovados pelo departamento específico do Ministério do Trabalho e Emprego. O mesmo artigo proíbe, também, o trabalho de menores em locais ou serviços prejudiciais à sua moralidade, ou seja, o trabalho prestado em estabelecimentos noturnos de diversão, como teatros de revista, cinemas, etc. Segundo o mesmo artigo, é proibido ao menor o trabalho em empresas circenses, em funções de acrobata, saltimbanco, ginasta e outras semelhantes, além daquelas em que o menor entre em contato, seja de que maneira for, com publicações que possam prejudicar a sua formação moral.

Finalmente, o mesmo artigo ainda proíbe o trabalho de menores na venda a varejo de bebidas alcoólicas, bem como o exercido nas ruas, praças e outros logradouros públicos, salvo, neste último caso, prévia autorização do Juiz da Infância e da Juventude. Também está igualmente proibido o trabalho que obrigue o menor ao emprego de força muscular superior a 20 quilos para o trabalho contínuo ou 25 para o trabalho ocasional.

Eventualmente, o Juiz da Infância e da Adolescência poderá autorizar, em situações específicas, o trabalho de menor em situação não permitida pela legislação, desde que, comprovadamente, seja indispensável à sua sobrevivência ou de seus familiares.

De um modo geral, o capítulo de proteção ao trabalho do menor estabelece uma série de normas cujo cumprimento e verificação é atribuído, concomitantemente, à autoridade fiscal administrativa ou judicial, aos empregadores de menores e aos seus responsáveis. Assim, são de responsabilidade das autoridades judiciais ou administrativas, especificamente os auditores fiscais do trabalho, o que dispõem os arts. 404 e 405, já comentados, bem como o art. 407 (possibilidade da autoridade obrigar o menor a abandonar o trabalho que, de algum modo, lhe for prejudicial, ou o empregador a mudar o menor de função) e o art. 409, que permite à autoridade fiscalizadora impedir que o menor goze os períodos de repouso no próprio local onde trabalhe. Esta última proibição, aliás, é norma de eficácia duvidosa, uma vez que, face aos seus termos, o menor deverá gozar o período de repouso na rua ou, pelo menos, fora do estabelecimento em que trabalhe, em situação talvez mais danosa ao próprio menor do que se permanecesse no seu local de trabalho.

De responsabilidade dos empregadores de menores seria o cumprimento dos arts. 409, já comentado anteriormente, 425 (zelar pela observância, nos seus estabelecimentos, dos bons costumes, da decência pública e do cumprimento das normas de higiene e medicina do trabalho), 426 (proporcionar ao menor possibilidade de mudar de serviço) e 427 (conceder tempo para a frequência do menor à escola).

Finalmente, são da responsabilidade do responsável pelo menor a observância do disposto nos arts. 408 (pleitear a extinção de contrato de trabalho se o serviço acarretar prejuízos de ordem física ou moral ao menor) e 424 (afastar o menor de empregos que diminuam consideravelmente o seu tempo de estudo, reduzam o tempo de repouso necessário à sua saúde e constituição física ou prejudiquem a sua educação moral).

O MENOR E A APRENDIZAGEM

O contrato de aprendizagem, cuja origem remonta às corporações de artes e ofícios, tem hoje uma regulamentação específica. Assim, é considerado como um contrato de trabalho de prazo determinado, perfeitamente definido, conforme texto do art. 428 da CLT, com a redação que lhe foi dada pela Lei n. 10.097/2000, a saber:

Art. 428. Contrato de aprendizagem é o contrato de trabalho especial, ajustado por escrito e por prazo determinado, em que o empregador se compromete a assegurar ao maior de quatorze anos e menor de dezoito anos, inscrito em programa de aprendizagem, formação técnico-profissional metódica, compatível com o seu desenvolvimento físico, moral e psicológico e o aprendiz a executar, com zelo e diligência, as tarefas necessárias à sua formação.

Daí podemos tirar algumas normas fundamentais e essenciais para a sua validade:

I – é um contrato de prazo determinado especial, já que a ele não se aplicam as normas contidas nos arts. 479 e 480 do texto consolidado;

II – deve ser anotado na Carteira de Trabalho e Previdência Social (CTPS), o que significa que sua validade, como tal, depende de termo escrito em que fiquem definidas as condições do aprendizado e da empresa envolvida no processo;

III – a condição de prazo determinado decorre da necessidade desse contrato estar vinculado a um programa de aprendizagem com finalidade específica e determina 2 anos como prazo máximo de duração;

IV – os trabalhadores que dele poderão participar são aqueles menores cuja idade varia de 14 a menos de 18 anos e que estejam inscritos em programas de aprendizagem desenvolvidos sob a orientação de entidade qualificada em formação técnico-profissional metódica;

V – são obrigatórias a matrícula e a frequência do aprendiz à escola, caso não haja concluído o ensino fundamental;

VI – o contrato de aprendizagem, por prazo determinado, não poderá ser prorrogado mais de uma vez, nunca ultrapassando o prazo máximo de dois anos, sob pena de se tornar por prazo indeterminado.

São direitos do aprendiz:

a) salário mínimo/hora;
b) duração do trabalho de até 6 horas diárias para os aprendizes que ainda não completaram o ensino fundamental, vedada a prorrogação; já para os aprendizes que tenham completado o ensino fundamental, poderá haver complementação do aprendizado prático na empresa com ensino teórico, totalizando jornada de até 8 horas;
c) aos menores nas condições do art. 428 será assegurado o direito ao FGTS, em percentual de 2% sobre o valor recebido;
d) o término do contrato de aprendizagem poderá ocorrer nas seguintes situações:

- sobrevinda do término da aprendizagem;
- o menor ter completado a idade de 18 anos, o que gerará para a empresa a existência de um contrato regular de emprego;
- desempenho insuficiente ou inadaptação do aprendiz;
- falta disciplinar grave;
- ausência injustificada à escola que implique perda do ano letivo;
- a pedido do aprendiz.

Além disso, dois artigos são importantes e devem ser mencionados:

> Art. 429. Os estabelecimentos de qualquer natureza são obrigados a empregar e matricular nos cursos dos Serviços Nacionais de Aprendizagem (SENAI, SENAC, SENAR aprendizagem rural, SENAT aprendizagem de transporte e SERSCOOP, aprendizagem de

cooperativismo) um número de aprendizes equivalente a 5% (cinco por cento), no mínimo, e 15% (quinze por cento), no máximo, dos trabalhadores existentes em cada estabelecimento, cujas funções demandem formação profissional.

Indiscutível o objetivo altamente salutar deste artigo, muito embora, sabidamente, nem sempre seja atendido pelos empregadores.

O art. 430 prevê a hipótese de os serviços nacionais de aprendizagem não possuírem cursos ou vagas suficientes para atender à demanda. Em tal situação, escolas técnicas de educação ou entidades sem fins lucrativos, que tenham por objetivo a assistência ao adolescente e à educação profissional e que tenham estrutura compatível com o desenvolvimento dos programas de aprendizagem, de forma a manter a qualidade do processo de ensino e acompanhar e avaliar os resultados, poderão, também, fornecer a aprendizagem.

Aos aprendizes que concluírem os cursos de aprendizagem, com aproveitamento, será concedido certificado de qualificação profissional.

A título de conclusão, vale a pena transcrever as palavras com que o professor e jurista Sergio Pinto Martins encerra suas observações sobre a proteção dada ao menor trabalhador pela Constituição Federal, pela CLT e pela Lei n. 8.069/90, do Estatuto da Criança e do Adolescente, no seu livro *Direito do trabalho*:

> O Brasil continua sendo o país que mais tem problemas decorrentes do abandono da criança e do adolescente nas ruas e com sua exploração. Apenas a legislação não é suficiente; há necessidade de maior participação de toda a sociedade visando a conseguir soluções para o problema.

VERIFICAÇÃO DE APRENDIZAGEM

1. Que participação tinham os menores nas corporações de artes e ofícios?
2. Qual o atual conceito de menor na legislação trabalhista?
3. Em que atividades é proibido o trabalho do menor?
4. Qual a duração do trabalho do menor?
5. Quando o menor pode ultrapassar o limite de 8 horas diárias de trabalho?
6. O que vem a ser a aprendizagem com relação ao menor?
7. Em que condições pode ocorrer o término do contrato de aprendizagem?

UNIDADE IX
JUSTIÇA DO TRABALHO

JUSTIÇA DO TRABALHO

ORIGEM HISTÓRICA NO BRASIL

Délio Maranhão e João de Lima Teixeira Filho, no capítulo sobre organização judiciária do trabalho, da obra *Instituições de direito do Trabalho*, escrita juntamente com Segadas Viana e Arnaldo Sussekind, entendem que a existência da Justiça do Trabalho é uma decorrência da autonomia do próprio Direito do Trabalho, e que, reciprocamente, o fato de haver um juiz do trabalho, distinto do juiz comum, contribuiu para preservar a autonomia do Direito do Trabalho.

No Brasil, a Justiça do Trabalho teve seus primórdios no surgimento das Juntas de Conciliação e Julgamento, por volta de 1932, no governo ditatorial de Getúlio Vargas, que, desde que tomou o poder em outubro de 1930, nunca escondeu sua intenção de ali permanecer o máximo possível. Político hábil, procurou aproximar-se da massa trabalhadora, convencido que ali teria o apoio necessário para a consecução de seu objetivo. Por isso mesmo, como chefe do Governo Provisório instalado com a vitória da Revolução de 1930, não tardou a impor e criar medidas e instituições voltadas para a proteção dos trabalhadores. Assim, pouco depois de sua subida ao poder, criou o Ministério do Trabalho e, na sequência, a Justiça do Trabalho, da qual as Juntas de Conciliação e Julgamento foram o verdadeiro embrião. Criadas em novembro de 1932, tinham como função, inicialmente, dirimir conflitos individuais que viessem a surgir entre empregadores e trabalhadores. Pouco depois, foram seguidas pela criação das Comissões Mistas de Conciliação, voltadas para a solução de conflitos coletivos. A Justiça do Trabalho, todavia, só viria a constituir-se como organismo judiciário autônomo por volta de 1939. Finalmente, a Constituição Federal de 1946 reconheceu a natureza judiciária dos tribunais trabalhistas, consolidando a existência e autonomia da Justiça do Trabalho como órgão integrante do Poder Judiciário.

DO PODER JUDICIÁRIO

Nos termos do art. 92 da Constituição Federal de 1988, são órgãos do Poder Judiciário:

I – Supremo Tribunal Federal;
II – Superior Tribunal de Justiça;
III – Tribunais regionais federais e juízes federais;
IV – Tribunais e juízes do trabalho;
V – Tribunais e juízes eleitorais;
VI – Tribunais e juízes militares;
VII – Tribunais e juízes dos estados e do Distrito Federal e dos territórios.

DOS TRIBUNAIS E JUÍZES DO TRABALHO

A Constituição Federal, na Seção V do Capítulo III, ocupa-se especificamente dos tribunais e Juízes do Trabalho em seus arts. 111 a 116.

É importante referir que a estrutura da Justiça do Trabalho sofreu importante alteração com a promulgação da Emenda Constitucional n. 24, de 09.12.1999, que eliminou a representação classista (representantes de sindicatos de empregadores e empregados, até então existentes entre os órgãos da Justiça do Trabalho) e substituiu as antigas Juntas de Conciliação e Julgamento, organismos de 1ª instância, pelas atuais Varas do Trabalho, cuja jurisdição é exercida, nos termos do art. 116 da Constituição Federal, por um juiz singular que a preside.

Assim, são órgãos da Justiça do Trabalho atualmente:

I – Tribunal Superior do Trabalho, com sede em Brasília e composto por 27 Ministros;
II – Tribunais Regionais do Trabalho, com sede nas capitais dos estados e número mínimo de sete juízes e máximo variável – no Estado de São Paulo existem dois tribunais regionais, sendo um na capital e outro em Campinas;
III – Varas do Trabalho, constituídas por um juiz titular, localizadas nas capitais e nas principais cidades de cada estado, variando o número de Varas conforme uma estimativa do volume de ações trabalhistas em cada cidade;
IV – Juízes de Direito nas comarcas onde não existirem Varas do Trabalho.

DA COMPETÊNCIA DA JUSTIÇA DO TRABALHO

Nos termos do art. 114 da Constituição Federal, compete à Justiça do Trabalho processar e julgar:

I – as ações oriundas da relação de trabalho, abrangidos os entes de direito público externo e da administração pública direta e indireta da União, dos Estados, do Distrito Federal e dos Municípios;
II – as ações sobre representação sindical entre sindicatos, entre sindicatos e trabalhadores, entre sindicatos e empregadores;
III – mandados de segurança, *habeas corpus* e *habeas data*, quando o ato questionado envolver matéria sujeita à sua jurisdição;
IV – os conflitos de competência entre órgãos com jurisdição trabalhista, ressalvado o disposto no art. 102, I, *a*, da Constituição Federal;
V – as ações de indenização por dano moral ou patrimonial, decorrentes da relação de trabalho;
VI – as ações relativas às penalidades administrativas impostas aos empregadores pelos órgãos de fiscalização das relações de trabalho;
VII – a execução, de ofício, das contribuições sociais previstas na Constituição Federal art. 195, I, a, e II, e seus acréscimos legais, decorrentes das sentenças que proferir;
VIII – na forma da lei, outras controvérsias decorrentes de dissídios individuais e coletivos nas relações de trabalho, inclusive envolvendo trabalhadores avulsos, trabalhadores temporários, trabalhadores rurais, pequenos empreiteiros, ou seja, aqueles em que o empreiteiro exerce diretamente atividade laboral como operário ou artífice e, ainda, trabalhadores domésticos.

O professor e juiz do Tribunal do Trabalho da 2ª Região Pedro Paulo Teixeira Manus, no seu livro *Direito do trabalho*, adota posição escoteira ao afirmar que

> convém, porém, observar que em princípio os conflitos envolvendo representantes comerciais autônomos, corretores, prestadores de serviços, cooperativados, meeiros e parceiros rurais, dentre outros, passam à competência da Justiça do Trabalho

A colocação é discutível especificamente naquelas situações em que inexiste uma relação de emprego.

Finalmente, hoje se admite que a Justiça do Trabalho seja competente para julgar reclamações trabalhistas que versem sobre danos morais, desde que praticados no âmbito da relação de emprego.

DA INCOMPETÊNCIA DA JUSTIÇA DO TRABALHO

A Justiça do Trabalho é incompetente para atuar em:

I – questões referentes a acidentes do trabalho, para as quais existe, na área cível, a Vara de Acidentes do Trabalho;
II – questões de natureza previdenciária, atendidas pela própria Previdência Social em órgão específico;
III – questões envolvendo trabalhadores autônomos e eventuais, atendidas pela área cível.

DOS SERVIÇOS AUXILIARES DA JUSTIÇA DO TRABALHO

- Secretarias das Varas e das Turmas dos Tribunais – cabe às secretarias, além de assessorar os Juízes quando solicitado, cuidar

do recebimento, autuação, andamento, guarda e conservação dos processos e documentos que lhes forem encaminhados.
- Distribuidor – cabe a ele distribuir a cada vara as reclamações apresentadas. Atualmente, a distribuição é eletrônica, definindo, desde logo, vara, tipo de audiência, dia e hora de sua realização.
- Oficiais de Justiça – responsáveis pela realização dos atos decorrentes do funcionamento das Varas e Turmas em cumprimento às determinações dos Juízes.
- Peritos – eventualmente e a seu critério, o Juiz poderá nomear peritos, que não são funcionários da Justiça do Trabalho, para oferecerem pareceres técnicos sobre determinadas situações processuais.

MINISTÉRIO PÚBLICO DO TRABALHO

O Ministério Público do Trabalho é parte integrante do Ministério Público da União, que, nos termos do art. 128 da Constituição Federal de 1988, abrange:

a) o Ministério Público Federal;
b) o Ministério Público do Trabalho;
c) o Ministério Público Militar;
d) o Ministério Público do Distrito Federal e Territórios.

O Ministério Público do Trabalho é constituído, nos termos do art. 736 da Consolidação das Leis do Trabalho (CLT), por agentes diretos do Poder Executivo e representa os interesses da União nos dissídios instaurados perante a Justiça do Trabalho. Tem por função, também, zelar pela exata observância da Constituição Federal, das leis e dos demais atos emanados dos poderes públicos dentro de suas atribuições.

Fazem parte do Ministério Público do Trabalho:

a) Procurador Geral do Trabalho, com atuação junto ao Tribunal Superior do Trabalho, em Brasília, auxiliado por procuradores;
b) Procuradorias regionais, junto aos Tribunais Regionais do Trabalho, nos estados, chefiadas por um procurador regional auxiliado por procuradores adjuntos.

O art. 746 e suas alíneas, da CLT, estabelecem a competência da Procuradoria Geral da Justiça do Trabalho, que poderá, entre outras atribuições, intervir em qualquer fase nos processos de competência do Tribunal Superior do Trabalho em que houver interesse público, como também promover ações para declarar a nulidade de cláusulas de convenções ou acordos coletivos de trabalho.

VERIFICAÇÃO DE APRENDIZAGEM
1. Quais são os principais órgãos da Justiça do Trabalho?
2. Qual a composição do Tribunal Superior do Trabalho?
3. E dos Tribunais Regionais do Trabalho?
4. E das Varas do Trabalho?
5. Quais as principais questões em que a Justiça do Trabalho é competente para atuar?
6. Em que questões a Justiça do Trabalho é incompetente para atuar?
7. Qual a função do distribuidor na Justiça do Trabalho? Atualmente, como ele funciona?
8. Qual a importância do Ministério Público do Trabalho e como é constituído?

UNIDADE X
FUNDO DE GARANTIA DO TEMPO DE SERVIÇO (FGTS)

FUNDO DE GARANTIA DO TEMPO DE SERVIÇO

DA ESTABILIDADE E DA RESCISÃO CONTRATUAL ANTES DA LEI DO FGTS

Até setembro de 1966, quando foi promulgada a Lei n. 5.107, que criou o Fundo de Garantia do Tempo de Serviço (FGTS), o empregador que pretendesse dispensar um empregado sem justa causa, ou seja, sem que este tivesse cometido uma das faltas graves elencadas no art. 482 da Consolidação das Leis do Trabalho (CLT), seria responsável pelo pagamento de uma indenização, nos termos dos arts. 477 e 478 da CLT, no valor de 1 mês da maior remuneração que tivesse recebido na mesma empresa por ano de serviço efetivo, sendo que as frações de ano superiores a 6 meses seriam contadas como 1 ano. Em consequência, firmas que tivessem empregados com muitos anos de emprego deveriam arcar com pesadas indenizações ao despedir, imotivadamente, um desses empregados.

Mais oneroso ainda seria para o empregador despedir, sem justa causa, um empregado com mais de 10 anos de empresa. O instituto da estabilidade previsto na CLT, art. 492, determinava que o empregado nessas condições só poderia ser demitido se tivesse cometido uma falta grave, admitindo-se apenas que, face a uma determinada incompatibilidade, a dispensa seria possível mediante o pagamento em dobro da indenização prevista no art. 478.

Na verdade, esse pretenso benefício era uma faca de dois gumes. Se, por um lado, dava garantia de emprego ao trabalhador, por outro levava o empregador a despedir o empregado com 7 ou 8 anos de serviço na empresa, a fim de que o mesmo não chegasse a alcançar a estabilidade, uma vez que se acreditava que o empregado estável poderia representar um "peso morto" na empresa, sem grande interesse em produzir, já que não seria despedido, salvo se cometesse uma falta grave.

Eduardo Gabriel Saad, em seu livro *Comentários à Lei do Fundo de Garantia do Tempo de Serviço,* transcreve as palavras do então Presidente da República, Humberto de Alencar Castello Branco, pronunciadas na Assembleia Legislativa, em 28.02.1966, em Belo Horizonte, acerca da estabilidade:

> Burlado pelos patrões e deformado pela escassa minoria dos trabalhadores que o alcançam, o instituto da estabilidade tornou-se um autêntico instituto de inquietação. A situação atual estimula o empregador a usar artifícios e a buscar, de qualquer modo, a dispensa por justa causa a fim de se livrar do ônus latente, ou, então, a evitar que o empregado atinja os 10 anos, indenizando-o antes de completar esse tempo, pelo receio da indisciplina e descaso pela produtividade do trabalhador que atinge a estabilidade.

Por outro lado, o empregado que houvesse se aposentado antes da Lei do FGTS, fosse por tempo de serviço, por idade ou por invalidez, nada recebia da empresa em que, muitas vezes, trabalhara dezenas de anos, passando a viver com uma aposentadoria frequentemente inferior à sua última remuneração.

Essa era, no que diz respeito à rescisão contratual e à estabilidade adquirida por tempo de serviço, a situação dos trabalhadores até a promulgação da Lei do FGTS, em 13.09.1966. Se, de um lado, essa Lei acabava com a estabilidade decenal e criava uma espécie de poupança para o trabalhador, constituída por um depósito bancário a ser feito pelo empregador com recursos seus, por outro permitia ao trabalhador optar pela nova lei ou permanecer regido pelas normas anteriores, ou seja, mantido o instituto da estabilidade e a indenização por rescisão sem justa causa nos moldes dos arts. 477 e 478.

A Constituição Federal de 1988 acabou com a possibilidade de o trabalhador optar entre uma e outra situação. A partir de então, todo o trabalhador que ingressasse em uma empresa passaria a ser regido, obrigatoriamente, pela Lei do FGTS, deixando de existir a possibilidade de optar pela situação anterior. Assim, desaparecia o direito a uma estabilidade de vantagens duvidosas e o trabalhador passava a contar com uma poupança feita com dinheiro do empregador, equivalente a 8% da remuneração mensal do trabalhador, depositada em uma conta vinculada ao seu nome na Caixa Econômica Federal.

DA LEGISLAÇÃO ESPECÍFICA DO FGTS

O FGTS foi criado pela Lei n. 5.107 de 13.09.1966 e regulamentado pelo Decreto n. 59.820, de 20.12.1966. Atualmente, é regido pela Lei n. 8.036 de 11.05.1990 e regulamentado pelo Decreto n. 99.684, de 08.11.1990.

A finalidade da instituição do FGTS foi proporcionar uma reserva de numerário ao trabalhador para quando este se aposentasse ou caso fosse dispensado sem justa causa. Essa reserva de numerário era constituída por depósitos feitos pelos empregadores, em importância equivalente a 8% da remuneração recebida mensalmente pelo empregado. Esse valor não era descontado da remuneração do empregado, mas, sim, assumido pela empresa, sendo depositado na conta vinculada do empregado e rendendo juros e correção monetária.

Embora a ideia básica do FGTS fosse formar uma poupança para o empregado, eventualmente, conforme previsto na própria lei, o trabalhador poderia fazer retiradas de parte das importâncias depositadas. Ao mesmo tempo, pretendia-se, com os recursos arrecadados, financiar a aquisição de casa própria pelos trabalhadores de baixa renda através do Sistema Financeiro de Habitação (SFH). Existia, ainda, a previsão de aplicação dos depósitos do FGTS em obras de saneamento básico.

Segundo alguns autores, um dos objetivos da Lei do FGTS foi tornar a dispensa de empregados menos onerosa para o empregador. Antes da promulgação desta Lei, empresas que tivessem empregados com muitos anos de serviço e quisessem dispensá-los, sem um motivo justo, deveriam pagar pesadas indenizações. Com a instituição do FGTS, as empresas passaram a depositar uma importância mensalmente, em conta vinculada ao nome de cada empregado, de forma que, quando da ocorrência de sua dispensa, sem que este tivesse cometido alguma falta grave, parte do que seria sua indenização já se encontraria depositada na Caixa Econômica Federal; como uma espécie de multa pela dispensa imotivada, a empresa apenas acrescentava 40% sobre o valor total do FGTS acumulado na conta. O empregado retiraria, então, todo o dinheiro que tivesse sido depositado pela empresa que o estivesse dispensando. Se o trabalhador fosse dispensado por justa causa, só poderia retirar a importância depositada na conta vinculada quando se aposentasse ou se, nas condições previstas nesta mesma Lei, deixasse de trabalhar em atividade subordinada ao FGTS por pelo menos três anos.

Todavia, alguns autores entendem que a Lei do FGTS estimulou a rotatividade da mão de obra, uma vez que, a partir dela, o empregador pode dispensar qualquer empregado pagando apenas a multa de 40% sobre o total dos depósitos feitos pela empresa.

DO CONCEITO E DA ADMINISTRAÇÃO DO FGTS

O FGTS pode ser conceituado como um depósito bancário, feito pelo empregador, correspondente a 8% da remuneração mensal de cada empregado, vinculado ao nome do trabalhador, visando a formar uma espécie de poupança para este, a qual poderia sofrer saques nas situações previstas na lei, além de poder atender ao financiamento para aquisição de moradia própria pelo SFH, para pessoas de baixa renda, bem como para financiar obras de infraestrutura onde se fizesse necessário. O depósito mensal mencionado é feito com dinheiro do empregador, ou seja, não é descontado do empregado.

O FGTS não deve ser confundido com o Programa de Integração Social (PIS), que era calculado sobre a receita bruta operacional das empresas e tinha como objetivo integrar o trabalhador na vida e no desenvolvimento destas. Nos termos do art. 239 da Constituição Federal de 1988, as contribuições para o PIS, assim como para o Programa de Formação do Patrimônio do Servidor Público (PASEP), passaram a financiar, nos termos que a lei venha a dispor, o programa de seguro-desemprego.

O FGTS é administrado segundo normas e diretrizes estabelecidas por um conselho curador, integrado por um representante de cada um dos ministérios da área social, a saber, Ministério do Trabalho e Emprego, Ministério do Orçamento e Gestão, Ministério da Fazenda, Ministério do Desenvolvimento, Indústria e Comércio, representante da Caixa Econômica Federal e do Banco Central do Brasil, além de três representantes dos empregadores e três representantes dos empregados, estes eleitos pelos respectivos órgãos nacionais de classe, sendo a presidência do conselho exercida pelo representante do Ministério do Trabalho e Emprego. Os representantes dos empregados, bem como seus suplentes, tem mandato de 2 anos, podendo ser reconduzidos uma única vez, e estabilidade nos respectivos empregos até um ano após de deixarem os cargos.

O conselho curador reunir-se-á, ordinariamente, a cada dois meses, mediante convocação de seu presidente, a quem compete estabelecer as diretrizes e os programas de alocação de todos os recursos do FGTS, de acordo com os critérios definidos pela Lei n. 8.036/90, além de outras atribuições especificadas no art. 5º da mesma lei. Nos termos do art. 7º, cabe à Caixa Econômica Federal centralizar os recursos do FGTS e manter e controlar as contas vinculadas, emitindo, regularmente, extratos individuais.

DA APLICAÇÃO DOS RECURSOS DO FGTS

Os recursos do FGTS deverão ser aplicados, nos termos do art. 5º, § 2º, no mínimo 60% em habitação popular, para pessoas de baixa renda que não tiverem imóvel próprio, e 40% em projetos de saneamento básico e infraestrutura urbana, complementares aos programas habitacionais.

DOS CONTRIBUINTES E DOS BENEFICIÁRIOS DO FGTS

Segundo o art. 15 da Lei n. 8.036/90, são contribuintes do sistema do FGTS os empregadores, como tal definidos no art. 2º da CLT. Também são contribuintes as pessoas jurídicas organizadas de forma empresarial, sejam urbanas ou rurais, as pessoas físicas, sejam profissionais liberais ou trabalhadores autônomos, ou, ainda, condomínios, instituições beneficentes ou outros que tenham empregados a seu serviço.

São beneficiários do FGTS, além dos trabalhadores nos termos do art. 3º da CLT, os trabalhadores rurais, o trabalhador avulso, o trabalhador temporário, os empregados públicos contratados pelo regime da CLT e os diretores não empregados.

DOS JUROS E DAS COMUNICAÇÕES DOS DEPÓSITOS

As importâncias depositadas nas contas vinculadas serão corrigidas monetariamente e renderão juros na seguinte proporção anual: 3% nos dois primeiros anos; 4% do terceiro ao quinto ano; 5% do sexto ao décimo ano e 6 % a partir do décimo primeiro ano.

Nos termos do art. 17 da Lei n. 8.036/90, os empregadores são obrigados a comunicar mensalmente aos empregados os valores recolhidos ao FGTS e enviar, bimestralmente, extratos informativos das contas vinculadas.

DA MOVIMENTAÇÃO DAS CONTAS VINCULADAS

Os depósitos efetuados pelos empregadores nas contas vinculadas de seus empregados não podem ser movimentados livremente por estes. A retirada de qualquer importância da conta vinculada só poderá ocorrer quando verificada uma das situações previstas no art. 20 da Lei n. 8.036/90, a saber:

a) despedida sem justa causa, despedida indireta, de culpa recíproca e de força maior;
b) extinção total da empresa, fechamento de quaisquer de seus estabelecimentos, filiais ou agências, supressão de parte de suas atividades ou, ainda, falecimento do empregador individual, sempre que qualquer dessas ocorrências implicar rescisão de contrato de trabalho, comprovada por declaração escrita da empresa, suprida, quando for o caso, por decisão judicial transitada em julgado;
c) aposentadoria concedida pela Previdência Social;
d) falecimento do trabalhador, sendo o saldo pago aos seus dependentes, para esse fim habilitados perante a Previdência Social, segundo o critério adotado para concessão de pensões por morte;
e) pagamento de parte das prestações decorrentes de financiamento habitacional concedido no âmbito do SFH, desde que:

- o mutuário conte com o mínimo de três anos de trabalho sob o regime do FGTS, na mesma empresa ou em empresas diferentes;
- o valor bloqueado seja utilizado, no mínimo, durante o prazo de doze meses;
- o valor do abatimento atinja, no máximo, 80% do montante da prestação;

f) liquidação ou amortização extraordinária do saldo devedor de financiamento imobiliário, observadas as condições estabelecidas pelo conselho curador, dentre elas a de que o financiamento seja concedido no âmbito do SFH e haja interstício mínimo de dois anos para cada movimentação;
g) pagamento total ou parcial do preço de aquisição de moradia própria, observadas as seguintes condições:

- o mutuário deverá contar com o mínimo de três anos de trabalho sob o regime do FGTS, na mesma empresa ou empresas diferentes;
- a operação financiável seja nas condições vigentes para o SFH;

h) quando o trabalhador permanecer três anos ininterruptos fora do regime do FGTS, podendo o saque, neste caso, ser efetuado a partir do mês de aniversário do titular da conta;
i) extinção normal do contrato a termo, inclusive o dos trabalhadores temporários;
j) suspensão total do trabalho avulso por período igual ou superior a 90 dias, comprovada por declaração do sindicato representativo da categoria profissional;
k) quando o trabalhador ou qualquer dos seus dependentes for acometido de neoplasia maligna;
l) aplicação em quotas de Fundos Mútuos de Privatização, regidos pela Lei n. 6.385, de 07.12.1976, permitida a utilização máxima de 50% do saldo existente e disponível em sua conta vinculada do FGTS.

Além dos casos enumerados, outras situações também permitem saques nos depósitos vinculados. Assim, o trabalhador com idade igual ou superior a 70 anos poderá movimentar livremente os depósitos no seu FGTS. Admite-se, também, o levantamento de parte ou totalidade dos depósitos quando o trabalhador ou qualquer um dos seus dependentes estiver em estágio terminal, consequente de doença de extrema gravidade, ou for portador do vírus HIV.

Por outro lado, o empregado que pede demissão ou que é despedido por justa causa não pode levantar a parcela que tenha sido depositada pela empresa da qual está se desligando ou sendo desligado. Ocorrendo rescisão do contrato por culpa recíproca, a multa de 40% é reduzida para 20%, e o empregado pode levantar a importância respectiva.

O professor e Juiz do Trabalho Sergio Pinto Martins, no seu livro *Direito do trabalho*, menciona uma situação bastante recorrente nos dias atuais, em que o empregado, visando a levantar os depósitos feitos em sua conta vinculada, simula, em acordo com o empregador, uma despedida sem justa causa, o que obrigaria aquele a pagar uma multa de 40% sobre os valores depositados. Feita a homologação e autorizado o empregado a levantar os depósitos, este devolve ao empregador os 40% que haviam sido pagos no momento da homologação. Para tentar impedir esse procedimento, a Lei n. 9.491/97 determinou que os 40% correspondentes à multa por rescisão imotivada fossem depositados, antecipadamente, na conta vinculada do trabalhador, e não pagos diretamente. Providência inútil, a nosso ver, pois apenas dificulta o procedimento, mas não o impede.

VERIFICAÇÃO DE APRENDIZAGEM

1. O que vem a ser o FGTS e qual o seu objetivo principal?
2. O que era a estabilidade decenal?
3. Para o trabalhador, o sistema do FGTS é mais vantajoso do que o sistema anterior no que diz respeito à rescisão do contrato de trabalho sem justa causa?
4. Qual teria sido o principal objetivo a ser alcançado pela Lei do FGTS?
5. É válida a crítica que se faz ao FGTS de ter estimulado a rotatividade da mão de obra?
6. Quem são os contribuintes do FGTS?
7. E os beneficiários?

8. Nos termos da lei que instituiu o FGTS, qual a destinação prevista para os seus recursos?
9. Que juros rendem as importâncias depositadas pelos empregadores nas contas vinculadas dos trabalhadores?
10. Quais as principais hipóteses de saque, pelo trabalhador, dos depósitos feitos em sua conta vinculada?

UNIDADE XI
TERCEIRIZAÇÃO

TERCEIRIZAÇÃO

INTRODUÇÃO

O professor Sergio Pinto Martins, em sua obra *A terceirização e o Direito do Trabalho*, lembra, em uma introdução ao tema, as lições de Rafael Caldeira constantes dos anais do XI Congresso Internacional de Direito do Trabalho e Seguridade Social, realizado em Caracas (1985):

> o Direito do Trabalho não pode ser inimigo do progresso, porque é fonte e instrumento do progresso. Não pode ser inimigo da riqueza, porque sua aspiração é que ela alcance um número cada vez maior de pessoas. Não pode ser hostil aos avanços tecnológicos, pois eles são efeito do trabalho.

E o ilustre tratadista faz, ainda, uma consideração final: "Há necessidade de conciliação entre os avanços tecnológicos, aptos inclusive a gerar novos empregos". E foram esses avanços tecnológicos que geraram o processo de terceirização, ou seja, a transferência a terceiros de determinadas atividades antes realizadas pela própria empresa.

Terceirização seria, portanto, a oportunidade de a empresa transferir para terceiros a realização de parte das suas atividades, ou seja, aquelas que não constituem o seu objeto principal. Em outras palavras, seriam aquelas atividades intermediárias à atividade principal. Em um laboratório, por exemplo, seriam terceirizados os serviços de limpeza, mas nunca aqueles referentes aos serviços laboratoriais propriamente ditos.

A expressão terceirização provém, possivelmente, da expressão latina *tertius*, que significa o terceiro, o estranho, o intermediário em uma relação de trabalho.

Segundo Wilson Alves Polônio, em sua obra *Terceirização – aspectos legais, trabalhistas e tributários*, "a terceirização pode ser definida como um processo de gestão empresarial consistente na transferência para terceiros (pessoas físicas ou jurídicas) de serviços que originalmente seriam executados dentro da própria empresa". Esse processo teria surgido no início do século XIX, na economia europeia. Já no Brasil, segundo o tratadista Sergio Pinto Martins, a prática da terceirização teria sido obra de empresas multinacionais, na década de 1950, especialmente na indústria automobilística, voltada para a montagem de automóveis. Pouco depois, as empresas de vigilância, conservação e limpeza passaram a adotar a terceirização como prática habitual na prestação de serviços a terceiros.

Um aspecto até certo ponto negativo da terceirização é a possibilidade de permitir o surgimento de conflitos trabalhistas, decorrentes da existência ou não de uma possível relação de emprego entre a empresa terceirizante e o trabalhador terceirizado. O Tribunal Superior do Trabalho, considerando essa possibilidade, determinou, através do Enunciado 256, que a terceirização só seria possível em se tratando de trabalho temporário, previsto na Lei n. 6019/73, ou de serviço de vigilância disciplinado pela Lei n. 7.102/83. Mais adiante, o Enunciado 331 abrandou essa situação, passando a admitir a terceirização em serviços de conservação e limpeza, bem como a dos serviços especializados ligados à atividade-meio da empresa interessada em terceirizar, desde que inexistentes a pessoalidade e a subordinação direta. O mesmo Enunciado 331 determina, no seu inciso IV, que

> o inadimplemento das obrigações trabalhistas por parte do empregador, implica na responsabilidade subsidiária do tomador de serviços quanto àquelas obrigações, desde que este tenha participado da relação processual e conste, também, do título executivo judicial.

Isso significa que o trabalhador, ao propor ação contra a sua empregadora, deverá também incluir na lide a empresa tomadora dos serviços para que esta responda subsidiariamente, em caso de ausência de idoneidade econômica ou financeira da empregadora. Em outras palavras, se a empresa que encaminhou o trabalhador terceirizado não honrar os seus compromissos trabalhistas, a empresa que recebeu o terceirizado assumirá o ônus.

OBJETIVOS DA TERCEIRIZAÇÃO

Em última análise, pode se dizer que a terceirização, antes de mais nada, visa a trazer mais eficácia, maior agilidade e flexibilidade à empresa, sem prejuízo da qualidade dos serviços que constituem o seu real objetivo. Ao mesmo tempo, acarreta uma redução de custos, já que transfere encargos trabalhistas referentes àqueles trabalhadores responsáveis pelas atividades que não constituem o objetivo principal da empresa. Todavia, a terceirização não pode nem deve visar unicamente à redução de custos, o que ocorre, naturalmente, como consequência do próprio processo de terceirização.

Wilson Alves Polônio, na obra supracitada, menciona os principais aspectos consequentes da implantação de um sistema de terceirização: "(i) redução de custos operacionais; (ii) redução de despesas administrativas; (iii) redução de encargos trabalhistas e previdenciários; (iv) melhor qualidade no resultado dos trabalhos".

ATIVIDADES QUE PODEM SER TERCEIRIZADAS

Na prática, já ficou dito, a terceirização deveria dirigir-se para as atividades-meio, ou seja, aquelas que, mesmo não estando integradas ao objetivo principal da empresa, são fundamentais para que ele seja alcançado. Já a atividade-fim vem a ser aquela que constitui o objetivo maior da empresa, aquela em que é especializada. O professor Sergio Pinto Martins classifica as áreas que podem ser terceirizadas em três grupos: aquelas áreas que podem ser consideradas acessórias, como limpeza e vigilância; aquelas que constituiriam o que ele chama de atividades-meio, como serviços da competência do departamento do pessoal ou de manutenção; e, finalmente, algumas áreas com ligação mais estreita com a atividade principal da empresa, como o transporte de produtos.

Atualmente, a terceirização tem se dirigido, principalmente, para as áreas de vigilância, limpeza e transporte especializado. As empresas evitam terceirizar o transporte de funcionários ante a possibilidade de que o tempo de transporte possa ser considerado como hora *in itinere* e, portanto, fique sujeito à retribuição monetária, ou seja, integrado à remuneração do trabalhador.

ADOÇÃO E PRÁTICA DA TERCEIRIZAÇÃO

Ainda apelando para a lição sempre adequada do professor Sergio Pinto Martins, é importante realçar que a implantação da terceirização deve ser precedida de um planejamento em que sejam analisados os seus vários aspectos, como, por exemplo, quais atividades serão terceirizadas e, principalmente, a idoneidade financeira da empresa terceirizada. Fundamental, também, será a verificação no sentido de que não estejam presentes elementos ou situações que possam vir a caracterizar uma relação de emprego, como, por exemplo, a subordinação, ou seja, as pessoas que realizam as tarefas contratadas não devem receber ordens ou orientação de qualquer pessoa da empresa que contratou a terceirização. Além disso, os pagamentos devem ser efetuados à empresa prestadora dos serviços e nunca diretamente às pessoas incumbidas de realizar as tarefas. Finalmente, a manutenção da mesma pessoa na realização dos serviços terceirizados, embora seja conveniente, não é essencial, sendo até desejável a sua eventual substituição para evitar a pessoalidade, característica da relação de emprego.

A SÚMULA 331

A preocupação da Justiça do Trabalho com o grande número de processos de terceirização e a frequente ocorrência de verdadeiras relações empregatícias sob a roupagem de terceirização levaram o Tribunal Superior do Trabalho a adotar um entendimento uniformizado através da Súmula 331, cujo texto completo é o seguinte:

> CONTRATO DE PRESTAÇÃO DE SERVIÇOS. LEGALIDADE (nova redação do item IV e inseridos os itens V e VI à redação) – Res. 174/2011, DEJT divulgado em 27, 30 e 31.05.2011.

I – A contratação de trabalhadores por empresa interposta é ilegal, formando-se o vínculo diretamente com o tomador dos serviços, salvo no caso de trabalho temporário (Lei nº 6.019, de 03.01.1974).

II – A contratação irregular do trabalhador, através de empresa interposta, não gera vínculo de emprego com os órgãos da Administração Pública Direta, Indireta ou Fundacional (art. 37, II, da Constituição Federal de 1988).

III – Não forma vínculo de emprego com o tomador a contratação de serviços de vigilância (Lei nº 7.102, de 20.6.1983), de conservação e limpeza, bem como a dos serviços especializados ligados à atividade meio do tomador, desde que inexistente a pessoalidade e a subordinação direta.

IV – O inadimplemento das obrigações trabalhistas, por parte do empregador, implica na responsabilidade subsidiária do tomador dos serviços quanto àquelas obrigações, desde que este tenha participado da relação processual e conste também do título executivo judicial.

V – Os entes integrantes da Administração Pública direta e indireta respondem subsidiariamente, nas mesmas condições do item IV, caso evidenciada a sua conduta culposa no cumprimento das obrigações contratuais e legais da prestadora de serviço como empregadora. A aludida responsabilidade não decorre de mero inadimplemento das obrigações trabalhistas assumidas pela empresa regularmente contratada.

VI – A responsabilidade subsidiária do tomador de serviços abrange todas as verbas decorrentes da condenação referentes ao período da prestação laboral.

O renomado tratadista Francisco Antônio de Oliveira afirmou, em sua obra *Comentários aos enunciados do TST*, que a responsabilidade subsidiária do contratante dos serviços é inevitável se o prestador for inidôneo econômico e financeiramente ou, então, se for provado conluio para prejudicar o trabalhador.

Já o inciso III da Súmula 331 deixa claro ser fundamental, para que a terceirização não possa implicar em relação de emprego, que os serviços solicitados pela tomadora possam ser executados por qualquer profissional indicado pela empresa prestadora dos serviços, de forma a não existir possibilidade da pessoalidade característica da relação de emprego. Ao mesmo tempo, deixa claro, também, que o pessoal colocado à disposição da tomadora não terá com ela qualquer vínculo de subordinação. Assim, na necessidade de reclamações quanto ao trabalho executado, a tomadora dos serviços deverá se dirigir diretamente à empresa prestadora dos serviços, não ao trabalhador, a quem não poderá aplicar penalidade por desídia, faltas não justificadas ou outros descumprimentos das normas legais que regulam o trabalho.

Finalmente, o tomador dos serviços não deve fazer pagamentos diretamente ao trabalhador, mas, por outro lado, pode exigir da empresa que lhe fornece a mão de obra que comprove, mensalmente, o cumprimento das obrigações trabalhistas e previdenciárias, eis que por elas será sempre subsidiariamente responsável, nos termos do inciso IV do Enunciado 331 anteriormente transcrito.

CONCLUSÃO

É indiscutível que a terceirização constitui uma forma moderna de administração na medida em que estabelece uma verdadeira parceria entre o prestador de serviços e o tomador desses serviços. A terceirização não deve ser vista apenas como um processo de redução de custos, mas, também, como uma alternativa diante da globalização e das inovações tecnológicas, objetivando gerar maior competitividade entre as empresas.

VERIFICAÇÃO DE APRENDIZAGEM
1. Como você definiria a terceirização?
2. Qual o principal objetivo da terceirização?
3. Quais atividades podem ser terceirizadas?
4. Por que é importante fazer, previamente, um planejamento para implantação da terceirização?
5. Como você resumiria os principais tópicos da Súmula 331?

UNIDADE XII
DA SEGURANÇA E DA MEDICINA DO TRABALHO

DA SEGURANÇA E DA MEDICINA DO TRABALHO

COMENTÁRIOS GERAIS

Não foi por outra razão que a comissão especial, nomeada por Getúlio Vargas para consolidar a então extensa legislação voltada para a proteção dos trabalhadores, incluiu no texto da Consolidação das Leis do Trabalho (CLT), imposta pelo Decreto-lei n. 5.452, de 01.05.1943, todo um capítulo com o título supra repetido nas sucessivas Constituições Federais, especialmente na de 1988 que, no seu art. 7º, assim se manifesta:

> Art.7º – São direitos dos trabalhadores urbanos e rurais...
>
> ...
>
> XXII – redução dos riscos inerentes ao trabalho, por meio de normas de saúde, higiene e segurança.

O saudoso Valentin Carrion, nos seus *Comentários à consolidação das leis do trabalho*, enfatizava a importância do tema, afirmando que "a segurança e a medicina do trabalho são fatores vitais na prevenção de acidentes e na defesa da saúde do empregado, evitando o sofrimento humano e o desperdício econômico lesivo às empresas e ao país".

DO TEXTO CONSOLIDADO

A CLT, no capítulo V do Título II, contém, entre os arts. 154 e 201, alterados que foram pela Lei n. 6.514 de 22.12.1977, um conjunto de normas voltadas para a proteção da saúde do trabalhador, especificamente durante o trabalho ou até fora dele. Assim, ali se mencionam normas de responsabilidade do empregador, como a inspeção prévia de suas instalações, a constituição da Comissão Interna de Prevenção de Acidentes (CIPA) e o fornecimento de equipamentos de proteção individual.

Em breve síntese, podemos dizer que as empresas têm obrigação não só de cumprir e fazer cumprir as normas de segurança e medicina do trabalho, mas também de instruir os seus trabalhadores quanto às normas básicas de higiene e segurança no trabalho.

DA PORTARIA 3.214/78

É inegável a importância da Portaria n. 3.214, de 08.06.1978, que aprovou 28 normas regulamentadoras (NR) dirigidas, especificamente, para o cumprimento das normas relativas à segurança e à medicina do trabalho.

Nessa Portaria, encontra-se um conjunto de normas abrangendo, entre outras, aquelas relativas à inspeção diária dos estabelecimentos, à necessidade de possuírem um serviço especializado em segurança e medicina do trabalho (SESMT), à obrigatoriedade do fornecimento de equipamentos de proteção individual, à necessidade de um programa de controle médico de saúde ocupacional, à preocupação com riscos ambientais, com as máquinas e equipamentos, com as atividades e operações perigosas ou insalubres, trabalhos em subterrâneos, medidas de proteção contra incêndios e explosivos, aos trabalhos a céu aberto, às condições sanitárias dos locais de trabalho, à sinalização de segurança, etc.

DA NR-5

Entre todo o conjunto de normas regulamentadoras, é importante mencionar a NR-5, que determina a obrigatoriedade da constituição, nos estabelecimentos com mais de 20 empregados, de uma CIPA, tendo como objetivo observar e relatar possíveis condições de risco nos ambientes de trabalho e solicitar medidas para reduzir e até eliminar as existentes. A CIPA, nos termos da mencionada NR, deve ser formada por representantes eleitos pelos empregados e outros indicados pelo empregador, variando o número de membros conforme instruções do Ministério do Trabalho, o risco que possa oferecer no trabalho e o número de empregados da empresa.

A CIPA tem por obrigação analisar as condições de risco nos ambientes de trabalho e solicitar medidas que possam reduzi-las e até neutralizá-las; discutir acidentes ocorridos, sugerindo medidas que possam prevenir acidentes semelhantes; e, principalmente, orientar os demais trabalhadores quanto à prevenção de acidentes.

Nos termos do inciso 5.16 da NR-5, a CIPA terá, entre outras, as seguintes atribuições:

- discutir os acidentes ocorridos;
- sugerir medidas de prevenção de acidentes julgadas necessárias, por iniciativa própria ou sugestão de outros empregados, encaminhando-as ao SESMT e ao empregador;
- promover a divulgação e zelar pela observância das normas de segurança e medicina do trabalho ou de regulamentos e instrumentos de serviço emitidos pelo empregador;
- despertar o interesse dos empregados pela prevenção de acidentes e de doenças ocupacionais, estimulando-os, permanentemente, a adotar comportamento preventivo durante o trabalho;
- promover anualmente, em conjunto com o SESMT, uma semana interna de prevenção de acidentes;
- investigar ou participar, com o SESMT, da investigação de causas, circunstâncias e consequências dos acidentes e doenças ocupacionais, acompanhando a execução das medidas corretivas;
- sugerir a realização de cursos, treinamentos e campanhas que julgar necessários para melhorar o desempenho dos empregados quanto à segurança e medicina do trabalho.

Além da mencionada NR-5 e de normas constantes de outras convenções da Oganização Internacional do Trabalho (OIT), as convenções e acordos coletivos do trabalho também podem prever regras e normas a respeito da segurança e medicina do trabalho, que terão aplicação unicamente entre os sindicatos de empregadores, empregados e uma ou mais empresas.

A CIPA será composta de representantes do empregador e dos empregados em número proporcional ao risco da atividade e ao número de trabalhadores da empresa. Os representantes do empregador serão por este indicados e os dos empregados deverão ser eleitos por eles mesmos. Estes terão mandato de um ano, admitida uma reeleição. Anualmente, o empregador designará, entre os seus representantes, aquele que exercerá a presidência da CIPA.

O empregador deverá promover curso sobre prevenção de acidentes do trabalho para todos os membros da CIPA. Para garantir a independência de participação dos membros da CIPA que representam dos empregados, estes não poderão sofrer despedida arbitrária, entendendo-se como tal a que não se fundar em motivo disciplinar, técnico, econômico ou financeiro.

A CIPA deverá se reunir pelo menos uma vez por mês durante o expediente normal da empresa, registrando em uma ata, em livro próprio, as ocorrências da reunião, devendo enviar cópia específica para o empregador.

VERIFICAÇÃO DE APRENDIZAGEM
1. O que são e como surgiram as CIPA?
2. Qual o embasamento das CIPA?
3. Como são escolhidos os membros das CIPA?
4. Quais as principais responsabilidades das CIPA?
5. Qual a principal garantia que têm os membros das CIPA?

BIBLIOGRAFIA

1. Bevilaqua, Clovis. *Teoria geral do direito*. Rio de Janeiro: Francisco Alves. 1975, p. 45.
2. Carrion, Valentin. *Comentários à Consolidação das Leis do Trabalho*. 25.ed. São Paulo: Saraiva, 2000.
3. Catharino, José Martins. *Compêndio universitário de direito do trabalho*. São Paulo. Juridica e Universitária, 1972.
4. Coviello, Nicolas. *Doctrina general del derecho civil*. 4.ed. México: Unión Tipográfica Editorial Hispano-Americana, 1949
5. de Barros, Washington. *Curso de direito civil*.
6. de Carvalho, Augusto César Leite. *Direito individual do trabalho*. 2.ed. São Paulo: Saraiva, 2007.
7. de Oliveira, Francisco Antônio. *Comentários aos Enunciados do TST*. Revista dos Tribunais, 1991
8. Delgado, Mauricio Coutinho. *Curso de direito do trabalho*. 4.ed. São Paulo: LTr, 2005.
9. _____. *Jornada de trabalho e descansos trabalhistas*. 3.ed. São Paulo: LTr, 1998.

10. Duarte Bento, Herculano. *Manual de direito do trabalho*. São Paulo: LTr, 1998.
11. Ferreira, Waldemar. *História do Direito brasileiro*. Rio de Janeiro: Freitas Bastos, 1951
12. Filho, Evaristo de Moraes; de Moraes, Antônio Carlos Flores. *Introdução ao direito do trabalho*. 9.ed. Editora LTr.
13. Filho, Evaristo de Moraes. *A justa causa na rescisão do contrato*. Rio de Janeiro: Forense, 1972.
14. Gomes, Orlando; Gottschalk, Élson. *Curso de direito do trabalho*. 15.ed. Rio de Janeiro: Forense, 2004.
15. Gottschalk, Élson. *Participação do empregado na gestão da empresa*. Rio de Janeiro: LTr, 1996.
16. Júnior, Cretella. *Dicionário de direito administrativo*. 5.ed. Rio de Janeiro: Forense, 2000.
17. Magano, Octavio Bueno. *Manual de direito do trabalho*. Rio de Janeiro: LTr, 1992.
18. Manus, Pedro Paulo Teixeira. *Direito do trabalho*. 10.ed. São Paulo: Atlas, 2006.
19. _____. *Direito do trabalho*. 6.ed. São Paulo: Atlas, 2001.
20. Maranhão, Delio. *Direito do trabalho*. 6.ed. Rio de Janeiro: FGV, 1978.
21. Martins, Sérgio Pinto. *A terceirização e o direito do trabalho*. 3.ed. São Paulo: Malheiros, 1997.
22. _____. *Comentários à C.L.T.* 4.ed. São Paulo. Atlas.
23. _____. *Direito do trabalho*. 14.ed. São Paulo: Atlas. p.446,
24. _____. *Direito do trabalho*. 20.ed. São Paulo: Atlas. p.78.
25. _____. *Direito processual do trabalho*. 16.ed. São Paulo: Atlas. p.46.
26. _____. *Manual do trabalho doméstico*. São Paulo: Atlas.
27. Marx, Karl. *Contribuição à crítica da economia política*, 1850.
28. Meirelles, Hely Lopes. *Direito administrativo brasileiro*, 38.ed. São Paulo: Malheiros, 2012.

29. Nascimento, Amauri Mascaro. *Iniciação ao direito do trabalho*. 25.ed. São Paulo: LTr, 1998.
30. _____. *Curso de direito do trabalho*. 18.ed. São Paulo: Saraiva.
31. Neto, Francisco Ferreira Jorge; Cavalcanti, Jouberto de Quadros Pessoa. *Manual de direito do trabalho*. Rio de Janeiro: Lumen Juris.
32. Oviedo, Garcia. *Tratado elemental de derecho social*. Madrid: V. Suarez,1934.
33. Pic, Paul. *Traité elementaire de législation industrielle: les lois ouvrières*. Paris: A. Rousseau, 1908.
34. Pinto, José Augusto Rodrigues. *Curso de direito individual de trabalho*. 5.ed. São Paulo: LTr, 2003.
35. Polônio, Wilson Alves. *Terceirização. Aspectos legais, trabalhistas e tributaristas*. São Paulo: Atlas, 2000.
36. Prado, Roberto Barreto. *Tratado de direito do trabalho*. Revista dos Tribunais, 1971.
37. Reale, Miguel. *Lições preliminares de Direito*. 17.ed. São Paulo, Saraiva, 1990.
38. Rodriguez, Américo Plá. *Princípios de direito do trabalho*. São Pauo: LTr.
39. Russomano, Mozart Victor. *Comentários à Consolidação das Leis do Trabalho*. volume I. Rio de Janeiro: Forense, 1988.
40. Russomano, Mozart Victor. *Curso de direito do trabalho*. 6.ed. Curitiba: Juruá, 1997.
41. Saad, Eduardo Gabriel. *Comentários à Lei do Fundo de Garantia do Tempo de Serviço*. 3.ed. São Paulo: LTr, 1995.
42. Saad, Eduardo Gabriel; Saad, José Eduardo Duarte; Branco, Ana Maria Saad Castelo. *Curso de direito do trabalho*. São Paulo: LTr.
43. Silva, Plácido. *Vocabulário jurídico*. 29.ed. Rio de Janeiro: Forense, 2012.
44. Sussekind, Arnaldo; Maranhão, Délio; Vianna, Segadas; Teixeira, Lima. *Instituições de direito do trabalho*. 18.ed. 2.v. São Paulo: LTr, 1999.

ÍNDICE REMISSIVO

13º salário 51, 76, 190, 216

A

abandono de emprego 223
abolição da escravatura 16
abono constitucional 160, 166
aborto 158
   criminoso 208
acidente(s) 328
   de trabalho 116, 160, 251, 295
ações de indenização 294
   por dano moral 294
   patrimonial 294
acordos coletivos de trabalho 33

adicional(is) 165, 190
   de transferência 205
afastamento remunerado do trabalhador 153
ajudas de custo 186
anotação da remuneração 114
antropofagia 4
aposentadoria 231
aprendiz 109
atividade(s)
   -fim 318
   -meio 318
auditor fiscal do trabalho 215
auxílio-doença acidentário 251

aviso-prévio 81, 96, 190, 214, 216, 241, 242, 243
   em casa 247

B
banco de horas 262
boia-fria 77

C
capital 67
carga temporária 69
cartão
   de ponto 146
   de serviço externo 147
carteira
   de Trabalho e Previdência Social 110
   profissional 110
celetista 176
chapa 77
coação 201
Comissão Interna de Prevenção de Acidentes (CIPA) 326
compensação 131
   de horas 128
concordata 179
concorrência desleal 221
condenação criminal do empregado 221
conflitos trabalhistas 316
confronto de classes 9
conjunto de princípios 20

Consolidação das Leis do Trabalho (CLT) 17, 59, 154, 173, 301, 325
constitucional 40
Constituição de 1988 29
Constituição Federal 29
contratação irregular 320
contrato
   de aprendizagem 283
   individual de trabalho 36, 174, 178, 201, 209
   por prazo determinado 104
   verbal 178
contribuições previdenciárias 89
convenções coletivas de trabalho 32
corporações de artes e ofícios 8
cota de produção 80
crédito trabalhista 70

D
Declaração Universal dos Direitos da Criança 276
delegacias regionais do trabalho 113
demissão 213, 215
   por justa causa 238
despedida imotivada 219
direito
   administrativo 42
   civil 39
   coletivo do trabalho 24
   comercial 41

comum 64
da seguridade social 43
do trabalho 20, 23, 35, 38, 39
individual do trabalho 24, 25
internacional 41
penal 42
previdenciário 22
processual civil 43
   do trabalho 24
Romano 23
do aprendiz 285
tributário 43
duração do trabalho 123, 126, 145

E
embriaguez 222
empregador 75, 328
empregados domésticos 63, 91
empresa 60
  -cliente 88
   terceirizante 316
encargos fiscais 76
entidades beneficentes 68
equiparação salarial 197
escravidão 4
estabelecimento 60, 67
estabilidade 249
   da gestante 267
   decenal 213
Estatuto do Trabalhador Rural 102

exclusividade 80
extinção da empresa 204

F
fadiga 125
falência 179
falta 157
   grave 248
faxineira diarista 91
feriados civis e religiosos 140
férias 76, 152, 153, 216
   anuais remuneradas 95, 127
   coletivas 163
   escolares 162
feudos 6
fichas de registro de empregados 118
fontes 27, 28
força maior 251
funcionários públicos
   da União 63
   dos estados 63
   dos municípios 63
Fundo de Garantia do Tempo de Serviço (FGTS) 17, 301

G
gorjeta(s) 186, 187
gratificação(ões)
   de função 135
   ajustadas 184
greve 26

H

habilitação profissional 111
homologação 215
hora(s)
    extra 165, 190
    noturna 143
    extraordinárias 134
horário de trabalho 126

I

Império Romano 6
inadimplemento 320
incontinência de conduta 220
indenização 116
indisciplina 223
instituto de homologação 236, 238
Instituto Nacional do Seguro Social (INSS) 115
Institutos de Pensões e Aposentadorias 16
insubordinação 223
interpretação
    da lei 47
    da norma jurídica 44
interpretar 45
interrupção
    do contrato individual do trabalho 205
    do trabalho 132
invalidez 208
intervalo mínimo 137
isonomia 195

J

jornada
    contratada de trabalho 126
    de trabalho propriamente dita 126
    legal do trabalho 126
juíz(es)
    do trabalho 292
    eleitorais 292
    federais 292
    militares 292
jurisprudência 35
justa causa 88, 159, 216, 217
Justiça do Trabalho 16, 117, 118, 291, 294,

L

lei(s) 30
    Áurea 5
    complementares 30
    delegadas 30
    do trabalho temporário 89
    protetoras dos trabalhadores 258
libretto del lavoro 109
licença
    -maternidade 95, 158, 267, 269, 270
    -paternidade 95
livret d'ouvrier 109
livro
    de ponto 146
    de registro de empregados 118
lock-out 26

M

mau procedimento 220
medicina do trabalho 326
medidas provisórias 30
menor trabalhador 275
ministério
   da Fazenda 306
   do Desenvolvimento, Indústria e Comércio 306
   do Orçamento e Gestão 306
   do Trabalho 16, 87, 114
   e Emprego 114, 118, 163, 282, 306
   Público
      da União 296
      do Distrito Federal e Territórios 296
      do Trabalho 296
      Federal 296
      Militar 296
moléstia profissional 116
morte
   do empregado 246
   do empregador 227

N

natureza 67
normas
   de medicina do trabalho 328
   de segurança 328
   trabalhistas 20

O

obrigações trabalhistas 317
Organização das Nações Unidas (ONU) 276
Organização Internacional do Trabalho (OIT) 14, 128

P

participação nos lucros e resultados 191
pedido
   de demissão 214
   de equiparação salarial 198
percentagens 184
periculosidade 165
período
   aquisitivo 155
   de gozo 155
pessoa física 71, 74
pessoalidade 72, 79
piso salarial 81
poder
   Executivo 25
   Judiciário 25
   Legislativo 25
prazo(s)
   de duração 87
   prescricionais 65
prêmios 191
prescrição 169
prestação

de serviços 60
   de natureza não eventual 71
   pessoal de serviço 68
prestador de serviços 321
prevenção de acidentes 326
previdência social 78, 111, 116
procurador geral do trabalho 297
profissionais liberais 68
Programa de Formação do Patrimônio do Servidor Público (PASEP) 305
Programa de Integração Social (PIS) 305
prorrogação de horas 131
punição 218

Q
quadro de carreira 200
quebra de caixa 191

R
reembolso-creche 266
regime geral de previdência social 100
regras jurídicas 21
regulamentos de empresa 34
relação(ões)
   contratual 145
   de emprego 316
   individuais e coletivas 21
remuneração 72, 80, 181, 318
rescisão
   contratual 303
   do contrato de trabalho temporário 88

   por culpa recíproca 229
   por justa causa 217
Revolução Industrial 10

S
salário 181
   mínimo 144
segurança do trabalho 100
seguro(s)
   -desemprego 215, 305
   sociais 22
senhores feudais 6
sentenças normativas 33
serviço(s)
   militar 83
   de natureza não econômica 91
servidão 6
servo da gleba 7
sindicato 76
sistema
   de Registro Eletrônico de Ponto (SREP) 146
   gramatical 47
   histórico-evolutivo 48
   teleológico 48
   tradicional 47
subordinação 72
Superior Tribunal de Justiça 292
Supremo Tribunal Federal 292
suspensão 205

T

tempo de serviço 199

terceirização 316, 317

trabalhador(es)

    a curta duração 77

    assalariados 4

    autônomo 70, 73, 74, 295

    avulso 75, 76

    com vínculo empregatício 76

    doméstico 90, 103

    eventuais 70, 76, 295

    livres 4

    menor 278

    no domicílio 78, 81

    propriamente dito 74

    rurais 63, 102

    temporário 82

    terceirizado 316

trabalho

    no domicílio 63

    noturno 142, 144

    temporário 83, 85

transferência de local de trabalho do empregado 203

Tribunal Superior do Trabalho 140, 319

V

Vara(s)

    de Acidentes do Trabalho 295

    do trabalho 293

verbas rescisórias 240